"2011 计划"司法文明协同创新
中国政法大学法庭科学博物馆
重罪检察证据分析研究基地

FORENSIC CULTURE RESEARCH

法庭科学文化论丛

第4辑

赵 东 / 主 编

李 冰　王世凡 / 副主编

中国政法大学出版社

2023·北京

图书在版编目（CIP）数据

法庭科学文化论丛. 第4辑/赵东主编. —北京：中国政法大学出版社，2023.10
ISBN 978-7-5764-1172-0

Ⅰ.①法…　Ⅱ.①赵…　Ⅲ.①法庭－中国－文集　Ⅳ.①D926.2-53

中国版本图书馆CIP数据核字(2023)第213450号

出　版　者	中国政法大学出版社
地　　　址	北京市海淀区西土城路 25 号
邮寄地址	北京 100088 信箱 8034 分箱　邮编 100088
网　　　址	http://www.cuplpress.com (网络实名：中国政法大学出版社)
电　　　话	010-58908441(编辑室) 58908334(邮购部)
承　　　印	北京九州迅驰传媒文化有限公司
开　　　本	720mm×960mm　1/16
印　　　张	15
字　　　数	200 千字
版　　　次	2023 年 10 月第 1 版
印　　　次	2023 年 10 月第 1 次印刷
定　　　价	65.00 元

CONTENTS/ 目 录

卷首语

　　光阴荏苒，随着 2023 年暑天的到来，"断更"太久的《法庭科学文化论丛》终于迎来第 4 辑的"续更"。屈指算来，距离第 3 辑的出版已经 5 年有余。这期间由于本论丛主办单位和主要参编人员发生变更（主办单位由中国政法大学法庭科学文化研究中心变更为中国政法大学法庭科学博物馆，主编等主要参编人员也发生轮替），以及其他因素等对教学科研活动等全方位的影响，组稿及编选出版的周期严重延宕。好在因为有领导支持，各位作者积极写作，编委会和出版社同仁共同努力，终于在这个注定难忘的"2023 之夏"我们将《法庭科学文化论丛》第 4 辑展现在诸位读者面前。

　　论丛的生命在于传承与创新。在此我们感谢前 3 辑众多作者和参编同仁，正是由于你们筚路蓝缕地开拓，才让我们砥砺前行时多了勇气和信心……本辑论丛编选风格在保持与已有法庭科学（司法鉴定）类专业杂志形成互补，重史学研究、偏制度文化、鼓励学理争鸣的基础上，探索引入了部分涉及"科技文化"范畴的内容。期待这种"制度文化"与"科技文化"的相互交融与碰撞能让法庭科学文化之花更加绚丽夺目！我们也期待有更多文化背景的作者加入！

　　不忘初心，方得始终。在组编本辑论丛的同时，法大法庭科学博物馆先后加入全国高校博物馆育人联盟，成为中国博物馆协会会员、北京博物馆学会高校博物馆专委会会员，入选"RONG 聚法大——十佳校园文化品牌"，作为交流平台的官方公众号"法庭科学文化研究"也已开通。法大法庭科学博物馆的文化影响力日益扩大。在国家层面，中共中央办公厅、国务院办公厅先后印发了《关于加强社会主义法治文化建设的意见》和《关于推进新时代古籍工作的意见》等重磅文件，为法庭科学文化研究与博物馆建设提供了强有力的制度保障与政策指引。长风破浪会有时，直挂云帆济沧海，相信法庭科学文化研究必将迎来新的胜景！

赵东

2023 年 6 月

让科技为正义说话

——霍宪丹访谈录

执笔：狄胜利　马长锁　王世凡 *

一、那个少年

1954 年 10 月 22 日我出生于重庆，那时候父母都在西南军区。我父亲是随刘邓大军南下去的重庆，母亲是跟随西南服务团到重庆的。我母亲在西南公安部工作，那时候就在歌乐山。由他们接管了"中美合作所"，包括梅园（美军顾问梅乐思的住地），也就是在梅园的花台底下挖出了杨虎城将军的遗骸。

1954 年西南大区撤销后，我就跟父母到了成都。我当时在重庆上的巴蜀幼儿园，后转到成都继续上四川省直属机关西马棚幼儿园，之后上的成都实验小学。1966 年到 1969 年成都学校全部停课。1969 年复课后，这几年该毕业的学生一起走进了中学的校门，大家上午、下午轮流上学，每天读《毛主席语录》，学工业基础、农业基础，学工、学农到农村去"双抢"劳动。

1971 年我下乡到了四川省温江地区彭县（今县级彭州市）义和公

---

　　* 执笔：狄胜利、马长锁、王世凡，单位：中国政法大学证据科学研究院、法庭科学博物馆。

社 14 大队 3 小队。这是位于成都平原靠近横断山脉的地方，靠都江堰水自流灌溉，竹林环绕村庄（即著名的川西平原的"林盘"），一片田园风光（距三星堆仅十几里，属于沱江水系之湔江流域鸭子河边上）。当了几年知青后，1973 年我上了中专。本来是准备考大学，由于其他因素，只得上成都第一机械制造学校，这是当时机械部直属的一个中专学校，学了三年的机械制造。毕业以后进工厂，在工厂待了几年。1977 年恢复高考的时候，由于四川省规定中专毕业生必须有两年以上实践经验才可以报考，到了 1978 年符合条件了我才考的大学。这可能是四川本地的政策。1978 年，全国大学生入学率是 7% 左右，但是四川省 1% 都不到。这与四川人口基数大、考生太多不无关系。考的时候西南政法学院（后改为西南政法大学）还不是我的第一志愿，第一志愿是四川大学，当时西南政法学院是绝密专业提前录取。"文革"时期我父母到四川省西昌地区米易县湾丘"五七"干校，我们兄妹四个全部下乡。就我的经历来讲，恢复高考，我们是最大的受益者。恢复高考对中国的发展具有重大的历史意义，因为当时全国各行各业都大量缺少人才。

二、参与、见证恢复重建法学教育

1982 年我大学毕业被分配到司法部工作，正赶上 1983 年开展全国人才预测工作，于是直接参加了政法系统人才预测工作。开始公安也在内，后来又分开了。那个时候司法部负责管理法院、检察院的司法行政工作，司法行政工作按照宪法规定是归国务院负责，包括法官的任命、法庭的设立、法院的物资装备配备等。记得那时候还设计出了法官服、检察官服请相关领导参观。我有很多同学当时也被分到法院、检察院，经常来北京领服装、领装备。那时候司法部是真正意义上的司法部，后来大家都各干各的，包括这一轮司法改革也论证说为了防止外部的不当干涉，要人财物上管一级。我认为应当按照宪法规定，把属于司法行政的工作统一到司法部来，这既符合宪法精神，又阻断了外部干预。很多国家都走这条路，都是这种制度，它有它的道理。所谓"司法行政不行政，人民法院不司法"，就是指司法权和司法行政权二者既不能缺位、错位，更不能越位去管不该管的事。司法部当时是负责法学教育的，那时候彭真在讲司法部定位时，强调要发挥组织部、教育部、宣传部、后勤部的职能作用。那时贯彻法学教育精神，所有政法队伍的后备教育和在职培训均归司法部管，为了解决政法队伍人才断层的突出问题，我们依靠五所政法院校和吉林大学在全国举办法律函授、夜大学、干部专修科，之后还创办了电视大学、举办了自学考试。自学考试我一直在参与，到现在还兼任着全国高等教育自学考试指导委员会法学专业委员会副主任的职务，主任是饶戈平（北京大学法学院教授）。

1982 年至 2002 年我在司法部法学教育司工作了 20 年。那时候每年都要参加部属政法院校教育工作会议，也多次参加过中国政法大学的函授工作会议。司法部和国家外国专家局共同在中国政法大学、西南政法大学、华东政法大学设立了三个高级律师培训中心。北京是由中国政法大学国际交流学院陈桂明教授负责办培训班。这段时间我与陶髦、欧阳涛、江平、陈光中、张晋藩、徐杰、严端、巫昌祯、杨振山、张佩霖、何秉松、应松年、赵相林、杨荣馨、樊崇义等专家交往较多。当时司法部在全国组织举办法律师资培训班，连续办了 10 期，每期 4 个班，全国培养近万人，那时候各地法律院系里最基本的一些骨干师资都参加过这个培训。我曾与王利明（著名法学家，曾任中国人民大学常务副校长，现为中国法学会民法学研究会会长）在家里讨论全国统考经济法，委托佟柔命题，王利明当时是佟老师的研究生，一聊起来才知道他是湖北财经学院（现中南财经政法大学）法律专业 1977 级的。那时，因为司法部与教育部共同组织编写法学统编教材，搞师资培训，那一代资深法学家全都来了。随着社会的发展，年轻一代前赴后继。我们教育司的领导后来也是从知识分子中选拔出来的，比如余叔通、甘绩华和邢同舟老师全都是从中国政法大学出来的。

那时候我还参与并解决了与中国政法大学相关的两个事件：一是中国政法大学刑法学术之争，二是"84630 分房标准争议"。这两个事件在当时争议很大，最后都得到了很好的解决。

最初部里让我到新组建的司法部国家司法考试司去工作，因为此前我一直在负责创建司法考试制度的论证工作，可以说是顺理成章。我是从 1994 年就开始研究法律职业和司法考试的，司法考试的论证报告以及组织学者们参与都是我在做具体工作。2002 年中央司法警官学院由成人高校转轨成普通高校后，部里派我去担任校长。2005 年我离开了中央司法警官学院。

三、主政司法鉴定管理

2005 年我调回司法部出任司法鉴定管理局首任局长，先后干了 10 年司法鉴定管理工作。成立新机构之初，很多工作包括去编制办要编制、设机构都是我去做的。

我与司法鉴定的渊源比较早，我在司法部法学教育司工作之初就接触了司法鉴定。当时除司法部直属五所普通高等政法院校设立了司法鉴定机构外，还有北京大学、中国人民大学和一批医科大学等院校都要求成立司法鉴定中心，教育司只负责是否同意学校设立这个机构，而主体资质、相关业务的开展以及合法性问题，是由司法部管理。

司法部原来一直管的是司法部司法鉴定科学技术研究所。这个研究所是 1932 年国民政府司法行政部批准成立的，它有两个牌子，一个是司法鉴定科学技术研究所，一个是法医研究所，20 世纪 30 年代就开始培养人才。其先后由华东军政委员会、司法部等接管，1959 年司法部撤销以后由公安部管，后来人和资料并入沈阳刑警学院，机构撤销。新中国成立以后，司法鉴定科学技术研究所办法医研究生班，培养了很多人才，公安系统著名的一些专家如公安部特聘刑侦专家贾玉文、陈世贤、乌国庆等都是出自该研究所举办的培训班。

1982 年上海司法鉴定科学技术研究所重新恢复建立，司法部给科委和人事部的报告都是我们教育司起草。那时候郑仲璇老所长也来部里参与了筹备工作。之后报给科技部，科技部批准了以后司法部朱剑明副部长要求抓紧时机恢复成立。于是就从华东政法学院调了很多人过来，又从全国各地抽选了一批人进行重建工作。当时华东政法学院是司法部直属院校，选址就在圣约翰大学的旧址。

20 世纪 80 年代，我在从事法学教育管理工作时，参与过晋祠会议的筹备工作，还专门去高校调研，其中印象最深的就是 1985 年在华西医科大学（当时国内有个法医代表团刚刚从美国考察回来，考察报告还是用工整的仿宋体手工刻写出来的），吴梅筠和吴家馼介绍美国的法医和法医管理体制，强调法医工作一定要独立于诉讼职能机关（应该就是司法行政部门）来管理。

西南政法大学司法鉴定中心建设的资金来自世界银行贷款。当时西南政法大学有刑事侦查学院，学院设法医、物证专业。还有一件趣事，就是当时开展的项目里边有一台英国进口的电子质谱仪，没有人会用。当时学校一名教师子弟是同济大学机电系毕业的，就把他调了过来，调来了以后方知此电非彼电，于是将他派去英国培训，后来他留在英国攻读了硕士学位。再后来到美国读了博士，最后留在了美国最大的一个基因公司任首席科学家。1999 年他响应祖国号召回到国内，成了"百千万工程"第一人。回来以后在国务院做讲座，内容是基因安全，朱镕基总理当场决定由清华大学、科技部、国家发展计划委员会三家国有单位投资将近 4 个亿组建国家生物工程实验室。他就是清华大学医学院生物医学工程系教授、生物芯片北京国家工程研究中心主任程京院士。他很有商业头脑，成立了博奥生物集团有限公司。党的十八大以后，中央集体针对基因检测的优势在中关村组织了一次学习，7 位科学家做了汇报，他是其中一个。所以我开玩笑说他是司法部培养出来的，也要给国家司法鉴定事业发展做贡献。

在我即将退休之前的 2014 年，为推进司法鉴定国家队建设，我主抓了三个具体项目，第一个是依托博奥生物集团有限公司成立鉴定机构，做基因检测领域最权威的司法鉴定机构。第二个是依托中国科学院工程研究所建立知识产权鉴定中心，这个所有十几名院士、3000 多名专业技术人员，设有知识产权处，中国科学院下属很多所的知识产权纠纷都由他们代理。第三个是推动工业和信息化部直属的汽车工业技术研究所成立机动车鉴定中心，该所属 500 家大型国企之一，单是在天津建一个试车场就投资了 20 个亿，全国共有五个基地。工业和信息化部与之前的机械工业部对所有进口的和自己生产的汽车技术资料都有备份，全部可以进行比对。

四、关注司法鉴定新领域

我于 2015 年 1 月办理了退休手续后（2014 年 10 月就已满 60 岁了），比较关注的是文物艺术品鉴定和电子数据鉴定，电子数据既是鉴定本体，也是鉴定的载体，除了它本身的业务以外，它还是个平台。在任职时我进行过几次调研，现在呼声越来越大。

2002 年李长春提出要解决文物艺术品鉴定乱象的问题，当时国家文物局来函提出将文物鉴定也纳入统一管理范围的建议，在此之前国家环境保护总局也提出了相关环境损害鉴定的要求，卫生部也提出医疗事故技术鉴定纳入统一管理的意见。我跟他们经过几次讨论发现，国家环境保护总局跟国家文物局，他们都没有服务于行政执法的鉴定机构，直接进入司法鉴定的条件尚不成熟，应当先组建技术鉴定机构。每个省都有一个鉴定委员会，国家文物鉴定委员会的主任先后换了几任。为了落实两会人大代表、政协委员的提案，2010 年前后我们和国家文物局共同做了几次调研，其中文物部门的专家都认为鉴定只能靠鉴定人的经验和眼力。但是我认为发展方向应该是人跟机器结合，要借助科技的力量，科技与经验相结合。

我们在管理实践中是用人机结合度的指数来评价管理工作的，人机结合度指数高的，也叫傻瓜鉴定（其实是智能鉴定），只要是实验室保证操作规范就没问题；人机结合度指数低的，对人的资质要求高，与鉴定人的职业经验、职业道德有关。所谓鉴定质量，就是要保证既可靠又可信，光可靠不行。

五、司法鉴定管理工作若干回顾与展望

我自 2005 年起干了 10 年司法鉴定管理工作。从管理角度来看，主要有四点体会。

第一，认真学习领会，统一思想认识。首先要搞清楚中央关于司法鉴定体制改革的目标要求是什么？时代发展的需要是什么？是在什么

样的大背景下来做的？同时还要搞清楚司法鉴定的基本概念、基本范畴、基本属性、本质特点、时代定位、发展要求、问题需求是什么。这就要深入开展调研，听取各方专家意见。这里面有件趣事。公安部1999年发布了一个41号文件《公安机关人民警察执法过错责任追究规定》，列举了一批不属于《全国人民代表大会常务委员会关于司法鉴定管理问题的决定》（2005年2月28日第十届全国人民代表大会常务委员会第十四次会议通过）调整范围的鉴定事项。最后的结果是什么呢？中国青年报资深记者出面采访了公安部以后写了一篇文章发内参，全国人大常委会副委员长批示要求全国人大常委会法制工作委员会法规备案审查室（其职能是负责对所有行政部门颁布的规章和地方立法进行审核）进行合法性审核。公安部41号文件经审查后被明确指出有三处不符合国家关于司法鉴定管理问题的决定，责成公安部贯彻落实《全国人民代表大会常务委员会关于司法鉴定管理问题的决定》的相关规定。当时是全国人大常委会法制工作委员会刑法室主任出面协调的。我代表司法部参加，公安部五局两位局领导参加了会议。会上提出，国家法律赋予司法部司法鉴定管理权，公安部内设的鉴定机构是因侦查工作需要而设立的，公安机关对其机构实施的是部门管理，部门管理必须纳入国家统一管理范畴，这就是两者的关系。

若进一步延伸，统一管理体制又会涉及另外三对关系：一是司法行政部门和司法鉴定行业协会的关系，二是司法行政部门与人民法院的关系，三是司法行政部门与其他业务主管部门的关系。为此，我们专门开展了课题研究，最后在法律出版社出版了《司法鉴定统一管理机制研究》一书。2017年中央全面深化改革领导小组通过的《关于健全统一司法鉴定管理体制的实施意见》和相关文件，很多都采纳了这些研究成果，包括概念、文字表述等，包括最后采用了司法鉴定，而不是法庭科学的概念。我现在的语言和文字里边都不讲法庭科学，法庭科学再使用会有歧义。法庭科学不仅是法医，还包括互联网、人工智能等，这些都是科技。鉴于此，国外有的叫其法证科技、法证科学、证明科学等。在研究司法鉴定基本范畴时，我提炼出司法鉴定最本质的特点就是法律性和科学性相统一，它既是诉讼参与活动，也是科学技术实证活动。它有四个基本属性：一是法律性，这就把它跟技术鉴定和科学鉴定区分开来；二是中立性，不是甲方，也不是乙方，必须是中立的第三方；三是科学性，就是因为具备科学性，主观因素才最少，客观程度最高，可靠性和可信度才最大；四是公共性，不是私人能随意启动的，只有公权力才能启动，私人只有启动重新鉴定的权利。司法鉴定的公共属性是指其具有社会服务的一面，这是法律专家发挥了积极作用，但是鉴定权的归属问题还没有完全解决。2017年10月3日中共中央办公厅、国务院办公厅发布的43号文件《关于健全统一司法鉴定管理体制的实施意见》直接写的是公益性，我认为条件还不完全成熟，说它有社会公共属性较为合适，因为除了甲方、乙方、第三方的利益，还有社会公共利益也不得被侵犯。所以我们提出了政府引导和社会发展相结合的发展思路，要坚持公共属性这个本质属性。我们一直比较注重调研学习，只有理论上透彻了，行动才能更坚定。

第二，发挥牵头作用，加强沟通协调。2004年底，中共中央转发的《中央司法体制改革领导小组关于司法体制和工作机制改革的初步意见》明确提出了司法鉴定管理体制改革的目标、任务和要求，中央政法委配套发布了一份分工方案，后来又针对其他部门的疑问进一步发函明确司法部是司法鉴定体制改革的牵头部门。关于牵头，后来中央又专门强调了几次，党的十八届四中全会进一步明确司法部、中央政法委为牵头部门，后又增加了全国人大常委会法制工作委员会，从此共三家牵头部门，但主要以司法部为主。

司法鉴定体制改革中，法院系统主动改革的鉴定机构是北京市高级人民法院和吉林省延边朝鲜族自治州中级人民法院，吉林省延边朝鲜族自治州中级人民法院鉴定机构在《全国人民代表大会常务委员会关于司法鉴定管理问题的决定》出台之前就主动在司法行政部门登记为社会鉴定机构。法院中立性是树立司法公信和司法权威的关键。虽然协调政法部门的工作确实比较艰难，但是大家都有司法公正和健全法治的共识，协调推进制度建设也就比较顺利。

第三，切实履行职责，构建统一管理的体制机制。2004年底，中央提出建立司法鉴定统一管理体制的改革目标和任务后，我们就把这个作为课题进行专门研究。首先要搞清楚两个问题：其一，统一管理体制包括哪些内容？其二，统一管理的基本要求有哪些？这涉及体制、机制两个方面。从纵向来讲，司法行政机关要构建三级管理体系，这个任务我们一年就完成了。从横向来讲，司法鉴定管理机制要解决四个方面的问题，也就是有四个方面的关系要处理好：第一个是跟行业协会的关系；第二个是跟侦查机关的关系；第三个是我们跟其他业务主管部门的关系，比如环境污染、医疗损害、建设工程、产品质量、司法会计、知识产权等业务主管部门；第四个是要解决管理与使用相衔接的问题，也就是跟人民法院的关系。统一管理的工作机制涉及四个方面：一是相互衔接，二是相互配合，三是相互结合，四是相互补充。

关于规章制度建设工作，我在工作期间制定了八九十个规章、办法，为司法鉴定管理工作打下了制度基础。最早是从重新修订程序通则、鉴定人和鉴定机构管理办法、鉴定人职业道德规范开始。接着带团赴国外进行考察，组织对两大法系的比较研究，英国考察报告、美国考察报告、日本考察报告均以司法部外事简报的形式报给了中央政法委和国务院。报告中有分析、有建议，后来我们很多研究成果都被引用了。此外，还开展鉴定队伍建设，动员了很多院士和资深专家教授进入鉴定人队伍；规范鉴定人继续教育工作，对岗位培训、继续教育都有具体规定，对鉴定人明确提出了公正执业、公开执业、规范执业、诚信执业、廉洁执业的基本要求。

司法鉴定的层级结构可分为四级：第一级是类概念，司法鉴定分为几大类，比如法医类、物证类、环境类；第二级是执业类别，如法医类里面又分五个执业类别；第三级是鉴定事项；第四级是鉴定项目。

回顾十年发展，管理工作主要经历了三个阶段：第一个阶段主要是统一准入、重新登记、平稳过渡；第二个阶段主要是制定规划、填补空白、合理布局，解决发展不平衡的问题；第三个阶段是巩固提高、规范运行、转型发展，在提高的基础上规范运行。刚开始有很多地方社会鉴定机构一个都没有，因此，必须主动适应需要填补空白，不断建设完善。2012 年在杭州召开的全国司法鉴定管理工作会议标志着管理工作进入第三个阶段。目前，司法鉴定管理的规章制度基本建立起来了，我们的工作要求是：改革有目标，发展有方向；管理有依据，执业有规范；监督有手段，运行有机制；指导有渠道，协调有平台。关于省级协调平台，早在 2000 年之后，就有很多省成立了司法鉴定工作委员会，由副省长或者政法委书记任主任，办公室设在司法厅。

关于管理模式和方法实现了五个转变：一是从分散管理到统一管理；二是从人、财、物的部门管理到面向全社会的行为管理；三是从注重事前管理到全过程、全周期的管理；四是从单一的行政管理手段到运用法律、行政、技术手段进行综合管理；五是从直接管理到直接与间接管理相结合，间接管理更多依托的是行业协会，行业协会是行业自治组织，有行业自律的职能。

关于国外发展有六大趋势：一是定位公共化，二是地位中立化，三是高度专业化，四是技术高新化，五是规模集约化，六是运营公司化。

借鉴国外的成功经验，展望今后，我们要切实做好六项工作：一是明确新阶段司法鉴定工作的新任务、新要求，充分认识三个重要意义，切实做到三个坚持，有效发挥"三大功能"作用；二是转变发展理念，实现可持续协调发展；三是全面推进鉴定法治建设，持续提高工作水平；四是进一步健全完善司法鉴定统一管理的体制机制，在更高水平上实行统一管理；五是进一步推进司法鉴定行业的公共化、集约化、体系化建设，持续提高司法鉴定的科学性、可靠性和社会公信力；六是进一步加强证据系统工程建设，面对信息革命，加快构建面向世界的科学规范、先进成熟、开放创新、持续改进的科学技术体系。

推进司法鉴定行业的"三化建设"，最重要的是公共化建设，要建立司法鉴定公共服务体系，以国家级鉴定机构为核心，有依托、有基础、有自己的表述语言。当今社会处于信息时代，信息技术爆炸式发展。大数据、云端、互联网、万维网，都是具体的技术方法，我们坚持钱学森提出的社会系统工程概念，即信息技术、信息工程、信息革命。要强调人机结合、人网结合、定性定量相结合。

我始终坚持精神病鉴定中的行为能力鉴定和法律责任问题要分离。我认为司法鉴定的鉴定文书应分为两个部分，一个是检验、检测所得结果，另一个是专家意见，两者共同构成司法鉴定法律文书。鉴定文书就是在检验、检测结果的基础上鉴定专家做出的判断，司法鉴定执业特点是主观与客观相结合、人证与物证相结合、事前与事后判断相结合。由于鉴定内容的不同，我用人机结合度指数来确定不同的管理模式、提出不同的管理要求。鉴定质量如何评价、如何保障，必须系统思考：一是机构自查自检，授权签字人审核；二是同行评价；三是司法行政机关组织的互查、抽查评价；四是第三方评价，也就是认证认可、能力验证等；五是对方评价，就是诉讼双方在法庭上进行的竞争性和对抗性评价；六是法庭评价，法官评价也是最终的评价。鉴定人除要具备专业知识外，还要了解法律和诉讼程序，定期通过培训持续提高自己的出庭作证能力。

再来谈谈系统工程，这是钱学森先生另外一项贡献。大成智慧学把古今中外、万事万物综合集成到一个平台上。借助网络技术对信息进行整合和识别，重大问题、敏感问题实现了实时同步到达。《钱学森系统科学思想研究》一书涉及几十个学科门类，推荐大家阅读。

面向未来发展，总的工作要求是：体制统一是核心，制度健全是基础，公正执业是关键，规范管理是前提，质量保证是生命，发挥作用是根本。

第四，主动适应发展需要，推动司法鉴定事业的改革创新和可持续发展。党的十一届三中全会上，邓小平亲自确定为了保障人民民主，必须加强法制的基本方针，实现了党和国家工作重心转变到以经济建设为中心，实行改革开放，走向民主法治的发展道路。这一基本方针在法律领域直接体现为：从打击敌人为主到惩罚犯罪与保障人权并重、从有罪推定到无罪推定、从重实体轻程序到程序公正与实体公正并重、从以侦查为中心到以审判为中心、从纠问式审判到控辩式审判。除侦查以外，公诉、审判阶段都需要鉴定。党的工作重心转移后，在医学类高校出现了一大批鉴定机构，他们都是国有或体制内设立的，社会鉴定机构没有多少，2005年后社会鉴定机构才有了大的发展。

国家司法鉴定体制改革主要经历了三个阶段：一是1978—2004年恢复发展、探索改革阶段；二是2004—2012年的推进改革、加快发展阶段；三是 2017 年到现在的深化改革、健全完善阶段。建立统一司法鉴定管理体制有坚实的宪法基础。宪法明确规定司法行政归国务院负责，这里面涉及司法权和司法行政权的科学分工和合理配置问题。实际上鉴定管理权就是典型的司法行政权，所以鉴定管理权与司法权之间有一个合理配置和分工的问题。正因如此，国家明确规定人民法院不得设立鉴定机构。另外从国家立法的角度而言，全国人大常委会采用的是司法鉴定的概念，而非法庭科学的概念。

关于司法鉴定制度的基本定位有五个，在这里主要讲三个，第一个是它在证据体系中的定位，第二个是它在司法制度中的定位，第三个是它在国家管理体制中的定位。在国家管理体制中的定位有三层含义，它是一种行政许可管理，也是一种公共管理，涉及公共服务的问题，因为政府产出最大的公共产品就是服务，简单来讲这三层含义就是许可管理、公共管理、国家管理，由司法部代表国家行使管理权。

深入研究理论，才能拥有主导地位和话语权并得到各方的广泛认同。总的来讲，时代发展既有经济社会发展和民主法治建设的需要，也有适应司法审判工作日益复杂化、专业化的需要。法官不是万能的，大多数法官具有社会常识和法律专业知识，但并不掌握其他学科领域的专业知识。大部分法院的做法是委托社会上现有的分工明确的专业机构做鉴定，结果提供给法院，法院依据它来进行判断。法院还要履行对证据的综合审查判断职能，证据运用和审查判断能力是法律人的基本素养。因此，司法鉴定管理体制改革必须做到六个坚持：坚持宪法定位、坚持立法概念、坚持制度定位、坚持主动适应、坚持可持续发展、坚持既要保证诉讼机关正确行使公权力，又要依法保障当事人的合法权益。诉权是基本人权，鉴定权是诉权的重要组成和保障。

如前所述，坚持问题需求导向和理论方法导向相叠加，这就要求我们：一是进一步加快制定司法鉴定法，全面推进鉴定法治建设；二是进一步健全完善统一司法鉴定管理体制，在更高水平上实现统一管理；三是进一步加强鉴定行业的公共化、集约化、体系化建设，持续提高司法鉴定的科学性和社会公信力。具体来讲就是要更注重以下两方面的工作：首先，要更注重方法论。一是紧紧依托中央政法委和全国人大常委会法制工作委员会，开展协调指导工作；二是借助于中央的批示和中央政法工作的要求，抓住时机、举一反三；三是要紧紧依靠专家学者和各类管理及鉴定专家，开展实证研究，如进行两大法系和相关领域的研究；四是运用系统思维，坚持定性定量相结合与综合集成的工作方法。我经常讲的一句话就是坚持问题需求导向与理论方法导向相叠加，研究解决改革发展中遇到的突出问题和影响可持续发展的重大问题。问题需求导向中问题是当前的，需求是长远的，就是运用局部与整体、当前与长远、重点与一般的系统方法来解决问题。其次，要更注重深化认识。一是充分认识健全统一司法鉴定管理体制的三个重大意义，二是切实做到三个坚持，三是有效发挥"三大功能"作用。

关于充分认识健全统一司法鉴定管理体制的三个重大意义：其一，健全统一司法鉴定管理体制，实现司法鉴定行业健康持续发展是提高社会治理能力、实现国家治理体系现代化和卓越治理的重要基础。其二，健全统一司法鉴定管理体制，是加快建设公正、高效、权威司法制度的重要组成部分。其三，它是建设法治中国、平安中国、和谐中国，健全完善多元化纠纷解决体系的制度支撑，其中，多元化纠纷解决体系有三个支撑，即中立第三方、运行规则和证明方法。

关于三个坚持：一是坚持司法鉴定行业社会公共属性和社会主导与社会服务相结合的发展方针或者叫发展思路；二是坚持以审判为中心的诉讼制度改革导向；三是坚持公正司法，防止冤假错案，维护公民合法权益和社会公平正义的价值目标或价值取向。

关于有效发挥"三大功能"作用：在新的历史条件下，一是要充分发挥司法鉴定制度在司法证明活动中的核心作用；二是要充分发挥司法鉴定制度在多元化纠纷解决制度中的支撑作用；三是要充分发挥司法鉴定制度在应对重大诉讼案件、重大公共事件和重大社会活动中的关键作用。

我是林几的铁粉

黄瑞亭 *

　　在某种意义上说，我们这一代法医都是林几的铁粉。从当法医起，我们都受到了林几法医学术思想的影响。

一、林几印象

　　我当法医时，才20来岁。在这个年龄被20世纪二三十年代当法医的林几迷住，这是为什么？因为他才华横溢，并且身上充满着法医哲理和逻辑思辨的知识，说他是思想启蒙的精神食粮，一点不夸张。也可以说，我与林几有一种与生俱来的师生缘分。所以，2017年12月20日，为纪念林几120周年诞辰（见图1），在司法鉴定科学研究院组织纪念活动时，我很高兴应邀加入。在这次活动中，我作为主讲人，通过对话国内一流的司法鉴定科学研究院学者，带大家走进了林几的成长环境，了解了林几学术思想的前世今生，还有他对当代中国法医界的重大影响（见图2）。

---

* 黄瑞亭，单位：福建省高级人民法院司法鉴定管理办公室主任、主任法医师。

图1 司法部司法鉴定科学技术研究所编著《林几：诞辰120周年纪念文集》

图2 2017年12月20日在司鉴院"研究林几 纪念林几"的演讲（王洁 摄）

这么多年过去了，不管环境如何变化，我仍然是林几的粉丝。不是青年情结，而是因为在必须学习林几的时候恰恰进入了人生"思考季"。从林几"实验法医学"理念，到林几"大法医学"思想，最后，连林几本身也成了我思考的对象——我完成了《法医青天——林几法医生涯录》的写作。

我读林几的《法医学史略》，也了解中国法医学发展史；我学习《法医月刊》，也了解法医研究所《鉴定实例50例》；我学习林几改良中国法医，也学习《二十年来法医学之进步》，更思考林几的主张是什么；我颂扬林几的法医教育思想，也了解林几"建立全国6个法医学教室"的设想；我研究林几建立法医研究所的初衷，也考量林几建立全国各地"中心实验室"的布局；我了解到20世纪二三十年代林几开始为法医事业而奋斗，到20世纪四五十年代林几开办了法医检验员、法医师、法医研究员、法医高师班，也在思考为何林几一直坚持不懈地努力让中国步入现代法医学的行列。

我从林几那里学到了独立思辨和创业的精神。

二、林几影响

步入了 21 世纪，时代转变，但林几的影响没有变。

改革开放 40 余年后的今天，我们把中国法医学的成就归功于林几等一代又一代为中国法医学做出过贡献的法医人。

在北平医学专门学校毕业留校当病理学助教的时候，林几发表《司法改良与法医学之关系》一文，立志"改良中国法医"。那个时候林几才 20 出头，就已经把法医学的特征描绘得相当精彩："我国古代对于人命案件，由仵作本着《洗冤录》的经验，对被害者进行检验。当兹，栽培法医专家刻不容缓。迟一天，司法基础就迟一天巩固，对收回领事裁判权就晚一天去外国人的口实。改良法医乃当务之急。""法医学即以医学及自然科学为基础而鉴定且研究法律上问题者也。法律乃立国之本，法医学则为法律信实之保障。""凡司法、行政、立法，无不有需于法医学者也。"林几的观点是：法医学不仅是尸体解剖判定病因、死因的技能，还是重点服务法院裁判的科学，这是法医应有的定位。所以，林几对法医学下定义为：法医学乃国家应用之科学。

林几最令人敬佩的是他的创业精神——思考的创业和创业的思考。林几不是普通的法医，他于 1924 年赴德国留学学习法医学获博士学位，回国后就创办了"北平大学医学院法医学教室"，1932 年受司法行政部委托，到上海筹建法医学研究所，任所长。在此期间，林几为研究所招收法医学研究生，培养两年结业，由司法行政部颁发"法医师"证书，这是我国历史上第一次出现的法医师职称。此外，他创办杂志《法医月刊》，组织成立法医研究会，举办高级司法检验员培训班，首先以身作则在鉴定书上写有"据学理事实，公正平允，真实不虚"承诺，首提"大法医学"（即今天的司法鉴定概念）的发展思路。1937 年抗日战争爆发后，林几仍在陕西和重庆等地坚持法医教学，

1939 年受聘于成都的中央大学医学院，1943 年创建了法医学科，新中国成立后开始编审法医学教材。1951 年林几因病逝世。他这一生都在为法医学而奉献，将中国法医学带入了现代化行列。

中国法医学高度发展的今天也应该感谢林几，这位名门出生的学者，查出了中国法医体系的病灶，开出了药方。国家从林几学术思想中发现了中国法医落后的根源，从而寻求改良。鉴定人制度体系、法医保障体系、法医教育体系、医学院校毕业生经培训成为鉴定人的做法、把法医学定位为法律服务的法庭科学的理念、重视法医学实验的观点、重视法医人品的观念等现代法医学从林几学术思想中获得的启发，成为其继续发展的动力。

《名公书判清明集》宋慈判词
与《朱子语类》词汇的比较研究

刘　通 *

一、概述

　　《名公书判清明集》宋慈判词是除《洗冤集录》一书之外，宋慈留
给后人的一组书判体散文。以往人们在研究与精读《洗冤集录》时，
对其文字常常有些抱怨。譬如："由于原书是一种不文不白的文体，在
许多地方已是白话，容易看懂，无须改译；主要问题是在于文字很不严
密，甚至文理不通，再加上掺杂一些当时使用而后来已成'死词'的东
西，致使原义不明，难于理解。"[1]又譬如："这本书的文字相当艰涩
难懂，致使许多司法工作者、法医工作者和医务工作者对我国历史上
这一部法医名著难以进行阅读与研究。"[2]又如："由于书成于七百多
年前，原文文字相当艰深难懂，为了此书能广泛流传，遂有兴起出版
白话文本之意，希望以此作为开始，让国人多深入了解中华文化之博

---

　　* 刘通，单位：福建省南平市建阳区宋慈研究会。

　　〔1〕（宋）宋慈著，杨奉琨校译：《洗冤集录》，群众出版社 2006 年版，第 184—185
页。

　　〔2〕（宋）宋慈著，罗时润、田一民译释：《洗冤集录今译》，福建科学技术出版社
2005 年版，前言第 7 页。

大精深。"[1]

针对以上情况综合分析，人们抱怨有书本本身的原因，有历史演进语言流变的原因，有专业词汇隔行如隔山的原因，等等。当然，还与读者对作者原籍地语言习惯的了解与掌握具有一定的关系。宋慈大器晚成，不惑之年后才外出为官，这种当地语言习惯的影响应当是客观存在的，由此引起的"难于理解"也是情有可原的。譬如，在各家对《洗冤集录》的译释过程中，由于对作者原籍地的语言与文化背景了解不够，出现误读的情况时有发生。现举例如下：

1. 《洗冤集录》卷之二《洗罨》条

"衬尸纸惟有藤连纸、白抄纸可用。苦竹纸，见盐、醋多烂，恐侵损尸体"（见图1）。其中的"苦"字几乎各本都校成了"若"字。不但词性发生了改变，还影响了"藤连纸""白抄纸""苦竹纸"的并列匀称之美。南宋时期，宋慈的故乡福建路建宁府建阳县（今属福建南平），正是全国三大雕版印刷中心之一，享有"图书之府"的美誉。所用的印书纸恰是以当地满山遍野生长的、名为苦竹的一种竹子为原材料制造的"苦竹纸"，并有一个专用美名为"建阳扣"，一直兴盛了200多年。想必宋慈对故乡的"苦竹纸"是情有独钟的，只是不适合用于"洗罨"罢了。

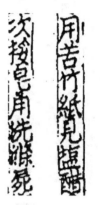

图1　元刊本"苦"

2. 《洗冤集录》卷之三《溺死》条

"口含眼开闭不定，两手拳握"（见图2）。其中的"含"字几乎各本都校成了"合"字，变成"口合，眼开闭不定"。根据笔者从事急救复苏工作二十几年所见，溺死之人未必皆口合，而是"口开闭不定"。此外，就"含"字而论，有"包含""包括"之意，有时相当于"与"

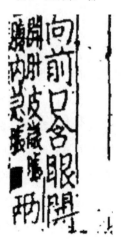

图2　元刊本"含"

---

〔1〕（宋）宋慈著，宋楚翘编译：《洗冤集录》（增订版），西北印社2007年版，第11页。

的意思，在词义上是说得通的。而且，这一义项在宋慈故里的方言中是常用词汇。

3.《洗冤集录》卷之四《杀伤》条

"或只用竹枪，尖竹担干（幹）着要害处"（见图3）。其中的"幹"字几乎各本都校成了"幹"字。"干（幹）着"即"打着"之意。以"干（幹）"字代替"打"字，在宋慈故里的语言环境中是一

图3 元刊本"幹"

种习惯用法。[1]因此，我们今天解读《名公书判清明集》宋慈判词时，也必须综合考虑多方面的影响因素。众所周知，宋慈与理学集大成者朱熹是建阳同乡，又是朱熹的再传弟子，共同生活于我国南宋时期。宋慈自从受业于朱熹的高足吴雉，以及与考亭朱子门人广泛交游，再到师从太学博士真德秀，其学问之源流均为朱熹之学，尤其深受朱子"格物致知"思想的影响。更为重要的是，到了南宋后期，以程朱理学为代表的儒家法律思想已处于主导地位。朱熹曾说："狱讼，系人性命处，须吃紧思量，犹恐有误也""明慎用刑而不留狱"等。宋慈师祖的"恤刑""慎狱"法律思想对他的影响极其深刻。再说朱熹的另一位再传弟子真德秀，他的刑法思想与朱子理学是一脉相承的，譬如，在《名公书判清明集》一书的劝谕"清狱犴"中，真德秀曾说："狱者，生民大命，苟非当坐刑名者，自不应收系。为知县者，每每必须躬亲，庶免冤滥。"上述这些师长的断狱理刑思想，甚至语言风格，在《名公书判清明集》宋慈判词中应当都会有所体现。

基于上述考虑，我们选择同时代、同地域，具有代表性的著作《朱子语类》与《名公书判清明集》宋慈判词在词汇方面进行一些比较研究，以便加深对后者文中字句的理解，并试图间接揭示作者原籍地的宋代汉语常用词，及其方言词、俗语词、口语词和特色词对作者语

---

〔1〕 刘通：《宋慈与洗冤集录研究》，海峡文艺出版社2016年版，第96—97页。

言风格构成影响的可能性。

《朱子语类》的版本甚多，各版又略有不同。我们选用的是 2002 年上海古籍出版社和安徽教育出版社联合出版的《朱子全书》本[1]，其后例句的摘录与标注以此本为依据。《名公书判清明集》宋慈判词中例句的摘录与标注则以中华书局 1987 年版《名公书判清明集》中国社会科学院点校本[2]为准。

二、常用词汇的比较研究

常用词尤其是高频常用词，因其具有常用性，一般会经常性地出现在各种不同的文体中，这跟有些口语词和俗语词只出现于相应的通俗文体中的情形很不相同。《朱子语类》作为文人口语的实录，既有传承前代的书面文言，又有师生即时讨论的口语白话，在某种程度上更能从词语新旧形态的状貌上体现常用词的兴替和文白此消彼长的演变规律。[3]虽然《名公书判清明集》宋慈判词是一组极小的语料样本，但我们仍然可以通过举例来考察一下《朱子语类》的部分常用词在《名公书判清明集》宋慈判词中的出现情况，以反映它们同时代、同地域语言特征的关联性。

譬如，《朱子语类》中"恐惧""害怕"义项有"惧""惮""恐""吓"和"怕"等词。例句如下：

（1）问："前辈说治惧，室中率置尖物。"曰："那个本不能害人，心下要恁地惧，且习教不如此妄怕。"（卷 96，页 3249—3250）

（2）如劝课农桑等事，也须是自家不惮勤劳，亲履畎亩（广录作"循行阡陌"）。与他勾当，方得。（卷 43，页 1517）

（3）边报既至，大恐，不知所为，顾盼朝士，问以计策。（卷

---

〔1〕（宋）朱熹撰：《朱子全书》，上海古籍出版社、安徽教育出版社 2002 年版，本书全套共 27 册，《朱子语类》位于第 14—18 册。

〔2〕中国社会科学院历史研究所、宋辽金元史研究室点校：《名公书判清明集》，中华书局 1987 年版。

〔3〕徐时仪：《〈朱子语类〉词汇研究》（上），上海古籍出版社 2013 年版，第 480—481 页。以下一些描述引自本书，不再一一出注。

131，页 4095）

（4）汤、武岂不能出师以恐吓纣，且使其悔悟修省。（卷 71，页 2409）

（5）或言某人之死，人有梦见之者，甚恐，遂辞位而去。（卷 138，页 4279）

《名公书判清明集》宋慈判词中也能找到"惧""惮""恐""吓"等字表示"恐惧""害怕"之义项，例如：

（1）在法：以恐惧逼迫人致死者，以故斗杀论。（卷 12，页 466）

（2）非特可以警肃赃贪，抑使葭苇余孽凡受招携之恩者，皆将有所忌惮，而不为不义。（卷 2，页 54）

（3）岂知当职虽不肖，平日守四知之甚严，平时惴惴然，惟恐于不知不觉之中，为奴仆所累，况黄明所执之数，浩瀚如此，岂可幸吏卒之不知，付之泯泯默默乎？（卷 11，页 429）

（4）恐知录牵制人情，并请权司理同问。（卷 11，页 429）

（5）或撰造公事，恐吓夺人之山地。（卷 12，页 468）

又譬如，《朱子语类》中"约束""察验"义项有"检"及其与动词语素构成的组合词。例句如下：

检点自家身命果无欠缺，事君真个忠，事父真个孝，仰不愧于天，俯不怍于人，其乐孰大于此！横渠谓"反身而诚"，则不慊于心，此说极有理。（卷 60，页 1951—1952）

《名公书判清明集》宋慈判词中也能找到"检"等字表示"察验""搜索"之义项，例如：

检准绍兴元年十一月指挥，凡兵将盗贼尽属安抚司，况枢阃责专消除祸本，干系甚大。（卷 2，页 54）

由此说明，《名公书判清明集》宋慈判词与《朱子语类》在常用词汇使用方面，具有很强的关联性。虽然宋慈判词只是极小的文字样本，但是也可窥见二者同时代、同地域的语言概貌，间接反映了《名公书判清明集》宋慈判词属于用词规范的书判体文本。

三、“方俗口特”词汇的比较研究

方言词是相对于民族共同语而言的，指流行在方言地区而没有在普通话里普遍通行的词，即指方言中那些跟共同语不同的词汇成分。文化伟人朱熹、法医鼻祖宋慈，还有婉约派词宗柳永所处的方言区域，为闽方言中以建瓯话为代表的闽北方言，流传至今使用人口约有200万人。闽北方言词汇十分丰富，除同形同义的普通话转借词外，大量词汇的构词方式、词义和词源特点跟普通话不尽相同。[1]俗语词是相对于“正式”或“优雅”词而言的白话词，有与地域相关的方俗、土俗，及与社会层次或交流场合相关的通俗、庸俗等多重含义。俗语词的应用使人们的交流更加方便且具有趣味性和地方特色。口语词是相对于书面语而言的，主要用于口头交际场合，是具有地方色彩与日常会话的常用词汇。《朱子语类》是一部颇具口语特色的著作，选作研究口语词汇的语料时很有代表性。中华传统文化主要包含儒、释、道三家。朱熹作为理学集大成者，在其求学经历中屡涉释、道之学，而理学作为儒学的再发展，在其发展过程中也充分融汇了释、道思想，这些在《朱子语类》一书中均有充分的体现，为此我们在这里界定的特色词主要是指理学词、释家词和道家词。

现就《名公书判清明集》宋慈判词与《朱子语类》的方言词、俗语词、口语词和特色词作一初步比较，并引用例句加以说明。

1. 平白

平易明白，形容词。例句如下：

（1）曰：“如何丘园便能贲人？‘束帛戋戋’，他解作裁剪之象，尤艰曲，说不出。这八字只平白在这里，若如所说，则曲折多，意思远。”（卷71，页2383）

（2）永嘉看文字，大字平白处都不看，偏要去注疏小字中寻节目以为博。（卷123，页3870）

《名公书判清明集》宋慈判词中也有“平白”这一俗语词，例句如下：

（1）况本司所管者，狱事，无故押一仆入狱，又忽然平白放

---

[1] 潘渭水编撰：《闽北方言研究》，福建教育出版社2007年版，第2、24页。

出，虽此心可以自信，在傍人宁免有狱司观望之疑。（卷11，页430）

（2）何则，事至于此，愈涉嫌疑，断须究竟到底，亦非本司所敢专行，送金厅，且引上黄明面问，事无因由，如何平白生出一段事节，刘达与李百二原无冤仇，如何忽然有此供摊，如其不然，的实出于何人指教，及出于是何吏卒锻炼，一一责从实供。（卷11，页430）

（3）今详索到别项县案，其平白科罚，动计一千贯，名曰暂借，实则白夺。（卷12，页462）

2. 索

探求，探索。

在《朱子语类》文本中，"索"与动词语素"究""极""穷""玩"等组合，构成"究索""极索""穷索""玩索"等词，表示对义理的研究与探求。[1]例句如下：

（1）书用你自去读，道理用你自去究索。某只是做得个引路底人，做得个证明底人，有疑难处同商量而已。（卷13，页387—388）

（2）要须验之此心，真知得如何是天理，如何是人欲。几微间极索理会。此心常常要惺觉，莫令顷刻悠悠愦愦。（卷13，页391—392）

（3）但舜是生知，不待穷索，如今须着穷索教尽。莫说道只消做六七分，那两三分不消做尽也得。（卷58，页1852）

（4）圣贤说出进来底言语，自有语脉，安顿得各有所在，岂似后人胡乱说了也！须玩索其旨，所以学不可以不讲。（卷11，页352）

《名公书判清明集》宋慈判词中也有"索"这一词，有单独使用，也有与语素"到"组合成"索到"应用。例句如下：

（1）今详索到别项县案，其平白科罚，动计一千贯，名曰暂

---

〔1〕 程碧英：《〈朱子语类〉词汇研究》，四川出版集团巴蜀书社2011年版，第311页。

借，实则白夺。（卷12，页462）

（2）及见索到及索州院未到案，发照问引，会州院见行推司拘下，先将一项案连与司法看过，令深熟，方可引上一行人勘。（卷12，页462）

（3）若非专官专吏，索齐干照案牍，不特豪强依然得志，而被害之家反被诬罔之刑矣。（卷12，页464）

（4）然而殴死人力，犹须见证追会，旁夺田产，亦要干照索齐。至如假官一节，索到告身批书，皆是揩洗书填，难掩踪迹，唤取前项书铺辨验，造伪晓然。（卷12，页465）

（5）所有本人项冒绫纸，曾无收索，及原追未到人，曾无再催，别呈。（卷12，页467）

（6）骗业及于妻家，索租及于官地，即此推之，他可知矣。（卷12，页468）

（7）谭文索契不到，勘杖八十，李念四得罪，其主资给，乃说令继父谢小一白写地契与之，勘杖一百。（卷12，页469）

（8）已录问讫，索冒赏吏部帖及文解帖，遵照拟判，逐一施行。（卷12，页469）

3. 办

《朱子语类》中"办"这个字，有些表示"做"的意思。例句如下：

（1）而今人只办得十日读书，下着头不与闲事，管取便别。莫说十日，只读得一日，便有功验。人若办得十来年读书，世间甚书读不了！（卷11，页356）

（2）宰相只是一个进贤退不肖，若着一毫私心便不得。前辈尝言："做宰相只要办一片心，办一双眼。心公则能进贤退不肖，眼明则能识得那个是贤，那个是不肖。"此两言说尽做宰相之道。（卷72，页2426）

本项第二个例子中，有"着一毫私心"这一意群，不禁让人想起宋慈在《洗冤集录·序》中也有一个构词极为类似的意群，即"萌一毫慢易心"。或许这并非偶然的巧合，而是实实在在的隔代师传的"文化基因"。

《名公书判清明集》宋慈判词中也有"办"这个字，表示"做""举办""开办"的意思。例句如下：

> 甚至以趣办工匠课程，取媚芮路分，致投之水者二人，以盐船漂泊，赶打稍工赴水者一人，占据良人女为小妻，逼迫其父自缢者一人。（卷12，页466）

4. 倾

《朱子语类》中"倾"这个字，有时表示"欺瞒""哄骗"的意思。例句如下：

> 东坡则杂以佛、老，到急处便添入佛、老，相和（去声）。倾（户孔切）。瞒人，如装鬼戏、放烟火相似，且遮人眼。（卷137，页4262）

《名公书判清明集》宋慈判词中也有"倾"这个字，表示"欺骗""欺诈"的意思。例句如下：

> 谭一夔，豪民之倾险者也，冒受官资，诈称制属，交结同党为羽翼，蓄养无赖为爪牙，夸张声势，凌压善民，流毒一方，不可殚述。（卷12，页468）

《名公书判清明集》宋慈判词中还有一个"倾"字，表示的是"斜""偏斜"的义项，词义与上述两个例句中的完全不同。例句如下：

> 倾湘江之水，不足以洗百姓之冤；汗南山之竹，不足以书二凶之恶。[1]（卷12，页467）

南宋刘克庄在《宋经略墓志铭》中说宋慈"公博记览，善辞令，然不以浮文妨要，惟据案执笔，一扫千言，沉着痛快，哗健破胆"[2]。这是对宋慈书判的最好评价。或许上述的这个例句就是宋慈判词中的最佳"好词好句"之一，也是刘克庄这段话的最佳脚注之一。

---

〔1〕"书"原为"洗"。参见许浩：《〈名公书判清明集〉词汇研究》，人民出版社2013年版，第200页。

〔2〕（宋）刘克庄撰，王蓉贵、向以鲜点校：《后村先生大全集》（卷一百五十九），四川大学出版社2008年版，第4053页。

5. 绐

《朱子语类》中"绐"这个字，表示"欺骗"的意思。例句如下：

(1) 东坡记贺水部事，或云无此事，盖乔同绐东坡以求诗尔。（卷130，页4058）

(2) 魏良臣惶恐无地，再三求哀，云："实见韩将回，不知其绐己。"乃得免。（卷131，页4099—4100）

《名公书判清明集》宋慈判词中也有"绐"这个字，表示"欺骗""诈骗""骗来"的意思。例句如下：

仍帖县，绐屋业还赵十一管业，词人放。（卷12，页466）

6. 快活

《朱子语类》中"快活"这个词，表示"快乐""干脆爽快"的意思。例句如下：

(1) 这说是教人若遇一事，即且就上理会教烂熟离析，不待擘开，自然分解。久之自当有洒然处，自是见得快活。（卷18，页635）

(2) 今学者全无曾点分毫气象，今整日理会一个半个字育下落，犹未分晓，如何敢望他？他直是见得这道理活泼泼地快活，若似而今诸公样做工夫，如何得似它？（卷121，页3843）

《名公书判清明集》宋慈判词中也有"快活"这个词，表示"明白""通畅""干脆爽快"的意思。例句如下：

本司行下攸县，追到巡检扶如雷及寨吏潭伸赴司供对，次续据攸县冯天麟、陈宗等亦诉扶巡检取乞，方行诘问，乃咆哮不伏，公然放声，谓做官不如打劫自由及无官更自快活之语。（卷2，页53—54）

7. 圈套

《朱子语类》中"圈套"这个词，表示"框框""固定模式"的意思，该词还可引申为"引诱上当"的意思。例句如下：

又曰："某不是要教人步步相循，都要来入这圈套。只是要教人分别是非教明白，是底还他是，不是底还他不是，大家各自着力，各自撑拄。君尽其职，臣效其功，各各行到大路头，自有个归

一处。是乃不同之同，乃所以为真同也。若乃依阿鹘突，委曲包含，不别是非，要打成一片，定是不可。"（卷120，页3786）

《名公书判清明集》宋慈判词中有一个与"圈套"极为相近的词，即"圈缋"，表示"窠臼""引诱上当"的意思。例句如下：

罗喆，始者借其钱六百贯，一入圈缋，缠磨不休，本钱已还，累息为本，逼迫取偿，勒写田契，已是违法。（卷12，页463）

8. 无赖

《朱子语类》中"无赖"这个词，表示"耍赖无愧耻者""不务正业者"的意思。例句如下：

（1）退之晚年觉没顿身己处，如招聚许多人博塞（去声）。为戏，所与交如灵师、惠师之徒，皆饮酒无赖。（卷137，页4260—4261）

（2）如近世王介甫，其学问高妙，出入于老佛之间，其政事欲与尧、舜、三代争衡。然所用者尽是小人，聚天下轻薄无赖小人作一处，以至遗祸至今。（卷55，页1807）

《名公书判清明集》宋慈判词中也有"无赖"这个词，表示的意思与《朱子语类》中的完全相同。例句如下：

谭一夔，豪民之倾险者也，冒受官资，诈称制属，交结同党为羽翼，蓄养无赖为爪牙，夸张声势，凌压善民，流毒一方，不可殚述。（卷12，页468）

通过比较，我们可以看出，《名公书判清明集》宋慈判词与《朱子语类》在方言词、俗语词、口语词和特色词的使用方面，具有比常用词更强的关联性。虽然这是一个极小语料（《名公书判清明集》宋慈判词）样本与极大语料（《朱子语类》）样本之间的比较，但通过其结果同样可以明显看出二者同时代、同地域的语言特征，同时也从侧面真实反映了南宋中后期的语言词汇概貌，也进一步说明了《名公书判清明集》宋慈判词属于用词规范、又不失地方语言特色的散文体文本，语言整体平实易懂。

中国航天纪念钞防伪特征的研究

张杰灵　连园园 *

摘　要：中国人民银行于 2015 年 11 月 26 日发行中国航天纪念钞，该纪念钞面额为 100 元，发行数量 3 亿张，与现行流通人民币职能相同，与同面额人民币等值流通。本文主要探究该纪念钞在纸张、油墨、版型和印刷四大方面的防伪特征，以期为该纪念钞的真伪鉴别提供依据。

一、发行及币面设计概况

中国航天纪念钞票面长为 155mm，票面宽为 77mm，主色调为蓝色，正面主景图案为神舟九号飞船与天宫一号交会对接图案，左上方为国徽图案、"中国人民银行"行名，其下方为东方红一号卫星图案，左下方为面额数字"100"和汉字"壹佰圆"，主景图案右侧为嫦娥一号卫星图案，其上方为面额数字"100"和"中国航天纪念"字样（见图 1）。背面主景图案由右至左依次为飞禽海东青图案、冯如 2 号双翼螺旋桨飞机、喷气式客机、2020 年中国空间站"天宫"、嫦娥一号

---

　* 张杰灵，单位：北京市公安局；通讯作者：连园园，单位：法大法庭科学技术鉴定研究所。

卫星图案，左下角为风筝局部图案，左上角为面额数字"100"，右上方为行长章与年号"2015"，右侧为中国人民银行汉语拼音字母和蒙、藏、维、壮四种民族文字的"中国人民银行"字样与面额数字"100"、汉语拼音字母"YUAN"（见图2）。

图1　中国航天纪念钞正面　　　　图2　中国航天纪念钞背面

二、防伪特征

中国航天纪念钞主要在纸张、油墨、版型和印刷四大方面采用了防伪技术。其具体特征如下：

（一）纸张

1. 纸张纤维

（1）植物纤维

该纪念钞所用的印钞纸纤维成分为棉纤维，在造纸过程中没有加入增白剂，所以在紫外线灯光源的照射下，没有荧光反应。

（2）荧光纤维

为了达到更好的防伪效果，生产印钞纸的过程中在纸张中随机加入了荧光纤维丝，在紫外线灯光源照射下，会发出强烈的黄色或蓝色荧光。

2. 安全线

该纪念钞采用的是动感光变镂空开窗安全线，位于票面正面中部，宽度为4mm。正面为半植半露式（半埋式），即一段裸露于纸张表面，一段植入于纸张之中，开窗处可见数字"100"交错地排列在上面。垂直票面观察，安全线呈金色；与票面成一定角度观察，安全线呈绿色。随着观察角度的变化，安全线亮光带颜色交替、滚动变化。

3. 水印

该纪念钞的水印为固定水印，位于票面正面右侧下方的空白处。透光观察，可见东方红一号卫星图案的多层次黑水印，及面额数字"100"的白水印。

（二）油墨

1. 专用油墨

该纪念钞所使用的油墨为专用油墨，具有防伪功能，由于其配方严格保密，在本文中不予探究。

2. 磁性油墨

该纪念钞票面正面下方横向冠字号码中黑色油墨印刷部分采用磁性油墨印刷，在磁性检测仪检测下有磁性反应。

3. 荧光油墨

（1）有色荧光油墨

该纪念钞票面正面左侧螺旋形图案及东方红一号卫星图案周围放射状线条花纹和正面票面右侧嫦娥一号卫星图案右方放射状线条花纹及右下角处风筝部分图案，以及横竖双向冠字号码中红色油墨印刷部分，在紫外线灯光源的照射下可发出荧光；票面背面中国空间站"天宫"、喷气式客机、冯如2号双翼螺旋桨飞机、飞禽海东青图案所在色带及左下角风筝局部图案中蓝色印刷部分，在紫外线灯光源的照射下可发出蓝色、绿色或者红色荧光。

（2）无色荧光油墨

该纪念钞票面正面中部"银行"二字下方，在紫外线灯光源的照射下，可发出面额数字"100"黄色荧光；票面背面嫦娥一号卫星图案周围及喷气式客机、冯如2号双翼螺旋桨飞机处，在紫外线灯光源的照射下，可发出太阳系行星运行轨道图案及地球图案的黄色荧光。

4. 光彩光变油墨

该纪念钞票面正面左侧的东方红一号卫星图案采用光彩光变油墨印刷，垂直票面观察，图案为绿色；平视观察，图案为蓝色。随着观察角度的改变，图案颜色在绿色和蓝色之间交替变化，并可见到一条亮光带上下滚动。

（三）版型

该纪念钞的印刷使用了多种印刷方法，包括平版印刷、凸版印刷以及凹版印刷。

1. 平版印刷

该纪念钞票面正面螺旋形及弧形线条背景图案、风筝局部图案和票面背面主景嫦娥一号卫星、中国空间站"天宫"、喷气式客机、冯如2号双翼螺旋桨飞机、飞禽海东青图案，风筝局部图案，左上角面额数字"100"，右侧行长章与年号"2015"，中国人民银行汉语拼音字母和蒙、藏、维、壮四种民族文字的"中国人民银行"字样与面额数字"100"，以及汉语拼音字母"YUAN"均采用平版印刷。

2. 凸版印刷

该纪念钞中的冠字号码均为凸版印刷，横竖号码均由一位冠字"J"与十位阿拉伯数字组成。票面正面左下方印有横号码，由红色和黑色两种颜色构成。冠字"J"与前四位阿拉伯数字上部采用红色油墨、下部采用黑色油墨印刷；后六位阿拉伯数字上部采用黑色油墨、下部采用红色油墨印刷。右侧竖冠字号码均为红色油墨印刷。

3. 凹版印刷

该纪念钞票面正面左上方的国徽图案、"中国人民银行"行名及其下方的东方红一号卫星图案，左下方的面额数字"100"和汉字"壹佰圆"，右侧的嫦娥一号卫星图案及其上方的面额数字"100"和"中国航天纪念"字样均采用凹版印刷。

（四）印刷

1. 缩微文字印刷

（1）平版缩微文字

该纪念钞票面背面第一条蓝色弧形色带图案内印有平版印刷的"RMB100"缩微文字，呈弧线形排列（见图3）。在中国空间站"天宫"、喷气式客机、冯如2号双翼螺旋桨飞机、飞禽海东青图案中印有平版印刷的"RMB100"缩微文字，呈弧线形排列，且相邻两行文字尺寸为一大一小（见图4）。在右下角数字"100"与汉语拼音"YUAN"之间印有21组数字"100"缩微文字（见图5）。

图3 中国航天纪念钞背面　　　图4 中国航天纪念钞背面　　　图5 中国航天纪念钞
　　平版缩微文字　　　　　　　　平版缩微文字　　　　　　　背面平版缩微文字

（2）凹印缩微文字

该纪念钞票面正面左下角面额数字"100"内，有凹版印刷的花纹图案，其镂空部分呈现缩微数字"100"图案（见图6）。

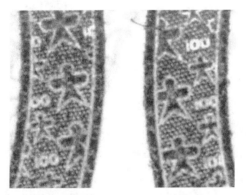

图6 中国航天纪念钞正面凹印缩微文字

2. 双面凹印对印

该纪念钞票面正面右上角和背面左上角面额数字"100"，透光观察，正面面额数字"100"空心部分可被背面图案填充，呈现实心面额数字"100"（见图7）。位于票面正面右侧和背面左侧的嫦娥一号卫星图案，透光观察，正背面嫦娥一号卫星图案可以互补重叠（见图8）。位于票面正面右下角和背面左下角的风筝局部图案，透光观察，可以相互补充拼凑成完整的风筝图案（见图9）。

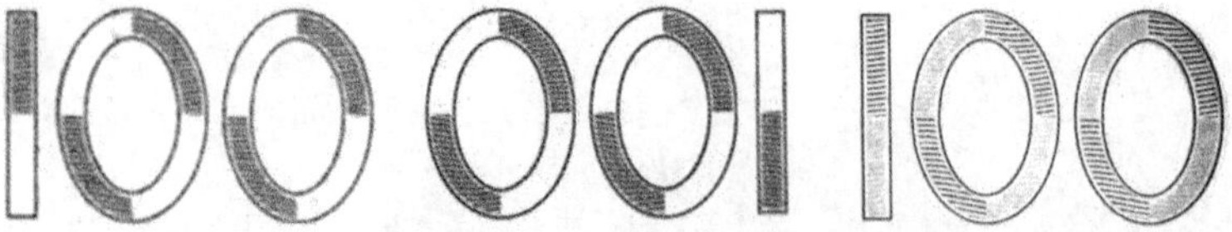

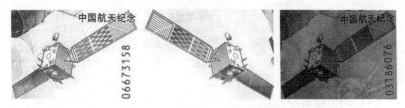

图7　中国航天纪念钞正面、背面及正面透光观察面额数字对印图案

图8　中国航天纪念钞正面、背面及正面透光观察嫦娥一号卫星对印图案

图9　中国航天纪念钞正面、背面及正面透光观察风筝对印图案

3. 彩虹印刷

（1）平版彩虹印刷

该纪念钞票面正面螺旋形图案及弧形线条采用蓝色和紫色两种油墨彩虹印刷而成。票面背面嫦娥一号卫星图案采用蓝色和紫色两种油墨彩虹印刷，四条弧形色带采用了蓝、紫和绿色三种油墨彩虹印刷。右下角"100YUAN"字样采用蓝和绿两种颜色彩虹印刷。

（2）凹版彩虹印刷

该纪念钞票面正面左下角面额数字"100"和汉字"壹佰圆"字样以及主景图案右侧的嫦娥一号卫星图案采用蓝色和紫色两种油墨彩虹印刷而成。

4. 接线印刷

将该纪念钞票面正面上下边缘轻轻对折，两边的花纹都可以对接成一个完整的图案（见图10）。当票面背面左右两侧弯曲对接在一起时，一侧的底纹可以继续延伸至另一侧（见图11）；而将背面上下两侧边缘弯曲对接在一起时，两侧的弧形色带可以准确地拼接在一起，体现了较高的接线印刷工艺（见图12）。

图 10　中国航天纪念钞背面上下两边接线印刷

图 11　中国航天纪念钞正面左右两边接线印刷

图 12　中国航天纪念钞正面上下两边接线印刷

（五）其他防伪措施

该纪念钞冠字号码采用了特殊的编码防伪措施，即冠字（J）+校验码+9 位流水号，其中校验码由数字 1—9 构成。所有数字相加之和均为 7。这种编码方式有效地杜绝了改号行为，并且提升了冠字号码的防伪技术。

中国航天纪念钞作为中国人民银行发行的第四种纪念钞，其采用了专用印钞纸、特殊油墨印刷，使用了多种印版，运用了先进的印刷防伪技术，极大地提高了该纪念钞的防伪性。本文就该纪念钞的防伪技术进行了介绍，希望能够为大家对该纪念钞的真伪鉴别提供帮助。

机械雕刻铜章的印文细节特征检验应用

王宇辰　贾蓉蓉*

摘　要：本文通过对铜质印章的制作工艺及其印文细节特征检验，总结利用细节特征检验铜质印章印文的方法——对案件中遇到的铜质印章印文特征进行总结，并对其制作工艺进行分析。可知，机械雕刻形成的铜质印章的印文细节特征反映显著而稳定。从而得出铜质印章印文的机械雕刻细节特征可作为与激光雕刻印章印文相区分的重要依据。

铜质印章是一种常规的印章种类，但是其使用数量远少于光敏印章、激光雕刻印章，在印文检验鉴定案例中也较少见到。对铜质印章印文接触较少，对其特征不熟悉，给鉴定人检验铜质印章造成了一定困难。通过铜质印章案例检验，结合铜制印章的制作方法，总结其印文细节特征，可以为铜质印章印文的检验鉴定提供一些借鉴。

一、案例资料

我省某地公安机关在侦查某挪用资金案件中发现，嫌疑人涉嫌伪造"某建设工程项目管理有限责任公司"印章。于是该公安机关向我单位送来"建设工程招标代理合同"等两份检验材料，要求对其上"某建

---

* 王宇辰、贾蓉蓉，单位：山西省公安厅。

设工程项目管理有限责任公司"字样印文进行鉴定。

二、检验

对送检的两份检材分别编号为 J1、J2，对样本材料编号为 YB。对检材印文观察检验，该印文为圆形，印文中心为红色五角星，红五星外围规则布局有"某建设工程项目管理有限责任公司"字样，印文最外围规则布局有某建设工程项目管理有限责任公司的英文名称及印章数字编码，印文边框有明显的防伪线特征；对检材印文放大检验，印文颜色红润，未发现打印、印刷等特征，均为正常盖印形成；将检材印文 J1、J2 比对检验，发现在印文内容、印文大小、文字布局、印文字体等特征上均高度一致（见图 1）。

图 1 检材印文及部分样本印文特写

将检材印文和样本印文进行比对检验，发现在印文内容、印文大小、文字布局、印文汉字及英文字母的字体等特征上均高度一致。进行细节特征检验，发现在多处细节特征上也高度一致，如印文边框防伪线特征、"公"字捺笔处有断点特征等（见图 2）。

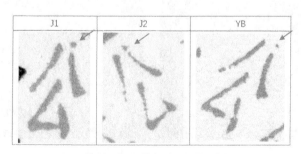

图 2 检材印文与样本印文细节特征比对

将检材印文与样本印文进行反复比对，发现 J1 与 J2、YB 在印文文字的笔画细节特征上有细微的差异。J1 与 YB 中的印文文字部分笔画呈现出"两头细、中间粗"的形态，而 J2 的印文文字笔画均呈现出"粗细均匀"的形态（见图 3）。但是这种差异点难以解释，因此我们决定补充样本。

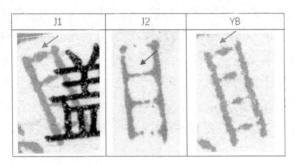

图 3　检材印文与样本印文文字笔画细节特征比对

　　送检的公安机关在侦查中调取了该公司的印章，并在搜查嫌疑人住宅时发现了其伪造的印章。送检单位将真伪印章一并补充送检。接收到补充送检的真伪印章后，我们对印章进行了认真的检验，将真伪印章分别编号为 ZY、WY。

　　该公司真实印章为一枚铜质印章，印面内容及规格与印文一致。印面较为光滑，无打磨痕迹，印底有横条状条纹，可知此章为机械雕刻制成。伪章为一枚胶皮印章，印面内容及规格与印文一致。印面较为光滑，无打磨痕迹，印底有横条状条纹，可知此章为激光雕刻制成（见图 4）。

图 4　真伪印章印面特写图片

结合印文的"两头细、中间粗""粗细均匀"的笔画细节特征，与印章印面进行仔细比对，发现真印章印面文字笔画均呈现"两头细、中间粗"的特点，伪印章印面文字笔画均呈现"粗细均匀"的特点。

结合印章的制作方法对该特征成因进行分析，不难推断出铜质印章在制作时为机械钻头雕刻而成，机械钻头直径较大，因此在笔画连接处会形成明显的"拐角"特征，笔画呈现出"两头细、中间粗"的形态，根据这个特点再检验中心五角星图案"转折"处，可发现真章印面中心五角星图案的内角处也有明显的"拐角"特征，印面上及印文上均反应明显（见图5）。而伪章是激光雕刻而成，激光光斑直径较小，因此在笔画转折处的处理较为整齐，不会形成"拐角"特征，印文笔画也呈现出"粗细均匀"的形态，与机械雕刻形成的铜章形成了明显的区别。

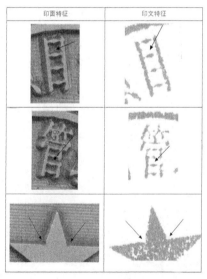

图 5　真印章的印面与印文"拐角"细节特征比对

据此特点再对检材印文及样本印文进行检验，轻松分辨出 J1、YB 为真印章盖印而成，J2 为伪印章盖印而成。

三、讨论分析

（一）本案的特点

本案中检材印文与样本印文在规格及细节特征上高度符合。由于嫌疑人是该公司运营经理，能接触到真实印章及其印文，有很好的制作高仿真印章的条件，甚至存在伪印章与真印章乃"同源"印章的可能性。但是由于真伪印章的材质及其制作方法明显不同，有着本质的差异特征，且送检单位补送了真伪印章，也给我们的检验鉴定降低了难度。

印章材质特征是印文检验中的一个重要特征，光敏印章、原子印章及蘸墨印章之间区分较为简单，可以通过印文形态轻松鉴别。但是铜质印章、胶皮印章均为蘸墨印章，且铜质印章较少见到，对铜质印章的特点不熟悉也给我们的检验增加了困难。

（二）铜质印章检验分析

铜质印章共有两种，一种是机械雕刻铜章，另一种是金属腐蚀铜章。机械雕刻铜章是由数控机床雕刻而成的，当机床的钻头直径与雕刻路径调整不合适时就会形成前文所述的"拐角"特征，这种特征在印文文字"短笔画"中表现为"枣核状"特征，在笔画及图形边缘转折处形成"拐角"特征，在部分笔画连接处表现为"断笔"特征，其本质都是由机械钻头规格大小与雕刻路径不适应造成的，而且某些机械雕刻铜章还会在五角星图案的中心形成一个"中心圆点"，是机械雕刻时机器固定印章形成的（见图6、图7）。但是金属腐蚀铜章就不存在上述特征。

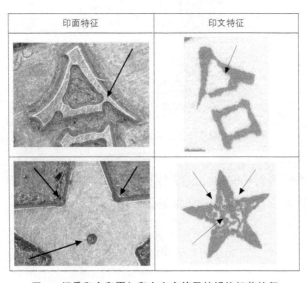

图 6　铜质印章印面与印文文字笔画转折处细节特征

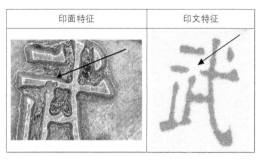

印面特征	印文特征

图 7　铜质印章印面与印文文字笔画连接处"断笔"细节特征

铜质印章材质较硬，且形变后不能恢复，在使用中印章难免磕碰，如印章掉落在地，印章边框就会发生形变，且这种形变是不可逆的，在盖印印文中特征反映比较明显，但是光敏印章和胶木印章就无此类情况。另外还有一种早期使用的木质印章，为了防止木章膨胀变形，往往在木章外圈箍一层铜皮，也会存在印章边框形变的特征。

（三）总结分析

高仿真印章印文的出现给文件检验带来了一定的挑战。在检验印章印文时关注印章材质特征，能够有针对性地对高仿真印章印文进行检验。伪造的印章多为胶皮印章或者光敏印章，因此铜质印章的材质特征应成为检验印章印文时关注的重点。利用铜质印章的细节特征判断其材质，是重要的检验思路。

参考文献

1. 王晓光等："印文边框特征的检验应用"，载《刑事技术》2016 年第 5 期。

2. 赵宏："金属同版腐蚀印章的工艺特点与检验"，载《云南警学》1997 年第 3 期。

3. 王长亮等："基于印文印迹特征判别印章类型技术的研究"，载《辽宁警察学院学报》2019 年第 1 期。

法医病理学麈谈

——法医病理学体系、任务、人才培养

牛文有　李寒松*

摘　要： 法医病理学为法医学的分支学科之一。在研究各种疾病和损伤病理变化的同时更要通过案件现场的勘查，为案件的侦破及审判提供医学证据。法医病理学的精髓是研究各种疾病及损伤对致伤因素的反应，即生活反应。机体对致伤因素的局部反应即炎症反应，是诊断生前伤的科学依据。术语炎症"inflammation"来源于拉丁语"inflammare"，含义为燃烧，如《安德森病理学》（*Anderson's Pathology*）第八版所述：这种对损伤的反应被称为炎症，这个术语来源于拉丁语"炎症"一词，意思是燃烧。法医病理学通过各种研究手段观察损伤的生活反应是寻找局部损伤后燃烧（burn）所留下的痕迹。但实践中多数死亡个体在强大暴力作用下迅速死亡，机体燃烧时间极短且遗留的痕迹极其微弱，这一点微弱痕迹很难被发现。休克是机体对致伤因素的全身反应，尽管休克产生的原因不同，但休克是强大致伤因素不断作用于机体的严重结果。生存时间极短的局部和全身生活反应需用不同手段深入研究，为诊断提供新的依据。

法医病理学（Forensic Pathology）是应用医学或特种医学20世纪下

---

* 牛有文，单位：中国刑事警察学院法医学系；李寒松，单位：天津市天永法医司法鉴定所。

叶源于法医学的又一分支学科。法医病理学是研究涉及相应法律问题的伤、残、病、死及死后变化发生发展规律的一门学科。目的是为暴力性案件的侦查及审判或民事案件涉及的纠纷提供医学证据。

法医病理学体系形成源于医学及相关学科的发展。19世纪中叶法医学仅为医学的分支学科之一，涵盖了现在的六个分支，即法医病理、物证、人类、毒理、临床和精神病学科；1984年全国法医学教材编写委员会正式确定分别按此六个学科编写中国法医学教科书，供法医专业本科学生使用。国外也相继出版法医病理学专著。中国法医学在世界法医学中有着辉煌的历史，南宋淳祐七年（1247年）宋慈所著《洗冤集录》是中国较早的系统的法医学著作。书中论述了尸体现象、机械性窒息、各种损伤、猝死等内容。西方最早关于法医病理学鉴定的记载见于1289年在意大利波伦亚进行的检验案例，是由医师、法官与其他人组成的检验组在教堂检验因损伤致死的尸体。经历几个世纪后现代病理学奠基人莫尔加尼（B. Morgagni）在1761年出版了《疾病的位置与原因》一书，德国病理学家鲁道夫·魏尔绪（R. Virchow）自1843年起创立细胞病理学使病理学单独形成体系，涉及法律问题的尸体检验开始多由病理学家承担，促使对尸体现象、损伤、窒息、中毒及疾病的认识不断深入，如国外经典病理学著作《安德森病理学》《博伊德病理学教科书》（*Boyd's Text-book of Pathology*）都有物理、化学、放射性损伤的章节。美国约翰·霍普金斯大学医学院病理学家威廉·乔治·麦卡勒姆（W. G. MacCallum）1922年所著《病理学教科书》目录中分别列出了各种损伤的类型（Types of Injury）：物理和机械性损伤、化学性损伤、呼吸道阻塞、全身循环紊乱。我国现存的1986年董郡主编的《中国医学百科全书：病理学》中也有物理性损伤、化学性损伤等章节。所以法医病理学并未单独形成体系，而是与其相近学科病理学密切联系在一起。我国公检法司都建立了单独法医鉴定体系，但涉及法医病理鉴定大多委托院校或其他专门病理检验的部门协助完成。近些年院校建立起单独的法医教育及鉴定体系，法医的主要分支学科也单独形成了体系，如法医物证（DNA检验几乎替代所有其他物证检验）、法医病理、法医临床等，只不过各地工作开展情况不同。但应该明确的是，法医病理鉴定有其独特的方面，不能单纯被理解为急死类案件鉴定，而是应用病理学的基础理论和知识研究所有的各类损伤，包括各种机械性损伤、窒息、中毒、尸体现象等。只有这样，法医病理学科才能发展、进步和创新。在今后工作中，在这方面还要不断改进和加强。

法医病理学有九大任务：①确定死亡原因（cause of death）。确定死亡原因是法医病理学的首要任务，死因是指导致死亡的某种具体暴力或疾病。②判断死亡方式（manner of death）。在确定为暴力死后，需进一步判断其死亡方式。死亡方式是指导致死亡的暴力是如何付诸实施的，如他杀、自杀、意外事故等。③推断死亡时间（estimation time of death）。死亡时间是指人体死亡后所经过的时间，即人体死亡到尸体检验时所经过的时间，又称死后经过时间。在此所述的检验时间应为发现死者后，在第一现场根据尸体现象等推断死者大约已死亡多久，另根据胃内容排空情况可推断死者在餐后多久死亡。④推断损伤时间。损伤时间是指从受伤到死亡所经过的时间。更确切、更科学地叙述应为伤后存活时间推断，即首先确认生前伤，然后根据损伤的病理组织学等手段推断伤后死者存活时间。⑤推断和认定致伤物。⑥损伤和疾病的关系。⑦个人识别。⑧为解决医疗纠纷提供证据。⑨其他问题。如案件的现场重建。

在公安一线法医实际工作中，通过现场勘查确定死亡原因为暴力死亡及他杀后，最重要的是在现场寻找罪犯实施犯罪过程中所遗留的痕迹以及被害人的生物物证，为案件的侦破、确定嫌疑人和认定犯罪提供科学依据。此项工作对刑事案件的侦破起决定性作用，对维护社会稳定至关重要。例如，在侦破北京发生的一起入室盗窃案件中，因现场破坏严重，法医经仔细分析，决定提取嫌疑人所留的牛奶、面包片及浴缸内泥霄状物，通过对泥霄状物 DNA 检验认定了犯罪嫌疑人。又如，在国内某地发生的一起女子失踪案侦破过程中，分析该女子系被人杀害后焚尸灭迹，侦查工作几度陷入困境，后经调查锁定一处曾被出租的涂料厂为焚尸现场，办案人勘查该涂料厂时只见窗明几净，原有墙壁被铲除一层并重新粉刷，地砖也全部重铺了，寻找证据极为困难。当时犯罪嫌疑人自认为做得一切天衣无缝，警方找不到证据，从而坚决不肯交代真实情况，使案件陷入僵局。法医对现场仔细勘查后发现在干净的玻璃上有几道类似茶渍的淡黄色痕迹，怀疑犯罪嫌疑人已经将尸体焚烧。按此思路又仔细寻找，最后在门口排气窗的纱布上发现凝固的油状物，经对玻璃、纱窗、排风扇管道处的油脂鉴定，确认为人体脂肪。最终找到了证据让犯罪嫌疑人认罪。可以说法医的神圣职责就是不能让任何一个人死得不明不白。而作为法医想要不负这一神圣使命，则需做好两方面工作：一是用侦查思维做好现场勘查及分析，这是公安一线法医必备的能力之一；二是提高实验室检验的工作能力，这要求法医病理鉴定人能按实验室认可的标准，科学有序办案，准确无误掌握各种疾病及损伤的形态学改变及诊断标准。

尽管病理学和法医病理学已发展为两个独立学科，但从历史和现实看两学科是相近学科，而科学的不断进步使学科越分越细，研究内容的不同使学科间逐渐产生差异，从而形成各自的学科体系。从病理学和法医病理学的研究内容来看它们是相同的，它们所研究的物理性、化学性和生物性致伤因子有的是自然存在的，有的是人为造成的，而人在自然界生存中都会因上述三类致伤因素在特定条件下作用于个体而受到伤害，只不过致伤因子的作用、形式有所不同。自然界中的物理性、化学性和生物性致伤因子未被认识，或者防护不当对人体造成的损害习惯被称为疾病；而人为蓄意利用或意外发生的物理性、化学性和生物性致伤因子造成个体的损害习惯被称为损伤。这是病理学和法医病理学都研究的内容，只不过两者研究的角度有所不同，即实验室角度和现场角度。尽管公安法医实际工作中多数是对各类损伤等的鉴定，但是经过现场勘查和尸体解剖无法确定死因的情况下往往就会借助病理学去解决，所以病理实验室研究与现场勘查同样重要。笔者从事法医病理鉴定工作几十年，在收藏的数本病理技术专著中出版时间最早的是《病理组织检查法》，系作者祝绍煌于 20 世纪 30 年代完成于林几教授在上海所创建的中国第一个法医研究所。该书的全部内容在林几教授创办的中国现代法医学史上第一本法医期刊——《法医月刊》1935 年第 14 期全文发表。可见我国现代法医学先驱林几教授近百年前就非常重视在法医工作中应用病理学技术为鉴定诊断服务。但在科学技术飞速发展的今天，法医病理鉴定不断增添新内容的背景下，法医病理鉴定工作的开展仍有待加强。

目前国际国内法医病理实验室可用于帮助诊断的技术方法主要有三大类，即组织学方法、组织化学方法和免疫组织化学方法。现在国内开展法医病理诊断工作的鉴定机构多仅限于开展常规石蜡切片苏木素——伊红染色，而用于帮助诊断的组织学方法中包括的各种特殊染色及组织化学方法、免疫组织化学方法则很少。

法医病理鉴定不仅要做好疾病的诊断，还要用病理学理论研究各类损伤。病理学与法医病理学的精髓都是研究机体对各种致伤因素的反应。自然界中各种有害因子作用于机体，造成机体机能障碍或结构的破坏称为疾病（disease；morbidity；sickness），机体的局部在某时期所具有的特定的形态学改变（病变）是我们诊断的依据。这些有害因子的作用往往是人们不易察觉到的。各种有害因子以暴力的方式作用于机体，造成机体机能障碍或结构的破坏被称为损伤（injury；wound）。损伤可以是意外、灾害、加害，其所导致的个体死亡结果是人们难以承受的。作为疾病诊断标准的特定形态学病理改变是机体对致伤因素反应的结果。而法医病理学中的各类损伤的形态学改变同样也是机体对致伤因素反应的结果，只不过目前对各类损伤形态学改变的研究（受目前研究手段所限）不够深入。例如，溺死、窒息死、电击死、冻死等情形下的内部器官还未有可作为诊断标准的特异改变，有待借助新的现代研究手段不断深入发现。

对各种疾病的诊断不必单独叙述，仅就目前文献记载的各种损伤的研究，笔者结合几十年工作的体会与读者分享。

一、心脏挫伤组织病理学诊断

首先，明确外伤史、冠状动脉无病变并排除心脏其他疾病，如风湿性心脏病、心肌炎等。

其次，大体观，以左、右心室最常见，其他部位次之，心内、外膜见片状或点片状出血，也可无改变，切面可见出血。重者心腔内结构有破坏，如室间隔破裂等，更重者心腔破裂。若肉眼检见冠状动脉损伤则更有意义。

最后，镜下挫伤部位各层结构内见出血，肌纤维分离、撕裂、挫碎、坏死，间质内纤维蛋白沉积，中性白细胞浸润。必要时可做磷钨酸苏木素染色、酶组织化学、免疫组织化学检验。

此外，心脏震荡的组织病理学诊断排除心脏疾病亦十分重要，还要明确胸前部钝器打击史。解剖检验可见心外膜出血点，组织病理学检验可见心内、外膜下或心肌间质内浆液渗出，做传导系统组织病理学检验是必要的，可见窦房结附近及心内、外膜浆液渗出。

案例一 某青年男性，在某饭店与他人斗殴被他人用木棒猛击前胸后倒地死亡。经基层鉴定机关系统尸检未见致命性损伤。取全部脏器行组织病理学检验以排除疾病。

脏器检验见心脏重298.1g，右心耳脊下方近上腔静脉端见3.0cm×1.5cm心外膜暗红变色，右心耳界沟上部见3.5cm×2.0cm心外膜暗红变色。沿血流方向剖开心脏，心腔内瓣膜、腱索及乳头肌无异常。冠状动脉未见异常。于界沟暗红变色区取材，并按窦房结横切法取窦房结。

组织病理学检验各脏器未见致命性病理改变，心脏心肌纤维染粉红色，部分肌纤维着色浅淡。右心耳暗红变色区外膜间皮细胞多呈扁平状，细胞核扁平深染，外膜下结缔组织纤维着色不均，多数结缔组织纤维呈异染性，另见部分均质粉红染，部分疏松淡染。部分纤维间及肌纤维间见多量粉染均质及颗粒物，间质血管扩张内充多量均质粉染物，心内膜下肌纤维间多量均质粉染物更明显，窦房结纤维松散，其间见粉染颗粒物。根据心肌间质内渗出物诊断心脏挫伤、窦房结挫伤。

二、脑挫伤组织病理学诊断

脑损伤按教科书分类包括脑震荡、脑挫伤、弥漫性轴索损伤、原发性脑干损伤四种，但损伤多是复合性的，并可伴脑膜损伤。诊断注意以下三点：

首先，颅骨骨折多有少无，尸检时除注意骨折外还要观察脑膜与脑表面的结构是否正常、脑膜与脑表面有否粘连（较长时间脑损伤脑膜与脑表面因机化粘连应保存粘连部位供组织病理学取材）、硬脑膜窦有否损伤及血栓形成（尤其注意上矢状窦），脑挫伤及出血要准确定位，如损伤、出血位于哪个功能区，破坏哪些重要解剖学结构，脑内结构有哪些变化，脑干的宏观和微观检查对确定死因也很重要。全脑的完整切取、及时固定以及正确取材也是做好鉴定的保证。

其次，大体观，不同程度挫伤灶，切面可见脑组织不同程度挫碎、撕裂、出血。

最后，镜下观软脑膜缺失或连续性中断，挫碎的脑组织呈不规则岛屿状，实质内出血，周围脑实质水肿，血管及细胞周围间隙增大，脑组织可见筛网状区域，神经细胞变性、坏死、胞体小、核固缩、碎裂、崩解；伤后 6 小时胶质细胞增生、肥大及中性白细胞浸润，7 天见新生毛细血管。

案例二 某女，54 岁，2012 年 11 月 12 日 18 时在某广场散步时被两名滑旱冰男孩撞击跌倒于石板路面，因头部外伤送某医科大学附属医院诊治，又转解放军某医院治疗，经查诊断为颅内多发脑挫伤及出血。保守治疗两天后于 11 月 14 日行开颅手术治疗，术中见硬脑膜张力极高，剪开硬脑膜，其下有陈旧血肿涌出，清除硬脑膜下陈旧血肿 20ml，脑组织肿胀严重，脑搏动消失，双侧额叶肿胀高出骨缘 3cm—4cm。术后送病房继续观察治疗。2012 年 11 月 20 日 3 时 20 分突然出现心跳停止，大动脉搏动消失，血压无法监测，立即进行心脏按压抢救治疗，3 时 48 分检查心电图呈直线，临床死亡。

解剖检验见手术致双前额部硬脑膜缺失，骨窗处脑组织疝出，顶、枕、颞部广泛蛛网膜下腔出血，切开上矢状窦，窦内见暗红色固体物，质硬，切面暗红色。大脑左、右额叶脑组织大面积挫碎，范围达 12.0cm×6.5cm，左额下回前端见 3.0cm×2.0cm 暗红色出血区，右颞极颞上、中回见 2.6cm×2.0cm 脑皮质挫伤，表面呈暗红色。组织病理学检查见脑皮质各层结构紊乱，皮质、髓质内见大片不规则出血及坏死灶，坏死灶组织疏松淡染，其血管周围多见中性白细胞，多数神经细胞浆内富含棕褐色颗粒，胶质细胞肥大增生，局部小血管增生。上矢状窦窦壁局部结构不完整，结缔组织纤维断端不整齐，纤维间隙见多量红细胞。窦内大量纤维素网间见大量红细胞、白细胞。

本例为典型脑挫伤出血，在法医实践中不足为奇。特殊的是伤后经保守治疗、开颅手术，术中硬脑膜张力高、脑组织膨出高于周围骨缘 3cm—4cm，且术前 CT 提示脑正中裂密度明显增强，应考虑上矢状窦血栓的可能性。尸检开颅我们强调沿锯缝剪硬脑膜翻开后检查桥静脉并分离，再切开上矢状窦检查有无血栓，但多数人忽略检验而是将硬脑膜及大脑镰直接取出并扔掉。实际案件鉴定中尽管上矢状窦血栓少见，但本例如不检查则会漏掉血栓，就无法解释因上矢状窦血栓致脑脊液循环障碍引起的弥漫性脑压增高。所以正确的开颅方法是必须遵循的。血栓形成是上矢状窦的损伤所致，这是因为术前 CT 提示脑正中裂密度明显增强。

弥漫性轴索损伤（diffuse axonal injury）系头部受钝性暴力作用引起的弥漫性脑白质损伤，可累及大脑半球、胼胝体、脑干、小脑，可伴有脑实质内小灶性出血、软化。

镜下苏木素伊红染色切片之特征，可做波蒂安（Bodian）嗜银染色、铁苏木素染色、劳克坚牢蓝染色，神经轴索呈囊状变粗、球状、蝌蚪状、串珠状、卷缩呈弧状、螺旋状。可用 β 淀粉样前体蛋白免疫组织化学染色显示。

三、生前伤的确认及损伤时间推断

机体对致伤因素的反应包括全身和局部两部分。局部损伤的法医病理鉴定主要涉及生前伤的确认和损伤时间推断。法医病理实践中局部损伤是否为生前形成进行认定，其检验的依据即生活反应（其真实内涵为生命反应（vital reaction），镜下诊断指标即观察损伤局部的炎症反应。炎症（inflammation）按照国内病理学教材的概念为：具有血管系统的活体组织对损伤因子所发生的防御性反应。第八版《安德森病理学》对炎症的叙述则更精彩——当活体组织受伤时，受伤区域及其周围会发生一系列变化，可能持续数小时、数天或数周。这种对损伤的反应成为炎症，这个术语来源于拉丁语"炎症"一词，意思是燃烧（When living tissue are injured, a series of changes, which may last for hours, days or weeks, occurs in and around the area of injury. This response to injury is known as inflammation, the term being derived from the Latin inflammare meaning to burn）。法医病理学家通过各种研究观察损伤的生活反应是寻找局部损伤后燃烧所留下的痕迹。但法医实践中多数死亡个体在强大暴力作用下迅速死亡，而机体燃烧时间极短，遗留的痕迹极其微弱且受其他因素影响，使我们很难发现这点微弱的痕迹，不得不借助其他手段如组织化学、免疫组织化学、生物化学、分子生物学技术等。

就目前国内外文献记载局部生前伤的确认及伤后存活时间推断有如

下所见：

1. 组织病理学检验：人体生前伤 0 小时—4 小时：组织学未见改变，不能区别生前伤与死后伤。人体生前伤 4 小时—12 小时：4 小时血管周围可见中性白细胞，8 小时—12 小时中性白细胞、单核细胞积聚成带，中性白细胞与单核细胞比为 5∶1。人体生前伤 12 小时—48 小时：16—24 小时单核细胞数量增加，中性白细胞与单核细胞比为 0.4∶1，32 小时后损伤中央坏死明显，48 小时外周区单核细胞数量达最多。

2. 组织化学检验：生前伤 1 小时损伤局部三磷酸腺苷酶、酯酶活性增强，2 小时氨肽酶活性强，4 小时酸性磷酸酶活性增强，8 小时碱性磷酸酶活性增强。另外，乳酸脱氢酶、琥珀酸脱氢酶、细胞色素氧化还原酶、甘油三磷酸脱氢酶局部损伤后 1 小时活性消失。

3. 免疫组织化学检验：纤维连接蛋白免疫组织化学染色可用于诊断生前伤。此外许多免疫组织化学方法均用于生前伤的研究，但用于实际案件还有待考证。

四、休克的诊断

应该强调并明确提出，休克是机体对致伤因素的全身反应。

其发生的原因是严重的感染，严重损伤，大量失血，刺激性气体、液体吸入，溺水，药物及麻醉品中毒，氧中毒，也常为多种原因复合存在所致，是各种致伤因素作用于机体最终的反应，如所述的各致伤因素能及时控制则不会产生此反应。

德国法医病理学家詹森（W. Janssen）对休克的诊断提出 11 条指标：

1. 扩张的动脉，毛细血管、静脉内血液的凝集，特别是肺、肾、肝、脑、胃肠道。

2. 血管内透明小体——球状凝血，休克小体和微血栓，主要在终末静脉系统（特别是肺）。

3. 毛细血管内皮细胞和网织红细胞的肿胀和坏死，特别是肝窦。

4. 动脉内膜及中膜的坏死（特别是冠脉）。

5. 肝、肾孤立或大片实质细胞的坏死，肝小叶中心区坏死，也可弥漫性坏死。

6. 肾皮质的双向性坏死。

7. 伴有上皮缺失的小肠绒毛水肿。

8. 全身或局部的出血，作为 DIC（消耗性凝血病）伴随的表现。

9. 喉、胃、小肠的急性糜烂和溃疡。

10. 肾小管的扩张。

11. 肺毛细血管内多发裸核巨大角质细胞。

大面积软组织损伤（挤压综合征或低部肾单位肾病），损伤部位大面积软组织、肌肉挫伤出血，肾远端曲管上皮细胞坏死，肾远端曲管内肌红蛋白管形（可做肌红蛋白免疫组织化学染色），按此叙述应归纳为休克的一种类型。

呼吸窘迫综合征是指肺内外严重疾病导致的肺毛细血管弥漫性损伤，以通透性增强为基础，以肺水肿、透明膜形成和肺不张为主要病理改变，以进行性呼吸窘迫和难治性低氧血症为临床症状。根据现有文献的描述，笔者认为将呼吸窘迫综合征理解为休克的肺部病理改变较为合适。相关的疾病包括：严重的感染及休克，严重损伤，消耗性凝血病，刺激性气体、液体吸入，溺水，药物及麻醉品中毒，氧中毒，可多种原因复合存在所致。骨折后脂肪栓塞主要病变为：脑、肾、肺血管内脂肪滴及骨髓（样）组织，笔者认为可将其与羊水栓塞都理解为休克的特殊类型。

案例三 张某，男婴，7 个月，因足内翻于某医科大学附属医院儿外科做矫正术。经正常麻醉后实施手术，术中因患儿躁动又追加麻醉，手术后患儿一直昏迷未醒，自主呼吸消失，用呼吸机维持并抗炎、抗休克治疗 20 余天患儿死亡。

尸体解剖检验胸、腹腔各脏器位置正常，双侧肺萎陷，边缘部可见肺大疱形成，切面可见局部实变。其他脏器未有特殊所见。

组织病理学检验见实变区肺泡间隔增厚，肺泡腔体积小呈不张状态，部分肺泡腔内见多量粉染絮状物及单核细胞，部分肺泡壁可见透明膜形成。肾脏肾单位结构清晰，近端曲管扩张腔内见少量粉染絮状物。脑蛛网膜下腔见大量单核细胞及淋巴样细胞，皮质及内囊区见大量胶质细胞增生，形成大胶质结节。

案例四　吕某，女性，26 岁，因吞食较大量毒品昏迷送某医科大学医院抢救。据病历记载：5 月 16 日 1 时 55 分护士记录：遵医嘱予插管洗胃，插管深度 56cm，抽吸出较多咖啡色胃液。输入液量 15 000ml，出液量 15 000ml，直至洗出液澄清，停止洗胃。

解剖检验其他脏器所见略，左肺重 508.9g，右肺重 552.5g，双肺表面光滑，体积稍膨大，表面与切面呈暗褐色改变。胃及胃内容共重 232.4g。胃内容呈黑褐色黏稠状，量约 150ml。

组织病理学检查其他脏器所见略，肺主要见支气管黏膜脱落或缺失，部分细支气管明显扩张膨大，黏膜脱落仅残存环状黏膜肌，黏膜下小血管扩张充血。部分肺泡壁均质粉染，部分肺泡腔缩小呈肺不张改变。大部分肺泡腔内弥漫性充满均质粉染液，肺泡壁血管扩张充血明显。

本例因吞食大量毒品，死因另探讨，但病例记载插管洗胃输入、出液量 15 000ml，直至洗出液澄清，停止洗胃，尸检时则不应见黏稠胃内容。肺组织病理学检查见支气管黏膜脱落或缺失，部分细支气管明显扩张膨大，黏膜脱落仅残存环状黏膜肌，黏膜下小血管扩张充血。部分肺泡壁均质粉染，是有一定压力液体进入反复作用后的组织病理学改变，笔者观察几例相同案例肺的改变是一致的。对此病变法医鉴定人不应忽视。

五、骨折及外伤所致肺脂肪栓塞的诊断

肺脂肪栓塞多见于骨折后，因严重肝脂肪变、肝部受挤压等外力作用后所致，虽教科书中有记载，但法医实践中很少见到。

案例五　据送检单位介绍：李某，男性，27 岁，某军驻地营房装修的工人，近日情绪反常，从驻地招待所二楼的窗户跳下，送当地医院，经医生诊断已无生命迹象，后送上级医院，医生诊断李某已死亡。经当地鉴定部门尸检后未见明确死因，取各脏器标本进行组织病理学检验。

检验各脏器标本除肺局部轻度实变、肝切面灰黄色外，无特殊改变。组织病理学检验见肝小叶结构紊乱，肝索间见少量红细胞，多数肝细胞体积增大，胞浆疏松淡染，细胞质内见多量大小不一脂滴。左、

右肺各叶切片小动脉管腔内见多量巨噬细胞及脂肪滴，支气管黏膜下小血管扩张充血。

六、出血时间推断及血管损伤后血栓形成、栓塞及梗死的诊断

重要部位的出血常涉及出血时间推断，如硬脑膜下出血等。

硬脑膜下出血后 24 小时内红细胞形状完整，周围有纤维蛋白网形成；36 小时后硬脑膜与血块间成纤维细胞出现；4 天两者间由 2—3 层细胞形成新生膜，红细胞形态模糊；5 天见胞浆内含铁血黄素之巨噬细胞；5—8 天新生膜明显；8 天膜厚度达 12—14 层细胞，并肉眼可见新生膜，红细胞开始液化；11 天出血被新生膜伸入的成纤维细胞条索分割成小岛状。在血蛛网膜侧，约 7 天出现单层扁平细胞，两周出现成纤维细胞层。

法医实践中血管内膜损伤可形成血栓，血栓脱落可造成器官栓塞及梗死，如肾、脾梗死等。尸检时对背部受外力作用的损伤要注意检查胸、腹主动脉，对确认栓子来源尤为重要。在诊断血栓有疑问时除透明血栓外可做纤维素染色证实。

案例六 黄某，女性，45 岁，2013 年 9 月 10 日骑电动车被机动车撞伤，伤以腰部及双髋为重，伤后住院治疗，9 月 29 日因医治无效死亡。住院期间医院入院诊断：腰 3、4 椎体横突骨折，耻骨联合分离，闭合性腹外伤，胸腹部擦皮伤。入院后给予补液、抗炎、止痛治疗。其住院期间一直为无尿状态，化验结果显示：肾功能衰竭及心力衰竭，死亡诊断考虑心脏疾病及挤压综合征。当地鉴定机关解剖尸体后无法确定死因，提取脏器送组织病理学检验。

经组织病理学检验未见致死性疾病，脾脏红、白髓结构清晰，脾窦轻度扩张，被膜下可见灶状梗死区，梗死区内细胞核不着色，梗死区边缘散在条状出血带。肾脏皮质内见不规则大片状梗死灶，梗死灶与正常组织界限欠清晰，梗死灶内毛细血管丛及肾小管轮廓尚存，但细胞核均不着色，梗死灶边缘部分毛细血管内充满红细胞。

本例为典型脾、肾梗死，从脾梗死病变上呈楔形梗死区与非梗死区细胞着色差异明显，切梗死区边缘见出血带，不应误诊。肾梗死面积大、不规则，肾多因固定不佳细胞着色浅淡而影响诊断尚可以理解。后经认真复查住院期间 CT 片，可见脾、肾梗死所见，临床存在漏诊。法医则要注重自己全部的检查所见，根据肉眼观和组织病理学所见做出诊断，临床诊断可参考但不能勉强去符合临床诊断。

七、机械性窒息及颈部皮肤压痕组织病理学检验

机械性窒息内部器官组织病理学检验：窒息内部器官组织病理学改变是非特异的，只可供参考。脑主要可见神经细胞核固缩、碎裂、尼氏体消失特别是海马回。脑、心小血管内皮细胞肿胀，脑、肺内可见微小出血，体内器官血管急性充血。表现为急性肺泡和间质性肺气肿，近年有学者研究将肺泡表面活性物质作为窒息的肺特征改变，但还未得到广泛应用，其意义有待考证。

颈部皮肤压痕组织病理学检验：切片见表皮角质层可脱落，表皮可部分或全层缺失，表皮层由原嗜碱性转呈嗜伊红性，表皮层变薄展平、角质层可缺失，真皮乳头及上皮角消失，细胞核由圆形变扁平，真皮内小血管扩张充血也可有出血；表皮受压改变不典型，可做改良的Poley's 酸性复红——甲基绿染色，受压部位表皮及真皮结缔组织呈粉红色，正常表皮及真皮结缔组织呈淡绿色。该方法对皮肤压痕显示效果非常好，且受尸体条件影响较小。

八、电击死及电流斑的诊断

电击死内部器官组织病理学检验无特异性改变，皮肤接触部位电流斑确认有诊断意义。电流接触部位皮肤表皮可完全或部分缺损，残存表皮层细胞在电流作用下细胞核拉长与电流方向一致，称为核流，表皮内及表皮下空泡形成；真皮胶原纤维肿胀，均质化局部可呈嗜碱性（异染性），真皮血管可充血和小灶性出血。

案例七 某女，45 岁，某市某小区居民，被同小区居民上楼进电梯时发现死于电梯内。为查明死因，由某医科大学司法鉴定中心尸检

后，得出结论为电梯漏电致电击死亡。该鉴定书记载四肢及手、足皮肤检查和照片显示均未见电流斑的改变，但组织病理学检查描述为指皮表皮层细胞核固缩、深染、拉长。据此有人提出异议，经笔者对本例数张指皮切片观察，见所有切片指皮结构完好，角质层、透明层、颗粒层、棘细胞层及基底细胞层清晰无损，真皮层及附属器结构清晰，但真皮内毛细血管扩张充血。按此所见，否认电击。

九、高低温死亡的诊断

高低温死亡内部器官组织病理学检验无特异性改变，气管黏膜凝固性坏死、吸入烟灰及黏膜下血管扩张并明显充血可证实生前烧死。

以上九个方面的诊断是要求法医病理鉴定人掌握的，但目前我国多数鉴定机构不具备相应的实验室条件。就基层鉴定部门如何开展法医病理工作谈如下三点意见：

第一，法医现场勘查能力非常重要，病理诊断能力培养也十分重要。实践中，实验室不具备条件的可把技术性工作交由医院病理科做，但诊断上鉴定人要与病理医师一起研究，每个案件的诊断都是一次学习的机会，不能放弃。这样在工作中不断地学习，不断地积累，病理学理论知识、经验、个人诊断能力就会有所提高。

第二，全面仔细地工作，认真了解现场勘查的信息和解剖检验所见，各种检查按行业标准正规操作，亲自动手参加取材并参与诊断工作。每个案件都要进行系统全面的组织病理学检查，重要的生命器官不可只切取部分小块，体内小器官不可遗漏。所以尤其强调法医病理检验鉴定任何小器官：肾上腺、胸腺、甲状腺和垂体等不能遗漏，否则可能遗漏有重要意义的病变，鉴定结论将无法得到科学的解释。

第三，谦虚谨慎、努力学习。不论学历多高，职称多高，业务上要相互学习、相互探讨、取长补短，更要实事求是，以科学为依据，出具科学可靠的鉴定结论。

腕式智能三维定位单警便携物证尺新设备研发

周丽娟 张 琦 李 钦*

摘 要： 物证尺是司法机关刑事科学技术部门在对于各类案件现场的勘查中以及司法鉴定中所必备的一种专用工具。为契合全方位、立体化的现场勘查工作及司法鉴定的要求，我们研发了一种"腕式智能三维定位单警便携物证尺"以弥补传统的物证尺不能满足侦查破案和起诉以及司法鉴定的现实需要。我们在传统物证尺上增加了传感器、功能模块、控制单元、显示单元和物证序号累加装置。通过测距传感器、温度传感器、湿度传感器和 GPS 定位功能模块能够获取物证的三维空间距离、温度、湿度情况以及 GPS 定位信息，并通过显示单元显示出来，拍照时能够更直观地反映物证的原始存在状况。本物证尺可随意卷曲，在不使用时可快速收起套在手腕上，使用时可快速展开，携带方便，不仅提高了现场勘查人员及装备的机动能力，还满足了司法鉴定的需要。

根据 2016 年 5 月 1 日起实行的《司法鉴定程序通则》第 4 条的规定，司法鉴定机构和司法鉴定人进行司法鉴定活动，应当遵守法律、法规、规章，遵守职业道德和执业纪律，尊重科学，遵守技术操作规

---

* 周丽娟，单位：河南警察学院；张琦，单位：许昌市公安局；李钦，单位：河南警察学院。

范。为适应《公安机关刑事案件现场勘验检查规则》对现场勘验工作的要求之一，即细目照相、录像应当放置比例尺，进一步规范司法机关刑事案件现场勘查工作，对于在现场勘查过程中发现的痕迹、物证，要保证其准确性、真实性、有效性，从而利用其为案件的侦破工作提供便捷有利的条件，最终达到案情的正确分析和判断。在案件现场侦破和分析的过程当中，需要利用犯罪分子遗留在现场的痕迹、物证来对案件进行分析研究，从而对案件的犯罪性质、时间、地点和行为进行全方位的了解。

一、腕式智能三维定位单警便携物证尺的研发思路

（一）现有物证尺存在的问题

第一，机动性差，不方便携带。传统的物证尺一般长度在 30cm 左右，尺寸较大。由于很多现场面积大、情况复杂，现场勘查人员需要频繁走动，传统物证尺携带是一个难题。此外，传统物证尺容易遗留在某个位置或掉落，使得现场勘查人员分心而影响工作。

第二，误差较大，不标准的测量和拍照会影响证据的合法性。传统的物证尺多系金属或塑料材质，长期使用会弯曲、变形，从而造成对现场物证进行测量时的较大误差，以及在进行现场物证细目拍照时，拍照效果不标准、不精确。

第三，功能单一，落后于全方位、立体化的现场勘查工作要求。现场勘查是一项专业性很强的公安业务，现场绘图，现场照相、录像，现场勘验笔录应当相互吻合。传统的物证尺不能体现除长度测量和比例刻度外的其他物证存在要素（如物证序号、十字定位参数、温度、湿度和 GPS 定位等），无法从现场照片上更直观地反映物证的原始存在状况。

根据《公安机关刑事案件现场勘验检查规则》第 32 条的要求，勘验、检查人员应当及时采集并记录现场周边的视频信息、基站信息、地理信息及电子信息等相关信息。勘验、检查与电子数据有关的犯罪现场时，应当按照有关规范处置相关设备，保护电子数据和其他痕迹、物证。

随着科技的进步，图侦、网侦、技侦等手段已广泛应用于侦查实

战，赋予了现场勘查新的内涵，现场勘查工作已由传统提取痕迹、物证的平面勘查发展为现场视频、电子证据、基站信息、地理信息等全方位的"立体化"勘查。由于公安内部管理体制的分工和警种职能职权的分割，刑事侦查、刑事技术、网络侦查、视频侦查、技术侦查等人员、权力、手段和资源被分割到不同业务部门，而犯罪嫌疑人作案所留存的活动轨迹却是不分线上、线下、电子和物理的，要想全面搜集犯罪嫌疑人作案的线索和证据，就需要公安机关在侦查破案活动中利用"合成战"，整合不同警种和业务手段一体化运行来搜集案件线索和证据。合成战、科技战、信息战、证据战已经成为公安机关打击犯罪的新机制。

在证据意识越来越强的今天，在全方位、立体式和智能化的现场取证中，传统的物证尺已不能满足侦查破案和起诉的现实需要，其同样需要与时俱进，开拓创新。

（二）新设备研发思路

物证尺是司法机关刑事科学技术部门在对于各类案件现场的现场勘查和进行司法鉴定时所必备的一种专用工具。当前，供应商所生产的物证尺一般是在通用尺基础上的一种行业化应用工具。物证尺的作用在于对现场物证（指纹、足迹、工具痕迹、车辆痕迹、血迹、人身、尸体等）进行测量和进行现场物证细目拍照时设立的不可缺少的参照系，以备在侦查起诉卷宗中还原物证原始大小等状态。传统的物证尺的外观、作用与通用尺没有明显区别，但其已不能契合目前的全方位、立体化的现场勘查工作要求。经过多年的研究，我们研发了一种实用新型"腕式智能三维定位单警便携物证尺"，它是司法机关刑事科学技术部门在现场勘查中用于物证测量和拍照的智能专用物证尺，以满足目前现场勘查工作和司法鉴定中快速、高效、准确的需求。

二、腕式智能三维定位单警便携物证尺的结构

如前所述，腕式智能三维定位单警便携物证尺包括竖尺、横尺、传感器、功能模块、控制单元、显示单元和物证序号累加装置（见图1）。竖尺和横尺均为弹性片，互相铰接，控制单元分别连接传感器、功能模块和显示单元。竖尺和横尺均为弹性金属片，弹性金属片外部设有塑料外壳，通过旋转螺栓或销轴连接。传感器包括测距传感器、温度

传感器和湿度传感器。功能模块为 GPS 定位。物证序号累加装置为机械转盘。控制单元分别连接传感器、功能模块和显示单元，控制单元连接有外设，该外设可以是通信接口，也可以是远程通信模块。

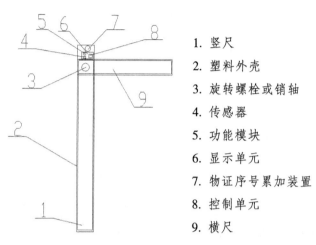

1. 竖尺
2. 塑料外壳
3. 旋转螺栓或销轴
4. 传感器
5. 功能模块
6. 显示单元
7. 物证序号累加装置
8. 控制单元
9. 横尺

图 1 腕式智能三维定位单警便携物证尺使用状态结构示意图

三、腕式智能三维定位单警便携物证尺的适用范围

本物证尺是对现场物证（指纹、足迹、工具痕迹、车辆痕迹、血迹、人身、尸体等）进行测量和进行现场方位、概貌、重点部位和现场物证细目拍照时不可缺少的参照系，以及司法鉴定中确定物证真实情况的参照系。

四、腕式智能三维定位单警便携物证尺的操作流程

使用时将弹性金属片掰直，通过塑料外壳将弹性金属片绷紧后形成平直状态，横尺能够沿竖尺旋转，竖尺和横尺的结合能够同时测量物证的长宽高等参数，降低了人工测量的劳动强度，且弹性金属片能够防止变形，测量更精确，强化了物证的证据效力。通过测距传感器、温度传感器、湿度传感器和 GPS 定位功能模块能够获取物证的三维空间距离、温度、湿度情况和 GPS 定位信息并通过显示单元显示出来，拍照时能够更直观地反映物证的原始存在状况。物证序号累加装置为带有数字刻度的机械转盘，通过转动机械转盘来进行计数，从而对物

证进行累加排序。

不使用时可以将弹性金属片卷起后缠绕在手腕上，携带方便，提高了现场勘查人员及装备的机动能力（见图2）。

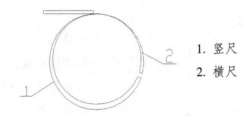

1. 竖尺
2. 横尺

图 2 腕式智能三维定位单警便携物证尺携带状态结构示意图

五、腕式智能三维定位单警便携物证尺的优势

本实用新型物证尺克服了现有技术中的缺点：①其本身可随意卷曲，不使用时可快速收起套在手腕上，使用时可快速展开，弹性金属片外套软塑料外壳可防止形变，保持平直；②传感器控制及显示功能和物证序号累加功能可即时显示物证的三维空间参数及物证序号，契合全方位、立体化的现场勘查工作要求；③腕式便携设计用"集成智能手环"和"可穿戴设备"的理念重新诠释了物证尺，扩展了物证尺的功能，本物证尺在卷曲便携状态下可当现场勘查工作智能手表使用，可快速测量室内家具等重点物品的长宽高等参数，降低了人工测量的劳动强度，契合了全方位、立体化和智能化的现场取证要求，值得在现场勘查中进行推广应用。

腕式智能三维定位单警便携物证尺在 2018 年 1 月获得国家实用新型专利证书。

参考文献

1. 贾永生："犯罪现场勘查原则的反思与重构"，载《中国刑警学院学报》2017 年第 6 期。

2. 余鹏举、韦政："浅谈痕迹物证在现场勘查和案情分析中的作用"，载《科技与创新》2016 年第 22 期。

3. 王磊、吴宇航："论现场勘查与诉讼证据——新刑事诉讼法视野下对现场勘查工作的展望",载《法制博览》2015年第22期。

4. 郝宏奎:"犯罪现场勘查工作的科学化规范化和理论化——《李昌钰博士犯罪现场勘查手册》评介",载《犯罪研究》2006年第6期。

5. 吴霞、柳宇:"浅谈现场勘查与视频侦查的结合",载《法制与社会》2015年第5期。

基于马克思《关于林木盗窃法的辩论》谈鉴定人选问题

安志远　赵东 *

在马克思《关于林木盗窃法的辩论》一文中提到，委员会提议："凡超出两英里以外者，由前来告发的护林官员根据当地现行价格确定价值。"接着有代表反对这一提案，认为让报告盗窃情况的护林官员确定被窃林木价格是非常危险的。当然应该信任这位前来告发的官员，但是只能在确定事实方面，而绝不能在确定被窃物的价值方面信任他。价值应该根据地方当局提出的由县长批准的价格来确定。这就提出一个问题：为什么护林官员不能作为鉴定人呢？

马克思认为，在议会的提案中，看林人作为维护领主利益的职员，身为告发者，同时又是鉴定人，在某种程度上又是法官，那么审判结果可能是不公正的。价值的确定是判决本身的一个组成部分，如果判决的一部分已经预先在告发记录中被确定了，那么前来告发的看林人出席审判庭，他就是鉴定人，他的意见法庭必须听取，他就越俎代庖执行了其他法官的职能。鉴定人选问题，应体现司法鉴定的公正性原则，需从鉴定的科学性、客观性和中立性三个方面进行分析。

---

* 安志远，单位：嘉兴南湖学院；通讯作者：赵东，中国政法大学证据科学研究院博士生导师。

一、鉴定的科学性

亲身守护要求护林人切实有效、认真负责地对待自己所保护的对象。作为护林官员，在某种程度上已和林木合为一体，对他来说，林木是一切，具有绝对的价值。而估价者则不同，他是用怀疑的态度来看待被窃林木，用科学的、客观的、敏锐的、平淡的目光来评价衡量它、计算它的价值。护林官员之所以不能准确地确定被窃林木的价值，是因为他在确定被窃物的价值时，也就是在确定自己本身的价值，即自己本身活动的价值，有很强的自我意识，从而影响他们的判断。因此，鉴定的科学性要求护林官员不能成为鉴定人。

二、鉴定的客观性

被窃林木的价值也是确定惩罚的标准。在确定对侵犯财产的行为的惩罚时，价值的重要性是不言自明的。罪行要受到惩罚，就要求有一个惩罚的尺度。因此，为了能够具体落实，惩罚就必须有一个界限；为了能够客观公正，惩罚就应该受到法的原则的限制。鉴定任务就是要使惩罚成为罪行的实际后果。

惩罚，在罪犯看来应该表现为他的行为的必然结果，因而表现为他自己的行为。所以，他受惩罚的界限应该是他的行为的界限。犯法的一定内容就是一定罪行的界限。因此，衡量这一内容的尺度就是衡量罪行的尺度。对于财产来说，这种尺度就是它的价值。一个人无论被置于怎样的界限内，他总是作为一个整体而存在，而财产则总是只存在于一定的界限内，这种界限不仅可以确定，而且已经确定；不仅可以测定，而且可以客观地测定。价值是财产的外在形式，是使财产最初获得社会意义和可转让性的逻辑术语。显然，这种从事物本身的属性中得出的客观规定，也应该成为惩罚的客观的和本质的规定。所以，鉴定的客观性体现了法律的公平和正义，价值的确定必须有一套客观可行的标准，而不能由护林官员自行确定。

三、鉴定的中立性

如果护林官员作为鉴定人，那他就是告发者，笔录就是告发书，实物的价值也就成为告发的对象。这样一来，护林官员不仅丧失了自己的尊严，而且法官的职能也会受到影响，因为这时法官的职能同告发者的职能已毫无区别了。

鉴定的中立性，要求鉴定人不能与双方当事人有任何利害关系。

电子数据证据的认定方法与应用现状

——以微信证据为例

高思雪*

摘　要：电子数据证据是伴随着信息技术的发展和网络的普及产生的一种新的证据形式，拥有即时性、便捷性和易改性等特征。这些特征给电子数据证据的认定带来了很大的困难与挑战，使其在案件中的事实证明力下降。随着网络与智能手机的普及，通信和交易形式也发生了巨大的转变，实体交易逐渐演变为数字化的虚拟交易，日常民事诉讼案件中经常以微信证据作为电子数据证据的一种类型进行举证。本文综述了电子数据证据的特点与分类，以及以微信证据为典型的电子数据证据的取证方法与面临的争议和问题，并进行了相关的展望。

伴随着计算机和信息技术领域的急速发展以及网络与智能手机的普及，许多传统的通信方式被网络通信和即时通信取代，传统的贸易模式也逐渐由实体贸易转化为电商贸易等新兴贸易形式。现如今，人们日常生活中的通信与交易早已与网络密不可分。原本白纸黑字具有主体的交易，已然演变成了虚拟化的网络新时代交易方式。正因如此，一旦产生纠纷，运用传统收集鉴定证据的模式进行事实认定显然是不够的。电子数据证据这一新的证据形式，也逐渐成为一种新兴的、独

---

*　高思雪，单位：中国政法大学证据科学研究院。

立的、便于人们举证的证据新形式，且电子数据这一类证据已经在《中华人民共和国民事诉讼法》第 66 条第 1 款第 5 项被确认为证据的一种。

一、电子数据证据的应用现状

2012 年《中华人民共和国民事诉讼法》将电子数据纳入法定证据种类，当时法律并没有明确电子数据的含义，仅指出了电子数据的范围[1]。2012 年《中华人民共和国刑事诉讼法》的修正使电子数据正式进入刑事诉讼领域，经立法确认归于法定证据类型。虽然我国目前关于电子数据证据的立法层次已经拥有，但比较零散，尚未形成关于电子数据证据的系统规则，而且相关规定概念不清，缺乏指导性。指导如何取证的较多，关于电子数据证据认证的规则较少。也正是由于缺乏系统的电子数据证据认定的规则，给司法带来了较大的混乱和困难[2]。电子数据作为一种独立的证据形式已被我国诉讼法确认，在各类涉及计算机和网络所产生的案件中，电子数据证据作为民事证据的证明作用越来越显著[3]，相关法律规定也更加明确。电子数据证据是基于电子技术生成的，以数字化的形式存在于磁盘、光盘、存储卡、手机等各类电子设备载体中，其内容可被多次复制到其他载体上。

二、电子数据证据的认定

根据电子数据证据的范围和定义，可以总结出其拥有的三个基本特征：①以数字化的形式存在；②对载体具有一定的依赖性；③可以被多次原样地复制与粘贴。这些特性给电子数据证据的认定带来了很大的困难与挑战。对于电子数据证据目前主要从真实性、关联性、合法性三个方面进行认定。

---

〔1〕 姚天冲、张诗曼："我国统一法律适用下的电子证据规则"，载《黑龙江省政法管理干部学院学报》2021 年第 6 期。

〔2〕 周新："刑事电子证据认证规范之研究"，载《法学评论》2017 年第 6 期。

〔3〕 汪振林："电子数据分类研究"，载《重庆邮电大学学报（社会科学版）》2013 年第 3 期。

（一）真实性

电子数据证据的产生多是实时的，因为计算机和网络处理的数据量非常大，很难使其始终保持最初、最原始的状态，所以对电子数据证据的真实性进行认定，才能够使其更加具有证明力。真实性的认定一般从两个方面入手，一方面是对于电子数据证据的来源、形式、产生过程、设备情况是否正常、有无被修改破坏的痕迹等环节进行审查。另一方面是审查电子数据证据的完整性，包括电子数据证据本身的完整性和电子数据证据所存在的电子系统的完整性。电子数据证据本身的完整性则涉及形式上的完整性和内容上的完整性，这是考查电子数据证据是否有证明力的一个特殊的重要指标[1]，传统的证据鉴定是没有这一指标的。

（二）关联性

电子数据证据认定中的关联性是指证据与其所涉及的案件事实具有一定的联系，且对案件中的事实有证明的实际意义。当事人所提供的电子数据证据应能够证明待证实的事实。在日常鉴定中需要查清电子数据证据与待证实的事实之间所存在的内在联系，从而判断电子数据证据与待证实的事实之间的关联程度[2]。一般从以下两方面进行认定：一是所提供的电子数据证据证明的是什么样的待证事实；二是所提供的电子数据证据对解决案件中存在的争议问题是否有实质性意义。因此在日常鉴定工作中，虽然当事人所提供的电子数据中有很多都与案件事实有关，但是只有少部分与案件事实有本质上的联系并能够有效证明案件事实的数据才具有证据力，能够成为案件事实的证明依据。

（三）合法性

合法性主要指证据的搜集主体和搜集过程均要合理合法，即电子数据证据的取证主体、形式及手机程序、提取方法等必须符合法律的有关规定。只有程序正当才可能获得真实、有效、受法律认可的电子数据证据。只有严格按照法定程序进行取证，才能保证电子数据证据的真实客观，有利于体现法律的公平公正。

---

〔1〕 朱政、肖晓峰："专家辅助人在民事诉讼中的构建——以专家辅助人出庭实务操作为视角"，载《法制与社会》2018年第16期。

〔2〕 于飞："两岸民事调查取证互助问题——以'取得证言及陈述'为例"，载《武大国际法评论》2018年第3期。

三、微信证据的概念

微信是一款具备文字、语音、文章、图片、视频信息交换功能的移动设备的应用软件，同时又兼具付款功能[1]。微信丰富多彩的功能，如视频语音通话功能、文字图片的聊天功能、短视频即时录制传送功能等都给人们的日常生活增添了便利。但功能越多风险也越多。由于电子作案成本低、取证相对困难、交易虚拟化，微信已经成了网络犯罪的新天地，以致微信成了"危信"[2]。但微信证据并非专业性质的法律用语，《最高人民法院关于民事诉讼证据的若干规定》第14条规定：电子数据包括手机短信、电子邮件、即时通信、通信群组等网络应用服务的通信信息。根据此条规定可知，微信证据属于电子数据证据的一种，它以电子设备作为载体，能够实时记录用户的通信信息。微信证据所记录的形式和内容包括但不限于：聊天记录、图片、音频、视频、公众号、转账、红包及朋友圈状态等。

四、微信证据的类型与认定难度

（一）文字类记录

文字类记录主要包含聊天记录，朋友圈、公众号中发布的文字和文章。日常生活中人们通过微信进行的沟通和交流都较为随意，聊天记录中文字的表达十分简洁，网络语言的使用也屡见不鲜，常常还伴随图片与文字的交叉表述，比如习惯性运用表情包或者随手拍摄的图片即时发送，更多的是生活化的片段式记录[3]。这就导致提供的微信文字记录易存在当事人在聊天时并没有交代事情的前因后果及事情经过的情况。聊天记录中储存的文字记录仅是片段式的信息，并不能形成像书面合同那样清晰、规范、准确的记录。这严重影响了在案件中微信聊天记录所呈现出的情况的真实性和关联性，一般需要对微信聊天

---

〔1〕 李俊磊："微信电子证据研究"，载《法制与社会》2020年第36期。

〔2〕 郭鹏飞、钱红红、于立君："微信电子证据的收集和审查判断"，载《辽宁公安司法管理干部学院学报》2020年第2期。

〔3〕 叶荣奇、李琳："论微信聊天记录在民事诉讼中的证明力"，载《今日科技》2020年第9期。

记录进行真实性和关联性的认定。

（二）图片类记录

图片类记录主要包含用户主动发出的图片、实时拍摄的图片、接收的图片、朋友圈及公众号的特定功能区域使用的图片和各类表情。图片所传递的信息不如文字直观，不能只针对图片本身进行独立的分析，要结合相关聊天记录的上下语境去理解，因此取证时需要结合图片及其上下完整的聊天内容来作为证据对其进行分析，以保证证据的完整性。图片类记录中还有一类特殊的图片即二维码图片，它是一种肉眼无法直接分辨内容的图案，经常被不法分子利用，诱导用户扫描并进入恶意病毒和扣费软件中，从而发生财产纠纷，造成用户的损失[1]。

（三）语音类记录

语音类记录有其特殊之处，它不仅可以像文字一样表明说话者的意图，通过相关的技术手段对语音进行分析，还能分辨和鉴定使用者的身份。在认定过程中，需要对语音类记录的真实性和完整性进行认定，判断是否为拼接或伪造。在各类微信证据中，语音类记录的鉴定难度更大。

（四）视频类记录

视频类记录通常以视频片段的方式存在于微信记录中，包括自己拍摄的、他人转载的，视频能够更为直观地反映事实，但进行取证时需审查拍摄者和视频来源，保证视频信息的完整性和说服力。

（五）第三方网络链接记录

第三方网络链接记录一般是指微信用户接收的他人发送的链接。这种链接通常具有潜在的安全隐患，不法分子以各种方式吸引用户点击进入不受保护的第三方网站。用户容易在不知情的情况下进入非法网站，造成个人财产损失。网络链接不易取证，IP 地址容易改变，取证时不能仅对链接地址进行保存，还需进入与案件相关的页面进行截图等技术处理。

---

〔1〕 李俊磊："微信电子证据研究"，载《法制与社会》2020 年第 36 期。

五、微信证据的应用现状与适用困境

随着微信使用的普及，由此而产生的微信证据在民事诉讼中的应用越来越多，并且在帮助查明案件事实、作出正确判决方面起着至关重要的作用。微信证据的存在往往依赖于电子设备，通常存在于手机、电脑等能够即时通信的电子设备中。因其普遍以电子设备作为载体出现，所以一定程度上具有方便保存、容易举证等优点，但也不可避免地形成了微信证据本身对电子设备的依赖性，即当过度依赖于电子设备时，如果此类设备或电子存储介质遭到破坏或无原始载体存在，则微信证据亦不复存在。所以微信证据还存在许多的适用困境，大致有以下几个方面：

（一）微信使用人主体认定困难

微信上的用户名称大多不是实名，而是用户自己设置的昵称，并且还有一些人不是用自己的手机号注册登录微信，而是通过其他方式进行登录的。腾讯官方对微信实名制也没有制定详细准确的要求和规范。此时，对于微信主体的认定存在一定难度[1]，给微信证据的认定造成了一定困难。

（二）微信聊天记录内容易篡改及保存完整性困难

微信聊天记录具有易改性和即时性。一旦发现聊天记录被篡改后，微信证据的真实性就会受到质疑。微信聊天记录的存在形式多种多样，在调取、收集证据时以何种方式固定下来、以何种形式完整保存都将对证据的证明力产生影响。此类影响容易使微信证据无法成为证明案件事实的有力证据。

（三）微信支付证据取证困难

如今微信不仅作为一种通信方式被普遍接受，还成为一种重要的支付手段。微信平台上兴起的电商群体依托于互联网大环境，借助社交软件作为工具，以微信朋友圈或微店为平台，打造了一种新型的商业模式。因为庞大的微信用户群体并不是全部采用实名制进行注册的，加上微信应用本身具有的开放性，所以涉案当事人的确定就会有很大

---

[1] 黄一诺：“电子数据在民事诉讼中的适用——以微信证据为例”，载《法制博览》2021年第11期。

困难。而且在借贷交易法律关系中，通过微信进行的交易，当事人通常只有转账记录，并没有借条、收据等其他书面或文字证据进行交易印证，此时对于借款或交易的事实是否真实存在，以及还款期限等问题，法律无法直接进行认定。即使在证据认定技术的加持下也会出现真实性难以认定的情况。

六、小结与展望：微信证据面临的争议及其在司法鉴定取证中面临的挑战

从发展的角度看，在当今社会不断"智能化"的推进下，使用微信作为一种即时通信的工具已经普遍被人们接受。除基本的"即时通信"功能外，其"支付""朋友圈"等其他功能更是被人们广泛应用于生活中。随着微信的普及性和便捷性不断提高，人们对微信证据的认识及应用也日益加深，聊天记录容和形式更是复杂多样。

现如今，微信证据作为电子数据的一种证据类型已经广为人知，且在多数实际庭审案例中更被当事人作为证据加以举证。但微信聊天区别于现实中的面对面聊天，究其根本，它是信息技术在虚拟的网络世界中通过一定的技术手段所实现的在空间隔离下让现实世界与虚拟世界相互交织，从而方便人们沟通的一种新兴通信方式。也正因如此，微信对于网络和电子设备的依赖性也极强。所以，当用户之间的微信聊天数据或音频、视频、图像等内容作为电子数据证据被举证的时候，如何确保其真实性及是否能够得以采信，也引发了巨大的争议。《最高人民法院关于民事诉讼证据的若干规定》第 15 条第 2 款载明："当事人以电子数据作为证据的，应当提供原件。电子数据的制作者制作的与原件一致的副本，或者直接来源于电子数据的打印件或其他可以显示、识别的输出介质，视为电子数据的原件。"由此不难看出，微信证据在一定程度上很难完全脱离载体，当其脱离载体时，其存在性及真实性将可能受到不同程度的质疑。

庭审过程中，关于微信证据的真实性能否得到验证，其证明的内容是否能够被采信，往往要经过专业机构指派专业的鉴定人对其进行司法鉴定。微信用户在聊天时所使用的昵称往往是用户自己设定的，微信除可用手机号登录以外还存在其他登录方式，如移动设备扫码验证

登录或密码登录，所以对于微信中发出某特定内容的主体进行认定，是存在一定技术难度的。这些特殊性都为微信证据的真实性验证加大了难度。此外，所举证的微信证据同时还必须具有合法性，要符合相应的法律法规。要满足这一要求，就需要确认微信证据的收集方式是否存在胁迫、欺诈等违法行为，若存在该类行为，此微信证据应被法律排除，不能予以采信。综上，对于微信证据的取证（包括微信证据的保全、提取与恢复）以及如何确认其真实性亦是当下未能完全突破的难题之一。

综上可见，微信证据的取证在司法鉴定过程中也是尤为重要的一环。在微信证据的司法鉴定过程中，各种技术软件层出不穷，取证方式更是多种多样，如"直接连接手机取证"或"制作镜像及备份后取证"等。在探索未知证据时，各类取证软件及不同取证方式对于取证结果的影响也应当纳入考虑范围之中。司法鉴定机构所出具的微信证据取证结果中，应将全部删除的微信聊天数据进行恢复，并将删除的数据进行特殊标注，同时显示其删除时间、删除地点等信息。此外取证结果中显示的聊天内容的发送及接收时间也应进行核实。需注意取证结果中应避免错误地将其他与案件无关人员的聊天内容展示在涉案相关人员的聊天记录中。上述这些问题在实际应用中往往有着极高的关注度，也是取证过程中必须注意和改善的问题。

在取证过程中，使用不同软件对同一部设备进行微信证据的取证结果是否有区别？若有区别，又是否影响到该案件的争议焦点亦是一大尚未突破的难题。此外，即便采用同一软件对于同一部手机进行多次取证，其取证结果是否相同亦应该在司法鉴定过程中加以比较和确认，取最优结果作为取证结果出具。但不同取证结果的比较过程应是相当复杂且不易实现的，随着技术的不断进步和发展，对于取证软件可以尝试从代码层面进行不同的比较和取证应用实验。以此来确认不同软件对相同设备的取证结果是否会产生必要影响。此外可对已知设备中的微信证据进行删除操作后再使用不同取证软件对其进行取证，从而比较取证结果，使微信证据的信服力更强。

微信证据的取证过程中的另一大难题是，微信证据往往涉及一人或多人的隐私，对于证据的采集存在一定的操作难度。取证过程中，目前的取证手段往往限于对全部的微信数据进行取证，然后再对特定用户之间的微信证据进行查验，这种方式的取证会涉及将本机用户与其他非涉案人员的聊天隐私进行提取与恢复，在庭审过程中展示微信证据时，当事人是否会认为鉴定机构泄露其与其他用户的聊天隐私也是一项必须考虑的"鉴定隐患"。在未来发展中，电子设备的取证软件能否实现直接对特定用户之间的微信聊天证据进行取证，还需要在技术层面进行进一步的突破。

为加强微信证据取证的合法性，在司法鉴定过程中，首先应确认微信证据的载体的合法性来源，其次基于对当事人的隐私保护和对司法鉴定人合法权益的基本保障，双方在公检法机关的组织下，在启动鉴定程序前，应当约定好微信证据的取证对象，如是否需要规定仅针对当事人指定的用户之间的微信证据进行取证，提出对"AA"和"BB"之间的微信证据进行取证，以及所展示的取证结果是否应包括含有"AA"和"BB"的群所产生的聊天记录要作出相关约定，以保证展示的取证结果能够在公平公正的前提下，既保护当事人的隐私安全也维护鉴定人的合法权益，避免取证结果受到二次质疑。

在微信证据的采信问题上，除证据本身的真实性和完整性以外，更需要法官进行一定的主观性认知，微信证据的提出往往是为了证明某特定事件或人物之间的关联性，基于此类证明需求，就需要微信证据能够反映一件完整的事实经过。在当今实行的各类法律法规和司法解释中都没有对微信证据的证明力作出明确的规定和解释，那么关于微信证据在案件中对事实的认定是否有足够的证明力或者其证明力大小、在案件中的主导作用将由法官裁定，在某种程度上，不同法官对于微信证据的采信度也有着一定的认知差别，对于微信证据的采信法官具有一定的主导权，因此微信证据能否被采信也存在一定的不确定性。

综上所述，微信证据的取证及其真实性的认定虽然存在一定的挑战，但相关的法律法规会相继完善，取证软件和技术规范也会日益健全，相信在不久的将来，微信证据能够实现真实性和易举证性相辅相成，在司法鉴定和民事诉讼中发挥更大的作用。

笔迹鉴定面对电子签名的缺陷

张皓翔　连园园*

在现今司法鉴定中，笔迹鉴定作为文件检验的分支占据了相当一部分比例。而签名是当事人为建立与某书面文件的特定联系而在文件上签署的特定符号，是签名者真实意思表示的依据。随着互联网技术和电子商务的兴起，电子签名的需求日益增加。电子签名通过数据电文识别签名者身份并表明签名者认可其中的内容。实现电子签名的技术手段多种多样，以手写签名与数字化结合产生的电子化手写签名实际应用广泛。但是，由于书写载体和书写工具的不同，电子化手写签名与传统手写签名存在较大的差异，笔迹鉴定难度增加，也带来了一个全新领域的挑战。

一、电子签名的范围

互联网技术和电子商务持续发展，电子签名的需求日益增加。在日常生活中，银行柜台办理业务、签收快递以及无纸化办公等场景使用触摸屏和电子笔进行手写签名以代替传统纸笔签名的情况已相当普遍。但是这些常见场景下的签名是否属于我国法律规定中的"电子签名"呢？

* 张皓翔，中国政法大学证据科学院 2020 级硕士研究生；通讯作者：连园园，单位：法大法庭科学技术鉴定研究所。

2004 年 8 月 28 日，《中华人民共和国电子签名法》（以下简称《电子签名法》）正式通过，2005 年 4 月 1 日开始施行，2015 年 4 月 24 日与 2019 年 4 月 23 日进行了两次修改。《电子签名法》所确称的"电子签名"，是指数据电文中以电子形式所含、所附用于识别签名人身份并表明签名人认可其中内容的数据。这一定义几乎与目前所有为了解决电子商务应用中所带来的书面问题的国际立法相同，采用了"功能等同"的立法技术。同时，《电子签名法》在第二章对数据电文的数据形式要求、原件保存要求和审查考虑因素等条件进行了规范。从中不难发现电子签名以数据的完整性、真实性作为电子签名法律效力的基础。尤其在《电子签名法》第 13 条特别规定了"可靠的电子签名"概念〔1〕。因此，多数学者认为我国电子签名法中的电子签名实际上是一种电子数据，与传统的手写签名并无关系〔2〕。有学者直接指出电子签名法中的电子签名实际是数字签名，在电子签名的法律效力认定时，需要专门的电子数据司法鉴定机构来进行鉴定，在技术上提供数据电文的真实性、完整性的证据。〔3〕

而实际上严格来说，电子签名与数字签名并非同一概念。广义的电子签名是应用技术中立原则在法律上提出的一般性概念，只要达到法律规定的要求，利用任何电子签名技术手段所进行的电子签名均享有同等的法律地位。除数字签名以外，还包括电子化手写签名和生理特征签名〔4〕。这三种签名的区别在于各自拥有特殊的表明签名来源即签名者身份的方法。不同于生理特征签名的生理特点资料库和数字签名的不对称密码技术，其中电子化手写签名是将手写签名和数字化相结合，使用者使用特定器材书写后由电脑感应进行固定作为电子签名。一方面，由于使用传统的书写方式进行意思表示，人们在心理上容易

---

〔1〕《电子签名法》第 13 条规定："电子签名同时符合下列条件的，视为可靠的电子签名：（一）电子签名制作数据用于电子签名时，属于电子签名人专有；（二）签署时电子签名制作数据仅由电子签名人控制；（三）签署后对电子签名的任何改动能够被发现；（四）签署后对数据电文内容和形式的任何改动能够被发现。当事人也可以选择使用符合其约定的可靠条件的电子签名。"

〔2〕欧阳武等：《中国电子签名法原理与条文解析》，人民法院出版社 2005 年版，第 11 页。

〔3〕刘满达："电子签名的法律效力认定"，载《法学》2011 年第 2 期。

〔4〕李双元、王海浪：《电子商务法若干问题研究》，北京大学出版社 2003 年版，第 68 页。

接受。另一方面，数字签名等技术原理更为复杂，统一标准难度大，基础成本过高，一时间难以完全取代手写签名的地位。因此，电子化手写签名作为介于传统手写签名和数字签名之间的技术，在传统手写签名被电子签名大范围取代的过渡时期起到了缓冲作用，在日常生活中得到了更普遍的使用。

二、电子化手写签名的司法鉴定窘境

对于可靠的电子签名而言，符合"属于电子签名人专有"条件的作用是证实将所称"电子签名人"与实施上的签名人的同一性，一般需要采用其他身份识别的方法。如果完全采用新的技术（如不对称加密和生理特征库）解决身份识别问题，在推广过程中会遇到诸多困难。然而，在采用电子化手写签名的方法中，借助传统的笔迹鉴定便可以解决这一问题。在司法实践过程中，笔迹鉴定已经得到了认可，鉴定报告可以作为证据在法庭上使用。尤其在尚未完全以数字签名等其他技术代替手写签名的时期，笔迹鉴定仍然需要发挥其价值。

在理解电子化手写签名的概念基础上，可以明确笔迹鉴定在电子化手写签名的鉴定中具有不可或缺的地位。众所周知，笔迹鉴定技术是法庭科学中文件检验学的分支，其目的在于通过笔迹识别书写者。在现今司法鉴定实践中，笔迹鉴定已经属于一个成熟的领域，而电子签名仍属于新兴事物。虽然在《笔迹鉴定技术规范》中书写工具包括了计算机输入设备中专用的电子书写笔，书写载体也包括了计算机输入设备中专用的电子写字板或书写屏等，但无论是在笔迹鉴定实务工作中，还是在笔迹鉴定研究领域，电子化手写签名的笔迹鉴定都缺乏足够的关注。

实务工作中，由于司法鉴定行业的特殊性，鉴定行业的市场竞争性不足，笔迹鉴定人缺少外在的动力进行新领域的探索。在法院受理的案件中，与电子签名有关的案件数量少，笔迹鉴定人收到的有关电子化手写签名的鉴定委托相对于传统笔迹鉴定委托的比例极低。然而，随着无纸化办公流行和电子商务快速发展的趋势，电子化手写签名将会很快得到应有的关注。在笔迹鉴定的研究领域，由于电子化手写签名属于电子签名概念中的一种，笔迹鉴定与电子数据鉴定产生了学科交叉。对于电子签名的概念本身笔迹鉴定研究者了解较少，并未进行深入研究。在命名上，对于电子化手写签名的命名未统一，相关文献采用有关名称为"触屏手写电子签名"或者"触屏电子签名"，表现出在概念本身上缺少一致的认识，对于电子化手写签名的法律地位也不甚了解[1]。此外，在研究方法上，采取的方法一般是电子化手写签名与普通手写签名进行对比，这样做的弊端在于，一方面收集样本数量少，另一方面由于对电子化手写签名的原理未作进一步了解，使用的输入设备种类单一甚至不作区分，最终难以形成系统的结论。笔迹鉴定领域有关电子化手写签名的著作也较少。

电子化手写签名作为电子签名的一种，在鉴定时需要笔迹鉴定专家和电子数据专家共同进行。电子数据鉴定专家需要鉴定数据电文的完整性、真实性，而笔迹鉴定专家需要鉴定电子化手写签名的签名者身份。笔迹鉴定专家当务之急是利用已经成熟的传统笔迹鉴定技术对电子化手写签名进行系统的研究，从而得出完整规范的鉴定标准和鉴定方法，在电子化手写签名领域应用笔迹鉴定技术。只有通过双方共同的努力才可应对即将面临的新鉴定问题。

三、电子化手写签名的笔迹鉴定难点

在当今司法实践活动中，传统签名笔迹鉴定与其他鉴定项目一致已经形成了一套常规完整的程序，即一般由当事人申请司法鉴定，由法院委托司法鉴定机构进行鉴定，司法鉴定机构出具鉴定意见书，最终法官依据鉴定意见书结合其他证据作出相应的裁决。其中，司法鉴定领域对传统笔迹鉴定也已有了非常成熟的鉴定技术规范与方法，形成了一套完整的鉴定体系。

随着电子签名的普及，将会有越来越多具有争议的电子签名出现。当争议签名以电子形式来呈现时，笔迹鉴定如果还停留在传统纸张与笔墨的范围内，将会无法解决实际问题。电子化手写签名的主要特点在于书写工具和书写载体的改变。一方面是书写设备与传统纸笔不同，另一方面采用不同技术的书写设备之间反映的书写轨迹也不同。甚至即使采用相同种类的技术，不同厂家品牌或不同价格的书写设备反映

---

[1] 欧阳国亮："文检视域下对触屏手写电子签名若干问题的思考"，载《中国人民公安大学学报（自然科学版）》2017年4期。

笔迹特征的能力也不同。

（一）不同触屏技术的差异

电子书写的触屏技术按原理可以分为电阻式触摸屏、电容式触摸屏、电磁式触摸屏。电阻式触摸屏技术的工作原理主要是通过压力感应来实现对屏幕内容的操作和控制。在签名时可以用任何物体来书写，包括用手指直接进行书写。电容式触摸屏技术是利用电流感应进行工作的，可以配有专门的电容笔，也可以用人体手指的电流产生感应。而电磁式触摸屏技术则需要配备一支专门发射电磁波的笔，通过接收装置感应到笔在屏幕上方的位置后进行书写。相对来说，一般电磁式触摸屏技术的反应较为灵敏，同时可以反映出用力的大小，在还原笔迹特征上相对于电阻式和电容式触摸屏技术具有一定优势。

对于电子化手写签名而言，需要能够尽量完全反映笔迹特征的书写设备。即使不能达到与普通纸笔相同的水平，也应当满足笔迹鉴定的最低需求。市场上充斥着很多价格低廉的触摸屏签名设备，它们实际上完全无法反映足够的笔迹特征来达到笔迹鉴定的要求。可以说，由这类设备形成的电子化手写签名完全没有作为代替传统签名的基础鉴定资格。因此，在建立有关的鉴定制度规范时，对于电子化手写签名设备的反应能力应当纳入考虑。

随着科学技术的不断发展，通过设计其他针对性技术进行辅助也可以更完全地反映出使用电子化设备时的签名笔迹特征。比如已有设备结合了压力传感器来反映电子笔按压的力度，同时借助蓝牙技术来判断电子笔笔尖的角度与位置。由此可知，通过科学技术的不断进步，电子化手写签名的效果可以达到更加接近甚至等同于实际纸笔签名的效果。而对于现阶段的鉴定工作而言，需要统一的电子化手写签名的鉴定标准来确定符合鉴定资格条件的电子化签名设备以及技术要求。

（二）电子化手写签名与传统签名的差异

首先，书写水平降低。书写水平，是书写人的书写技能与控制能力的显性反映，指人运用书写工具，通过书写运动，形成于书面的字迹现象，以及所表现出的功力、技巧水平和美学品位的高低、优劣程度。[1]

---

〔1〕 贾玉文、邹明理主编：《中国刑事科学技术大全：文件检验》，中国人民公安大学出版社 2002 年版，第 114 页。

在《笔迹鉴定技术规范》中，书写水平的定义是通过笔迹反映出书写人书写技巧的高低程度。在屏幕上进行书写，电子书写笔与屏幕之间的阻力一般小于传统纸笔，容易导致书写水平的降低。此外，电子屏幕属质地较坚硬的载体，这会影响书写人的书写动作，导致对笔的控制力降低，进一步影响书写水平。在笔迹鉴定实践中书写水平可分为高、中、低不同等级，是笔迹鉴定中一项重要的笔迹特征依据。使用电子化设备进行签名降低了签名者的书写水平，将会导致不同书写水平的签名者使用电子设备进行签名时表现出的书写水平差异减小，从而导致笔迹鉴定的难度增加。

其次，笔迹细节特征减弱。笔迹细节特征包括：笔顺、运笔、笔痕等。传统签名的细节特征是书写者运用纸笔的交互运动而形成的，笔尖与纸张不断地接触，就会书写形成字迹。一般通过放大镜观察可以得到各种细节特征。电子化手写签名中签名由电子屏幕呈现，虽然也能用肉眼观察，但由于屏幕像素限制，很多笔迹细节特征减弱甚至消失。屏幕作为书写载体的另一处缺陷在于，相对于纸张其硬度较大，如果在不能反映压力的书写设备上进行书写，很多能够反映在纸张上的笔迹特征会消失（如笔锋），这也会为鉴定工作增加一定难度。

值得庆幸的是，电子化手写签名也有其优势。不同于传统手写签名是静态签名，电子化手写签名可以动态记录签名的过程，由此可以确定签名的笔顺。虽然传统手写签名通过观察也可以确定大部分签名的笔画顺序，但没有动态的电子化手写签名方便直接。由于判断笔顺方面的优势，有必要确定动态电子化手写签名的规范地位。

最后，鉴定时的样本选择问题。在接收到电子化手写签名委托时容易遇到样本多为传统纸张签名的情况。即使对于同一人而言，其电子化手写签名与传统纸张签名也必然同时存在相同特征与不同特征。在鉴定过程中，需要对相同和不同的笔迹特征进行系统的研究和总结，根据稳定性判断其鉴定的价值高低。

四、总结与展望

法律要稳定，但又不能静止不变。所有法律思想都力求协调稳定必要性与变化稳定性这两种彼此冲突的要求。[1]一方面是互联网技术和电子商务的飞速发展对电子签名的创新需求,另一方面是电子签名规范标准的滞后阻碍。尼葛洛庞帝曾描述:"我们的法律就仿佛在甲板上吧嗒吧嗒挣扎的鱼一样。这些垂死挣扎的鱼拼命喘着气,因为数字世界是个截然不同的地方。大多数的法律都是为了原子的世界、而不是比特的世界而制定的"。[2]

虽然《电子签名法》早在 2004 年已经出台,但应用《电子签名法》解决的实际案件很少。《电子签名法》规定中对于电子签名的概念在应用中还存在争议。介于数字签名与传统手写签名之间的电子化手写签名,由于其尴尬的地位,在研究领域鲜有人问津,虽然在日常生活中得到了普遍应用,但并未真正用于解决法律层面的争议。《电子签名法》虽然为其在法律层面规定了等同于传统签名的法律效力,但是缺乏具体的相关配套制度包括司法鉴定程序和技术设备标准。因此,虽然在技术层面有所进步,但在司法领域电子签名的发展在这十几年中是停滞不前的。

在科学技术作为第一生产力的时代,我国的电子商务行业发达,同时在环保理念和效率价值的共同作用下无纸化办公趋势愈发热烈,电子签名的应用将会更为频繁,随之带来的鉴定问题必然会出现。其中常见的电子化手写签名作为手写签名和电子数据的结合容易让多数人接受,但其鉴定委托需要笔迹鉴定专家和电子数据鉴定专家的共同参与。对此,尤其是笔迹鉴定需要提前进行系统的研究,解决由于电子化手写签名的特殊之处产生的难点。同时笔迹鉴定专家可以利用过去已有的传统笔迹鉴定的丰富成果(如模仿笔迹鉴定、伪装笔迹鉴定等),为电子化手写签名的鉴定工作提供帮助。拥有前瞻性目光的研究者,不会仅仅被动地等待接收已有的知识,而会主动地探索新的领域,总结新的规律,为日后应对有关的案件做好准备。希望传统笔迹鉴定能够在电子签名领域继续发挥作用,为我国互联网时代的法治建设贡献力量。

---

〔1〕 [美] 罗斯科·庞德:《法律史解释》,邓正来译,商务印书馆2013年版,第4页。
〔2〕 [美] 尼古拉·尼葛洛庞帝:《数字化生存》,胡泳、范海燕译,海南出版社1996年版,第278页。

论法庭科学的源流与理论启示

袁培入　朱正熙　张嫁祥　赵　东 *

摘　要： 法庭科学的学科化、体系化发展是我国刑事司法制度逐渐完善的一个重要表现。法庭科学是为解决法律中专门性问题的一门综合应用科学，在适应刑事司法改革的过程中，法庭科学产生了概念与应用上的诸多问题。文章对法庭科学的产生与发展进行了归纳，总结出法庭科学具有开放性与交叉性的特点。此外，文章对法庭科学可能受到的多角度、多维度的影响因素进行了总结与分析，认为科学技术、刑事司法模式等原因促成了理论进步，同时也可能造成错误鉴定与错误判决等问题。提振法庭科学系统化教育、提升司法相关人员知识储备、探索设立独立的法庭科学机构是减少冤假错案风险的可行法治进路，以此促成法庭科学"科学为体、法庭为用"的客观中立地位与"保障控辩武器对等"的价值。

一、法庭科学的迷思

所谓科学，是以范畴、定理、定律形式正确反映现实世界的本质和

　＊ 基金项目：中国政法大学研究生产学研项目（项目编号：CXY2012）；中国工程院重点咨询研究项目（项目编号：2019-XZ-31）。

　＊＊袁培入，中国政法大学司法文明协同创新中心博士研究生；朱正熙，清华大学智能法治研究院科研助理；张嫁祥，中国政法大学民商经济法学院本科生；通讯作者：赵东，中国政法大学证据科学研究院博士生导师。

规律的知识体系。[1]科学既促进了社会的现代化，也促进了司法程序的现代化。法庭科学不同于一般意义上发现新领域、创造新技术的"科学"，其更多的是利用实验结论与结果分析为司法程序提供科学证据，即以"科学为体、法庭为用"，其更加强调科学能够反复重现相同结果、只有一个"标准答案"的属性。法庭科学与三大诉讼法有着紧密的联系，其中，刑事程序中的法庭科学应用尤为引人关注。随着科学技术在刑事程序各个阶段的作用得到彰显，科学与司法程序的核心——法庭之间的联系越来越紧密。

"法庭科学"在中文语境中属于外来词汇，译自"Forensic Science"。早期我国部分地区将此译为"鉴识科学"，其应为日文"鑑識科学"的舶来语。[2]部分日本学者和中国早期学者从学科理论体系的角度称之为"法科学"。法庭科学这一概念最早出现在20世纪40年代的欧美国家，目前随着英美法系在全世界广泛地传播与影响，法庭科学作为英美法系中的重要组成部分，其概念也逐渐在世界各地落地生根，并且呈现出带有不同国家特色的蓬勃发展之势。中国的法学学科建设虽然受德国、日本的影响较为深刻，但随着中国国际化进程的加快，跨国家、跨地区的法律与诉讼问题层出不穷，法庭科学作为诉讼中证据及相关技术问题的支撑与保障逐渐受到我国的重视，并且法庭科学本身具有的巨大的司法辅助性价值，使得我国学者、法律实务人员加入了法庭科学的学科建设与发展之路。就目前来看，法庭科学的源流表现较为模糊，与此同时，存在着由不同部门主导的诸如刑事侦查技术、检察技术、司法鉴定技术等许多似是而非的概念，它们与法庭科学之间关系如何？这一悬而未决的问题无疑影响了法庭科学作为一门学科的存在价值和作为一种服务于司法程序之科学的发展。如何对法庭科学的源流进行解析，这是本文拟解决的第一个问题。

各国的错案研究表明，相当比例的错案是缺乏基础可靠性或者应用可靠性的科学证据导致的。[3]党的十八大以来，我国发现并纠正了一

---

〔1〕 黄楠森、李宗阳、涂荫森主编：《哲学概念辨析辞典》，中共中央党校出版社1993年版，第184页。

〔2〕 常见于案件实务的语境。

〔3〕 参见王进喜："法证科学中的认知偏差——司法鉴定出错的心理之源"，载《清华法学》2021年第5期。

批冤假错案，在对这些案件进行回顾反思的过程中，我们发现一些案件中同时存在着"缺乏科学证据""科学证据不确实充分""迷信科学证据"等问题。比如聂树斌案中，一审判决后，被害人家属也提出了申诉，认为证据事实难以令人信服，怀疑并没有找到真凶而要求继续侦查；曾爱云案中，通过侦查机关的鉴定技术认定被告人口袋中的纤维与棕绳的纤维种属一致，但并不能确定从被告人身上提取的纤维来源于案发现场的棕绳，在这种情况下采取了各种不合法的方法制造了这起冤假错案；念斌案中，侦查机关涉嫌伪造证据，利用来自被害人的同一份检材产生两份鉴定意见；徐辉案中，警犬气味鉴别作为了被告人的有罪证据。从上述案例来看，法庭科学虽然能够为侦查提供线索，也能为审判提供证据，但是其同样会受到司法效率考量的干扰。有学者指出，科学技术只能给出不确定的答案，而司法则希望甚至强求科学技术给出确定性的答案，这一矛盾在司法实践中往往演变为这样一种现实：真正尊重科学原理、恪守客观中立的科学立场的鉴定人往往难以获得法庭的认可。[1]法庭科学的负面影响并非某个国家特有的问题，美国马萨诸塞州州立实验室的检验人员安妮·杜坎（Aninie Dookhan）多次在检验中造假，如无视实验结论随意填写结果、故意污染检材等，揭示了由于法庭科学从业者自身的因素同样会严重影响司法公正。[2]

从整体而公允的角度看，法庭科学对于刑事司法进步的影响是积极的。但相较于传统的刑讯逼供等非法取证手段，在法庭科学活动中，实验程序不规范或者隐匿、伪造证据的行为更难以被发觉，实物证据的搜集、保存、运送、检验，直至送交法庭质证几个环节中，都存在影响证据的资格与证明力的可能性。同时，法庭科学无法脱离人的活动而存在，因此，其科学性自然会受到人的主观认知与客观环境的影响，某些并非确定无疑的结论有时候反而会强化办案人员甚至审判人员的错误认知，从而使得法庭科学在保障刑事程序客观性、精确性的同时也可能加剧犯罪嫌疑人、被告人甚至证人的不利地位。有学者总

---

〔1〕 参见陈永生："论刑事司法对鉴定的迷信与制度防范"，载《中国法学》2021年第6期。

〔2〕 Sam Kean："Why Did Annie Dookhan Lie?"，available at https://www.sciencehistory.org/distillations/why-did-annie-dookhan-lie, last visited on 2021-11-01.

结，与法庭科学有关的刑事审判中存在错误鉴定与错误判决两种情形。所谓错误鉴定，就是法庭科学的从业者提交了不科学的检验方法和错误的检验结果，而采用了错误鉴定的判决，就是"以科学证据为主要原因的误判"。[1]此类负面案件虽然为数不多，但危害不容小觑，如何减少"误鉴"和"误判"，是法庭科学发展的关键。

二、法庭科学的源流

（一）法庭科学的概念解析

法庭科学属于外来概念，在中国本土先前并没有存在含义、内涵、范围等完全与之相对应的词汇与概念。因此，为了厘清法庭科学在中国本土化的含义与内涵，我们首先应当全面了解与分析"Forensic Science"在原有英语语境中的真实、准确的定义。

"Forensic"这个词来自拉丁语"forēnsis"，意思是"在广场前"。该词起源于古罗马时期，按照当时的规定，受到指控的人需要在广场这种公共场合进行有关案件事实的陈述。审判者则根据当事人双方的陈述来推进诉讼。因此"Forensic"一词具有双层含义：①作为法律诉讼中证据的一种；②公开展示。但随着社会与法律制度的发展，"Forensic"一词的第一种含义逐渐取代了第二种含义，更多地表示为专门的法律活动，尤其是在法庭上呈现有关证据的表现形式。《柯林斯词典》中将"Forensic"翻译为："法庭的；与法庭有关的；用于法庭的"，可以看出"Forensic"强调在司法活动中围绕法庭有关的特定含义。"Science"在英文语境中包括基础科学和应用科学，而法庭科学则作为利用科学手段来处理、解决与司法体系利益相关的科学，这里着重强调其作为应用科学的意义。因此，为了准确识别"Forensic Science"的含义，我们应当将该词带入英美法系的文化、制度背景下整体理解。

回顾英美法系的诉讼文化可以发现，英国作为英美法系的发源地，奉行"Common Law"（普通法）的原则和特点，强调"遵循先例"原则，在审判过程中采取当事人进行主义（对抗制）和陪审团制度。在

---

〔1〕［日］木村祐子："法科学の「歪み」の発生と再構築についての科学技術社会論的分析"，载《Core Ethics：コア・エシックス》2021 年第 17 期。

该制度下的庭审过程中，诉讼的发动、继续和发展主要依靠双方当事人的意志与行为，并且双方当事人负有举证、调查、质证的责任，法官则处于较为消极和保守的中立状态。但随着物证技术的发展，出现了许多利用专业技术进行检验分析的证据，如 DNA 检验、指纹对比、声纹对比等。由于这些新型专业技术具有准确、科学、客观的特点，在诉讼中得到了广泛的使用。但这些新技术背后的专业性已经远远超过了普通法官的知识范畴，因此为了在诉讼中帮助诉讼双方和法官理解这些复杂的专业性问题，英美法系新创设了专家证人制度（Expert Witness）。专家证人参与庭审并作出专家证言（expert testimony），该证言在能帮助案件审理的情况下可以作为传闻证据规则的例外而被采纳为证据。经过多年物证科学的发展和法庭实践，现在英美法系中对科学有效性的评估取决于两个标准：基础有效性和使用有效性。[1]而前文所述运用专业技术手段来解决诉讼问题的过程统称为"Forensic Science"。

然而目前学界关于"'Forensic Science'是什么以及它有怎样的作用"这一问题仍存在争议。有学者认为"Forensic Science"是一种法律科学专业，并且倾向于使用"criminalistics"（刑事侦查学）一词。[2]而也有学者认为它不是一门科学，而是一种支持和辅助刑事调查的技术或者方法[3]，甚至有学者用"investigation science"来形容它。[4]这种争议持续范围广、时间久，以致部分没有对此概念或者学科进行专业了解的人产生了错误的印象，甚至在部分专业法学学术期刊上发表的论文中有关"Forensic Science"的研究实际上局限于关于法医学的研究。

事实上，对于"Forensic Science"的不同理解不仅与地区间的文化、法律制度不同有关，还与各国家、地区之间不同的刑侦制度密切相关。正如前文所论述，法庭科学作为一种辅助司法活动的专业技术

---

〔1〕 夏菲："刑事诉讼中法庭科学证据之科学性发展——以美国法庭科学最新发展为视角"，载《中国司法鉴定》2020 年第 4 期。

〔2〕 P. L. Kirk, "The Ontogeny of Criminalistics", *Journal of Criminal Law & çriminology*, Vol. 54, 235（1963），pp. 235-238.

〔3〕 E. Locard, *L'enquête Criminelle et les Méthodes Scientifiques*, Paris：Flammarion, 1920.

〔4〕 A. Vollmer, "The Scientific Policeman", *Am. J. Police Sci.*, Vol. 1, No. 1, 1930, pp. 8-12.

手段，其大多情况下都是被运用在刑事诉讼中。因此，该地区的刑事侦查政策会影响到有关证据的收集、保存、鉴定等实体性或程序性制度，从而间接影响到法庭科学的学科定义与应用范围。例如，在某些国家，通常物证技术鉴定机构都是行政机关下属的，其中对证据进行鉴定的工作人员都属于警察编制，而其他有些国家的物证技术鉴定机构是独立机构，工作人员也都是行政机关以外的独立人员。这些不同的机构设置、人员背景等要素都是影响法庭科学内涵与外延界定的因子。但无论该地区的刑侦制度如何设置，其法庭科学为司法服务的内涵不会改变，明确这一理念对于正确理解法庭科学概念有所启发。正如有学者认为，虽然法庭科学是一门缺乏明确定义且定义多变的学科，但其仍然有一个核心要素，即痕迹（trace）可能是法庭科学实践、研究和教育中发展统一概念和原则的基础。[1]

法庭科学也被部分专家认为是学科群，对法庭科学学科的定性从法学边缘性学科转变到与法律、司法活动相关联的交叉性学科。我国学界对法庭科学的研究对象、研究内容、学科任务以及理论体系仍然没有统一完善的界定，许多观点散见于学术会议中，如认为法庭科学是综合运用自然科学和社会科学的理论与技术，研究并解决三大诉讼以及一些非诉纠纷中有关专门性问题的一门交叉应用学科，法庭科学包含了法医学（具体包括法医临床学、法医病理学、法医精神病学与法医 DNA 学等）、物证技术（具体包括刑事科学技术、交通管理工程、公安视听技术、网络安全执法技术等）。比较来看，美国法庭科学院（AAFS）作为较为成熟的法庭科学科研机构，有 11 个下属机构：犯罪学、数字和多媒体科学、工程科学、普通法医学、法学、牙科学、病理学/生物学、物理人类学、毒理学、文件检验学、精神病学/行为科学。[2]从中我们也能大致了解域外法庭科学包含的学科范围。值得一提的是，《法庭科学杂志》（*Journal of Forensic Science*）作为美国法庭科学院的官方刊物，它致力于刊发法庭科学各个分支的原始调查、学术调查和评论文章。其内容范围包括人类学、犯罪学、数字和多媒体科学、工程和应用科学、病理学/生物学、精神病学/行为科学、法理学、

---

〔1〕 Weyermann Céline and Claude Roux, "A Different Perspective on the Forensic Science Crisis," *Forensic Science International*, Vol. 323, 2021, p. 2.

〔2〕 "About the AAFS", available at https://www.aafs.org/, last visited on 2021-11-04.

牙科学、文件检验学、毒理学以及涉及其他科学和社会科学的法庭科学方面的文章。[1]这进一步说明法庭科学目前仍然没有明显的学科界限，只要是与法律、司法活动相关的基础性、应用性或者交叉性学科都可以纳入法庭科学的范畴。

（二）法庭科学的沿革与现状

在法庭科学这一概念未传入中国之前，中国司法界广泛使用"司法鉴定"一词来表述案件在审理过程中，特殊专业机构对于案件中的专业性问题进行科学分析的活动。

"鉴定"这一概念首次出现在正式的法律文件上，是在 1907 年清政府颁布的《各级审判厅试办章程》。[2]在此之前，我国古代就已经有了强调由特定主体采用符合当时认识水平的"科学手段"对案件事实进行还原、审查的思想，如五代时期，和凝、和蒙父子所撰《疑狱集》和宋代郑克编著的《折狱龟鉴》等，后者提出了"重证据，轻口供"的现代刑事诉讼理论。从"孙登比弹"和"张举烧猪"等事例中可知，我国古人即意识到了人们蒙受冤枉往往是由官吏们"好像是""莫须有"之类的主观臆断导致的，如果参与办案的官吏不能谨慎地审理案件，只因一时气愤等（此种认知偏差有时因错误的鉴定方法引起甚至加深）而滥施威刑，就会产生冤假错案。[3]

根据现在司法界的通说，鉴定是指具有专门知识及技能的人经过一定程序和科学实验，对特定客体的本质特征及其周边关系所作的识别与判定。[4]而有关"司法鉴定"这一概念的定义是在 2005 年第十届全国人大常委会第十四次会议上通过的《全国人民代表大会常务委员会关于司法鉴定管理问题的决定》中予以首次明确的，即司法鉴定是指在诉讼活动中鉴定人运用科学技术或者专门知识对诉讼涉及的专门性问题进行鉴别和判断并提供鉴定意见的活动。该决定属于全国人大常委会发布的法律，自此司法鉴定这一概念在法律层面上得到了确定与认证，成了专业的法律用语。因此，目前在司法实务活动中，司法鉴

〔1〕 Wiley Online Library, "Journal Overview of Journal of Forensic Sciences", available at https://onlinelibrary. wiley. com/journal/15564029, last visited on 2021-11-04.

〔2〕 邹明理主编：《我国现行司法鉴定制度研究》，法律出版社 2001 年版，第 9 页。

〔3〕 杨奉琨校释：《疑狱集·折狱龟鉴校释》，复旦大学出版社 1988 年版，第 51 页。

〔4〕 杜志淳主编：《司法鉴定概论》，高等教育出版社 2015 年版，第 7 页。

定这一表述最为常见。事实上，狭义的法庭科学通常指的是物证技术，与司法鉴定一词含义大致相同。著名法医学者常林教授曾指出，因我国古代及民国时期一直使用"鉴定"一词的历史原因，以及新中国鉴定机构发展布局先是公检法分立、后法院又剥离的进程，所以"与司法鉴定相关的学科或习惯名称有：刑事科学技术、检察科学技术、法医技术、法庭科学和物证技术等"。[1]同时，常林教授是主张使用"法庭科学"一词而尽量不使用"司法鉴定"或者其他称谓的坚定支持者，他认为"法庭科学"这样的称谓更能凸显出这一学科的科学属性，并且能够弱化"司法鉴定"的职权色彩。

笔者认为这一状况是由中国刑事司法模式和证据科学教育部分缺失造成的。虽然我国刑事诉讼改革过程中更加注重被追诉人的权利保障，但现阶段，控方对比被告人地位仍然较高。同时，由于绩效考评机制的影响，作为庭审中证据的大部分提供者，侦查机关可能通过各种手段、技术来证明被告人的犯罪事实，而在此过程中，法庭科学呈现出极强的职权色彩。并且在20世纪末期，因普法教育的缺失和其他历史局限性原因，大多数被告人并没有机会或没有意识通过法庭科学的手段来为自己辩护，这造成了公众对于法庭科学只是刑侦机关的一种控诉被告人的权力手段的刻板印象，这也是"刑事技术"和"法庭科学"造成混淆的原因。[2]

随着我国社会治安的改善，八大类主要刑事案件逐渐处于低位，醉驾、吸毒、交通肇事等案件成了刑事司法案件的重要来源，科学技术在这一类案件中的应用也得到了越来越多的关注。这些案件具有案件量大、技术环节多、参与人员复杂、社会影响力大等特点，对检察机关提前介入侦查引导取证、法律监督等提出了更高的要求，因此"检察技术"也开始登上"法庭科学"的舞台，比如检察技术惩治网络犯罪、保护个人信息是近年来检察系统应用科学技术的一个热点。在网络环境下，犯罪侦查活动被精细切割为搭建网络平台、提供数据支撑、应用软件开发、网络引流推广、资金支付结算等若干环节，各个环节分工协作，各取所需，各获其利，共同完成从准备工具、组织人员、物

---

[1] 邱爱民："论法庭科学的内涵和外延"，载《中国政法大学学报》2010年第6期。
[2] 沈臻懿、丁浙锋："中文语境下'Forensic Science'界定与诠释"，载《辽宁警专学报》2011年第6期。

色目标，到实施犯罪、获取利益、销赃分赃等整个犯罪过程完整犯罪利益链条的梳理。以网络犯罪为主要表现的新型犯罪类型，促使司法机关采取更加先进的技术，同时也引发了对法庭科学应对"个人信息"这一新兴法益和"信息检索侦查"这一侦查方式的思考。例如，在对犯罪嫌疑人或者被害人的手机进行取证时，一般分为三种方式，即直连/备份、物理提取（拆机提取芯片）和人工提取（对手机进行拍照录像），其中，对于提取信息的范围、保存信息的流程等尚无明确的认识与规定，相较于传统的 DNA 检材，这或许是法庭科学未来将面对的一个新问题。

虽然我国以法医学为代表的诸学科已经拥有悠久的发展历史，但法庭科学这一学科群的概念化、理论化程度还欠成熟，诸多法律工作者对于法庭科学的了解仅停留在司法鉴定意见等技术检验活动上，对现实中法庭科学的研究进展与学科前沿没有过多关注。而在法学教育活动中，这一状况也未得到根本性的改变。国务院学位委员会印发的《交叉学科设置与管理办法（试行）》第 2 条规定："交叉学科是多个学科相互渗透、融合形成的新学科，具有不同于现有一级学科范畴的概念、理论和方法体系，已成为学科、知识发展的新领域。"2021 年12 月，来自中国人民大学、中国政法大学等院校的学者共同参与了由中南财经政法大学刑事司法学院主持的"关于申报法庭科学一级学科论证报告"视频会议；2022 年初，西南政法大学增设了法庭科学作为法学目录外二级学科，体现了这一概念开始逐渐为法学教育体系所接纳。但从整体上来看，目前中国高校的相关学科设置仍以"司法鉴定""刑事技术"较多，以结合本校优势资源、经验发展为主要落脚点，客观上割裂了法庭科学内部学科的联系。由于一般政法类院校缺乏医学、理学、工学的学科基础，也局限了对法庭科学这一学科的全面理解，阻碍了学科建设的实践推进。

三、定位：科学的法庭与法庭的科学

从源流发展来看，法庭科学并非法庭与科学两个概念的简单组合。但我国法庭如何对待科学证据是法庭科学较引人关注的部分，这也是法庭科学作为舶来品能否真正适应我国"以审判为中心"司法制度改革的重要体现之一。长期以来，法庭审理在事实认定、证据采信、定罪量刑中的作用被淡化、被架空。而"以审判为中心"，意味着案件事实的认定和证据的采信等均通过庭审来确定，证据必须通过庭审的调查和辩论才能作为定案的根据，定罪量刑要在法官听取控辩双方意见的基础上进行裁决，庭审的实质化才是"以审判为中心"的精髓所在。[1]毫无疑问，科学专家的证言通常都非常关键或非常重要，但是，人们也不会否认，科学与法律系统之间的相互作用也面临着诸多问题。[2]同时，有一种思维方式将法庭科学错误的原因归咎于"当时常识的局限性"，而不试图深入探索刑事程序的缺陷及其改革。[3]现在的问题是，追求科学性的法庭与法庭规则框架内的科学会存在哪些问题？这种影响是负面的还是正面的？负面的影响主要来源于哪些方面？

（一）科学的法庭

20世纪的早期是法庭雄辩术时代，而中期是论证证据的时代，进入晚期后，是高精技术证据时代。[4]何谓"科学的法庭"？笔者认为，第一层含义是指面对存在专门性问题的案件事实情况下，庭审判决能够在科学证据的基础上形成。而第二层含义是指法庭使用法庭科学的机制是妥当的。后者的表现之一是法庭科学是一件公平的武器，每个参与者都能充分了解并平等取用。有学者将法庭科学定义为用于法庭辩护的科学，即在法庭上科学地检验证据和证明犯罪。[5]此种解释有利于摆脱法庭科学作为司法机关有罪推定思维之武器的刻板印象，也揭示了科学的法庭应当不偏不倚地运用科学达到司法公正的目的。

笔者认为，一个以"科学性"作为目的或者特征之一的法庭并非要求控辩审三方能够对法庭科学下的每一种技术方法了如指掌，而是指这样的法庭能够拥有一种机制，使控辩审三方都有意识对科学证据进行评价，比如法官能够了解到鉴定意见不能在法律上评价案件事实，

〔1〕 李勇："'以审判为中心'的精髓与支柱"，载《人民法院报》2016年5月26日，第5版。

〔2〕 苏珊·哈克等："科学与法律领域的真相"，刘静坤、丁丽玮译，载《证据科学》2008年第5期。

〔3〕 豊崎七絵："犯人性認定における法科学の位置付けについて"，载《法と心理》2014年第14卷第1号。

〔4〕 霍丽颖、印小玲："论我国科学证据制度的构建"，载《理论月刊》2011年第2期。

〔5〕 ALFS："法科学とは"，载 https://alfs-inc.com/what/，最后访问日期：2021年12月14日。

而仅是鉴定人带有主观意识的科学分析，因而鉴定意见并不能取代法官的最终判决，换言之，法官有权仅使用鉴定意见中的一部分，甚至完全不使用。某种程度上，追求"科学的法庭"比追求"法庭的科学"更加重要，因为这不仅是技术层面上的问题，还是一种审慎对待科学证据的精神，即使在将来否定了某类法庭科学技术的正当性，也不会当然认为法庭审判也因此是不正义的。

就"科学的法庭"本身观之，现存的问题是"科学的侦查""科学的检察"等概念的存在有时候会模糊甚至歪曲"科学让法庭更加公正"。法庭科学能够增强法庭判决的作用力，而法庭自然也应当合理限制法庭科学的应用范围，使其在程序正义的轨道上发挥价值。应当对当下存在的所谓"刑事技术""检察技术""鉴定技术"进行规范，彻底改变过去提前假定证明力，迷信"证据之王"的观念，以此减少刑事程序各个阶段因盲目信任科学证据而予以"免检"的风险。

就我国而言，法庭科学的发展不可避免地会带有职权主义的色彩，随着时代的变化，犯罪的范围日益扩大，向国际化、组织化及隐蔽化方向发展，这就要求对相应的侦查方法，对以收集言词证据为中心的侦查手段进行反思，在侦查中重视收集物证，这种情况与科学技术的进步密切相关。[1]但这也带来了新的问题，即辩方如何接触并有效质证这些科学证据。大部分证据是由司法机关掌握的，而决定哪些证据要纳入或排除在程序之外也是由司法机关决定的，附属于司法机关的法庭科学从业者能否提出独立意见饱受质疑，这可能导致有利于被告的证据被隐瞒，或者被忽视，比如从被害人指甲中提取的第三人DNA（此意为不属于被告人和被害人的，第三方来源的DNA），就应该作为调查的重要材料优先处理。如果该份检材直到重审阶段才提交新的鉴定机构鉴定，即使最终洗清冤屈，也损失了司法公正与效率。

法庭科学只能解决事实层面的一些问题，《关于推进以审判为中心的刑事诉讼制度改革的意见》中明确要求确保诉讼证据出示在法庭、案件事实查明在法庭、控辩意见发表在法庭、裁判结果形成在法庭。以审判为中心是法治国家诉讼制度的基本特征。从诉讼制度的演进来

---

〔1〕［日］田口守一：《刑事诉讼法》（第七版），张凌、于秀峰译，法律出版社2019年版，第121页。

看，法治国家的诉讼制度以审判为中心，法官作为主持审判的主体对侦查权的行使进行控制。[1]法庭科学中的一些技术方法最初是为了方便侦查而产生的，其原理、方法并没有受到严格的科学验证，如果不能在庭审过程中公开从搜集到送检等一系列操作的规范性，并得到有效质证，那么科学的法庭即无从谈起。

(二) 法庭的科学

法庭科学经历了一个漫长的发展过程。以法医学证据为例，1900年，科学家卡尔·兰德斯坦纳（Karl Landsteiner）发现 ABO 血型，人类红细胞血型自此应用于法医检案，法医物证检验步入了科学时代。到了 20 世纪 70 年代，应用等电聚焦发现了多种血清型及酶型的亚型，进一步提高了个人识别概率。1985 年，英国科学家亚历克·杰弗里斯（Alec Jeffreys）创建了遗传指纹分析方法并应用于法医鉴定中。DNA 指纹的高度个体特异性克服了传统遗传标记鉴别能力低的缺陷，使个人识别和亲子鉴定实现了从仅能排除到高概率认定的飞跃。而以短串联重复序列（STR）为核心的第二代法医 DNA 分型技术已成为法医 DNA 分析技术的主流多态性 DNA 遗传标记。[2]

现有的法庭科学方法中，只有核 DNA 分析被严格地证明其有能力稳定地、高度确定地表明证据样本和特定人员或者来源之间有关系。同时，DNA 证据在法庭上也并非总是无懈可击的。[3]亚利桑那州犯罪研究室的研究人员曾经在亚利桑那州 DNA 分型数据库（65 493 人）中发现了两个似乎没有关系的人（一个白种人和一个非裔美国人）之间的 STR 型 DNA 鉴定存在 9 个遗传标记匹配。现在，DNA 鉴定要检查 22个遗传标记以提升识别能力，而指纹鉴定是 12 点特征点法。在努力提高识别能力的同时，也要对错误率进行统计，从而提高可信度。[4]笔者提及的法医学证据发展历史，并非强调司法人员应当对法庭科学技术了如指掌，而是强调科学技术总是会具有时代的局限性，作为服务

---

[1] 张保生："审判中心与证据裁判"，载《光明日报》2014 年 11 月 5 日，第 13 版。

[2] 王保捷、侯一平主编：《法医学》（第 7 版），人民卫生出版社 2018 年版，第149 页。

[3] 美国国家科学院国家研究委员会：《美国法庭科学的加强之路》，王进喜等译，中国人民大学出版社 2012 年版，第 103 页。

[4] 笹仓香奈："アメリカの科学の証拠最前線（第 2 回）形態比較鑑定と DNA 鑑定"，载《刑事弁護》2017 年第 91 期。

于法庭的科学，是否还会受到来自技术以外的因素影响呢？

从域外经验总结来看，影响科学鉴定可信度的因素大致可分为三种。[1] 结合我国法庭科学行业与刑事司法的现实特点，笔者认为可以对这三种因素作出更适合我国情况的解释与修改。

第一，法庭科学方法本身的可信度。在以法庭审理科学证据为核心的前提下，其要求是可验证（包括可追加试验、再次验证的可能性）。有学者对日本存在过的"误鉴""误判"案件进行了梳理，发现在诸如 ABO 血型鉴定、DNA 鉴定、死因鉴定、火灾原因鉴定、毛发鉴定和声像资料鉴定等中都存在不同的问题，法庭否定上述鉴定的理由有检材不符合鉴定标准、某种鉴定方法可信度低、对检材再验证的可能性消失等。[2] 对于专家所依赖的自然规律或科学技术原理，美国《联邦证据规则》奉行"可靠性标准"，即多伯特规则（Daubert Rule）。具体而言，就是该科学原理的可证伪性、该原理已知的错误率、该理论已经经受同行评议或者公开发表的程度、该原理和技术在相关科学团体中达到一般接受的程度。[3] 就我国而言，全国刑事技术标准化技术委员会的工作内容涉及术语、现场勘查和物证提取、检验鉴定方法、鉴定文书、实验室建设以及刑事技术产品等，基本涵盖了法庭科学工作的主要领域。[4] 截至目前，该机构仍在继续推进新的法庭科学标准化工作。但同时存在的有权发布法庭科学相关技术指南的其他部门也可能会引发多龙治水、标准不一的问题。

第二，法庭科学从业者自身的影响因素。这些影响是多角度、多维度的，既来自自身的能力，也来自外部的影响。首先，个人能力，包括个人专业能力和社会责任感。其次，从业者自身的认知偏差，是指在偏差级联效应（指不相关的信息从一个阶段传递到另一个阶段后导致认知偏差的产生）和偏差雪球效应（指各种来源的无关信息被整合在一起并相互影响后，由此形成的认知偏差影响会不断增大）影响下，

〔1〕 平岡義博等："法科学の再構築：誤鑑定防止のための司法・社会システムの修復に向けて"，载《立命館人間科学研究》2020 年第 41 期。
〔2〕 平岡義博等："法科学の再構築：誤鑑定防止のための司法・社会システムの修復に向けて"，载《立命館人間科学研究》2020 年第 41 期。
〔3〕 易延友：《证据法学：原理 规则 案例》，法律出版社 2017 年版，第 260 页。
〔4〕 花锋、周红："中美法庭科学领域标准化工作比较研究"，载《刑事技术》2016 年第 1 期。

科学证据的产生过程中会因从业人员主观偏见而产生错误。[1]最后，对法庭科学从业者的影响来自鉴定法律的完善程度与所在机构对其能力培训的程度。

第三，存在可能对法庭科学可靠性产生负面影响的其他因素。例如，侦查机关可能会将诉讼便利性优先于结论妥当性，导致鉴定意见出现问题，这种影响甚至还会干扰到整个证据保管链。这个问题在法庭科学数字化管理与数据本身作为检材的趋势下需要得到及时解决。有新闻报道显示，法庭科学从业者修改数据文件的动机可能是为了掩盖错误、隐瞒不利的结果，或者为起诉提供便利等。[2]同时，法庭科学从业者可能会通过修改数据以消除他们认为无关紧要的污染痕迹，如调查人员在查获作为证据的智能手机后的操作痕迹。虽然根据数据的类型和修改的方法可能会发现篡改的痕迹，但有些改动可能无法用现有的工具检测到，这就更难确定是否进行了修改。科学证据的主要数据来源缺乏防篡改的系统化监管，这就使得对构成法庭科学发现和报告结果基础的原始数据文件进行鉴定更加困难，有时甚至不可能。[3]

四、法庭科学的理论启示

法庭科学的目标应当与刑事诉讼价值理念一致，即发现真相，开释无辜。但在刑事程序中应用法庭科学多有偏重，如侦查阶段中迅速发现犯罪线索、确定并控制犯罪嫌疑人才是重点。而在审查起诉和庭审中，如果检察官、法官缺少法庭科学的常识或缺少专业人士予以解释、辅助，那么就有极大可能将冤假错案继续向前推进。被追诉人在这种惊险的程序跳跃中，常常陷入无助。因此，完善法庭科学"科学为体、法庭为用"理论的努力不能再只靠刑事司法程序中职能个体的认真负责[4]，还需

---

〔1〕 王进喜："法证科学中的认知偏差——司法鉴定出错的心理之源"，载《清华法学》2021年第5期。

〔2〕 Sam Kean："Why Did Annie Dookhan Lie"，载 https://www.sciencehistor.org/distillations/why-did-annie-dookhan-lie, last visited on 2021-11-14.

〔3〕 Eoghan Casey and Thomas R. Souvignet, "Digital Transformation Risk Management in Forensic Science Laboratories", *Forensic Science International*, Vol. 316, 2 (2020).

〔4〕 如中国工程院院士丛斌曾在刘小楷案中作为鉴定人，对最终认定案件事实为意外事件起到了极大的作用。

要靠法庭科学通识教育和有效的法庭质证等。

（一）提振学科建设，强化法庭科学教育

当前法庭科学体系存在专业领域众多、标准不一等特点，大众乃至司法人员对其缺乏足够的了解。当前，了解法庭科学的体系与科学证据的形成要件等有利于破除对法庭科学的过度迷信或者不当质疑。

鉴定人和法官的关系在司法实践中并不轻松融洽，科学证据与法官心证之间的道路还存在诸多阻碍。目前，除 DNA 专业有的检验结论以概率的形式给出外，其他专业的结论多为文字或者语言描述，存在的问题很多。目前首先解决的是结论表述规范化问题，法庭科学包含的专业很多，各专业有各自的鉴定结论的表述方式，如果同一专业不同检测机构对同样的鉴定结论有不同的表述，会给结论使用者带来困惑甚至误解或误用。[1]法官必须对鉴定报告进行分析，而鉴定报告各种晦涩的表述可能令法官困扰，甚至出错。法官虽然不具备专业的法庭科学知识，但通过对鉴定流程的掌握、对科学证据的质证等，能够在某种程度上熟悉科学证据的性质。

法院对科学证据（鉴定意见为其主要表现形式）的评价，基本上与科学规范一样，应当以程序妥当性肯定其结果的可靠性。对法庭科学从业者而言，只要其遵守标准方法，检材的检查结果就是可靠的。如果对包括样品收集、储存和运输在内的整个检查的质量控制不适当，则不能保证最终结果的客观性。样本的采集、处理、保存以及运输等操作环节都必须遵循统一标准化的操作规程，这样的科学证据才能够被法庭接受和使用，而不能仅为便利性考量而遵从司法部门的"本地操作规则"。

对于侦查机关的人员来说，法庭科学的教育活动同样具有意义，如著名的辛普森杀妻案。因美方办案人员违法取证，导致一些关键证据在庭审中被排除，这虽然是程序正义优先于实体正义的体现，但也说明了外部制约机制对科学证据产生流程的重要作用。将来，在应对数据等非传统的侦查客体时，如果侦查人员不能具有妥善处理保管链的意识，就可能造成司法资源的浪费等缺憾。据统计，截止到 2022 年，

---

〔1〕 张保生主编：《法庭科学文化论丛》（第 3 辑），中国政法大学出版社 2018 年版，第 3 页。

我国约有员额法官 12 万名、检察官 7.26 万名、司法鉴定人员 42 585 人。[1]想要充分发挥法庭科学助力科学审判之功效，人手难免不足。通过法庭科学的广泛宣传，能够吸引更多的法医、物证技术人才加入法庭科学体系化的行列，培养包括司法人员在内的全民的正确证据观念势在必行。

（二）创新体制机制，促进法庭科学与司法实践协同发展

要做到在庭审过程中"武器对等"，当事人都应当对科学证据有尽可能相同的认识与了解。在法庭科学中，特别是法医鉴定，能够在错误判决中造成很大影响。可以说，除口供外，将犯罪事实与被告人关联在一起的证据都是法医鉴定产生的，一旦发现错误，就会以此为契机，将看似牢固的有罪判决马上推翻，这是众多再审案件、冤案几乎共通的模式。[2]其可能的原因在于，附属于司法部门的法庭科学从业者们有时候会面对认知偏向与行政上的效率压力。建设有独立经费运营的法庭科学机构，透明、公开鉴定意见过程是解决上述问题的一种可行方案。从域外经验看，美国休斯敦市法庭科学中心和纽约市法医局法庭生物学研究所都是在警察系统之外设立的组织，其维持着 ISO 认证的鉴定质量水平，由第三方机构的法庭科学委员会进行管理，当出现鉴定错误等问题时，机构有向委员会报告的义务，如果不履行报告义务，有可能导致机构被关闭。以此，通过严格的管理来保持科学鉴定以及法庭科学研究所的可信度。这可能也是将法庭科学正式从刑事技术、检察技术等模糊概念中抽离而出，厘清界限、规范职能的重要举措。

五、结语

法庭科学最为学者所诟病的就是其定义不清、界限不明。回顾法庭科学的发展历史，从最初的证人证言，到随着科技进步出现的 DNA 鉴定、声纹鉴定等，科技发展给法庭科学带来层出不穷的新技术、新方

---

〔1〕 国家司法鉴定名录网："国家司法鉴定人和司法鉴定机构名册"，载 http://www.sfjdml.com/web/，最后访问日期：2022 年 3 月 20 日；新华社："我国女检察官人数已达 23000 余名"，载 http://www.gov.cn/xinwen/2019-07/21/content-5412371.html，最后访问日期：2022 年 3 月 20 日；新华网："我国现有女法官 4.5 万人"，载 http://m.xinhuanet.com/2022-03/10/c_1128457826.htm，最后访问日期：2022 年 3 月 20 日。

〔2〕 新屋達之："刑事手続と法医鑑定"，载《刑法雜誌》2005 年第 45 期。

法，但不管这些技术和方法如何呈现，其通过科学属性来解决法律问题的属性是不变的。正如百年前的人们无法想象有朝一日只需一根头发即可知晓其主人的全部生理奥秘，试问百年后的科技又将会带来怎样超乎想象的变革？当今世界科技与文化进步日新月异，随着学科交叉融合的深入，法学界、司法学界、证据科学界等必将掀起新的科学发展浪潮。展望未来，必然会有越来越多的司法领域的交叉学科诞生，在为司法实务活动带来便利的同时，也将促进学科不断发展，只要其本质是服务于司法活动、促进司法实务进步的，就可以纳入法庭科学的范畴之中。也许在某种程度上，法庭科学内涵与外延的不确定性代表着该学科的开放性和交叉性，使其紧跟时代科技的发展，从而保持其前沿性和科学性。

全国公安法医检验鉴定信息系统的构建

姚恒江 李 明*

摘 要：运用计算机和网络平台，构建全国公安法医检验鉴定信息系统。该系统通过自动化、系统化的管理方式，自动记录检验鉴定的各个环节，有效规范法医检验鉴定的全过程。通过该系统既能方便法医检验鉴定工作，又能提升法医检验鉴定的质量，从而更好地服务于刑侦工作。

随着以审判为中心的诉讼制度实施，各界对刑事法医检验鉴定程序和质量的要求越来越高，检验鉴定不仅需要程序合法、逻辑严密，还必须经得起法庭质证。此外，中国已经实施"案件终身负责制"，法官、检察官对法医检验鉴定的审查越来越严格，证据采信越来越谨慎，对证据质量的要求越来越高。因此，运用计算机和网络平台，建立一套法医检验鉴定的标准化、规范化、信息化系统，规范物证提取、固定、封存、保管、使用、鉴定、移交的整个流程管理，自动记录法医检验鉴定过程的每一个环节，构建封闭完整的证明体系已经十分必要。

经过各级公安部门的持续努力，中国的公安技术检验鉴定在标准化、规范化、信息化方面已经取得一定成果。目前，全国公安机关现场勘验信息系统（以下简称"现勘系统"）已经在全国范围内使用。

---

* 姚恒江、李明，单位：重庆市公安局物证鉴定中心。

该系统有效规范了现场勘验和信息录入工作，提升了现场勘查信息采集的及时性和完整性。部分省、市建立了地区性的刑事技术信息系统，例如，黑龙江省公安厅刑事技术总队开发应用了"刑事技术执法规范化综合管理系统"，对全省范围内刑事证据的提取、固定、检验、移送进行了规范操作、全程监控和过程记录；山东省寿光市公安局开发应用了"公安物证自动追踪管理系统"，引入无线射频识别技术将物证材料进行数字化标注，整合检测器、电子标签、解码器、拍照记录、预警提示等功能模块，能自动对检验鉴定的案件进行临期预警提示，证据出入库时自动发送短信提醒，实现了物证保管的标准化、流转的规范化、记录的智能化，帮助技术人员随时了解和掌握物证的保管和处理情况，有效防范了证据错送、漏检和超期情况的发生。

虽然，部分地区公安部门在技术检验鉴定的标准化、规范化、信息化方面取得了一定成绩，但是，系统功能相对单一，应用范围还限于局部区域，不能有效整合全国资源以及发挥大数据分析的强大作用，在打击流窜作案，研判案件新特点、新趋势，为预防犯罪提供决策依据等方面起到的作用有限。因此，研发"全国公安法医检验鉴定信息系统"，整合全国法医检验鉴定数据资源，实现法医检验鉴定标准化、规范化、信息化管理，是突破制约瓶颈的有效方法。

一、系统功能

将全国公安法医检验鉴定信息系统在全国各级公安部门统一使用，分层级授予国家、省、市、县公安检验鉴定机构不同的管理和使用权限。中国范围内发生的刑事案件的法医检验鉴定信息均应录入该系统。将该系统与各级公安机关正在使用的现勘系统连接，录入现勘系统的信息自动导入全国公安法医检验鉴定信息系统。全国公安法医检验鉴定信息系统适用于证据提取、固定、移交、受理、分配、检验、鉴定、出具文书、移送的全过程。[1]该系统主要具备以下功能（见图1）：

---

[1] 冯祖祎等："智能型物证管理系统的应用"，载《刑事技术》2013年第5期。

| 信息录入和存储：法医技术人员将检验鉴定信息录入该系统。系统自动记录各个环节的录入时间以及信息的录入、修改情况，便于倒查和追溯。 | 查询比对和大数据分析：通过大数据分析，查找不同案件中的共同特点，深挖案件线索。 | 研判和找寻规律：通过对大量数据的分析，找出刑事案件发生的规律，为制定预防刑事案件的措施提供决策依据。 | 自动预警：临近时间节点或者必录项目还空缺的，自动向法医技术人员预警。 | 鉴定文书制作：法医技术人员录入数据和信息后，系统自动生成标准格式的检验鉴定文书。 | 信息传递：上级可以通过系统向下级部署工作，下级也可以通过系统向上级反馈情况、咨询意见。 | 鉴定质量考核：系统根据信息录入的及时性和全面性，结合技术主管部门和司法机关的评价，对检验鉴定质量进行考核。 |

图 1　全国公安法医检验鉴定信息系统功能架构图

（一）信息录入和存储功能

法医技术人员将提取检材的信息录入该系统后，系统自动对案件进行编号。[1]该编号将伴随检材移交、保存、检验、移送的全过程，便于案件追溯。[2]录入该系统的案件信息应包括：案发时间、地点、现场情况、初步认定的案件性质、提取的物证情况（包括物证名称、数量、特征描述和照片）、法医病理检验的情况和数据、检材移送的单位以及其他相关的信息。[3]同时，该系统能自动记录信息录入人员的姓名、录入或者修改信息的时间等事项，便于案件的回溯倒查。[4]由于该系统能客观地记录现场勘查、物证采集、检验鉴定、文书制作的全过程，以及鉴定的时间和保管存储的方法，能有效减少人为因素对检验鉴定的影响，提高法医检验鉴定意见的证据能力。

（二）查询比对和大数据分析功能

该系统能对存储在系统中的全国信息进行查询比对，并能根据案件需要进行大数据分析。查询比对的项目包括：作案时间、地点、作案工具类型、推测的嫌疑人身高和利手、死者致命伤、作案特征（如强奸后杀人、抢劫杀人、碎尸等）等案件要素。在运用"大数据"分析案件中，该系统能根据"案件要素"对全国的数据进行检索，按关联

〔1〕 王焰："物证管理信息系统建设之我见"，载《刑事技术》2004年第6期。
〔2〕 台治强："物证技术实验中心信息管理系统的功能设计与系统结构"，载《陕西教育（高教版）》2011年第9期。
〔3〕 冯成博、朱波峰、李强："法医病理鉴定资料计算机管理系统"，载《数理医药学杂志》2000年第5期。
〔4〕 沙福禄、马勇："刑事案件物证检验鉴定管理系统方案及架构"，载《天津科技》2011年第6期。

度的高低顺序对相似的案件信息进行排序，辅助刑事技术人员分析不同案件中作案人的身高、利手、作案手法、作案工具、作案前后的行为特点等方面存在的共性特征，深挖不同案件之间的内涵信息，为串并案提供线索。

（三）研判和找寻规律功能

通过对该系统中记录的案件信息进行分析研判，找寻刑事案件发生的规律特点，排查案件高发区域、高发时段、高频出现的作案手段、犯罪嫌疑人的年龄结构、受教育程度、受害者的身份体征、职业特点等规律特征，从而为预防刑事犯罪提供决策依据。[1]

（四）自动预警功能

根据《中华人民共和国刑事诉讼法》《公安机关办理刑事案件程序规定》的时限要求，对证据流转过程中的每个环节设定自动提醒时间。临近到期时间节点或者必录的项目仍然空缺的，系统自动提醒法医技术人员，从而有效避免鉴定超期问题的发生。

（五）鉴定文书制作功能

该系统能自动对录入的信息和数据进行整合，生成规范的鉴定文书，从而避免法医技术人员的重复录入，节省鉴定人员时间。同时，该系统自动对文书进行归档保存。[2]

（六）信息传递功能

技术主管人员通过该系统，可以随时查询每起案件的检验鉴定情况，向法医技术人员下达指令，签署意见。同时，技术人员也可以通过该系统向上级领导及时地反馈工作进展情况，提出咨询意见。

（七）鉴定质量考核功能

该系统根据案件信息录入的及时性和全面性，以及公安技术主管部门的评价，结合检察机关、审判机关对检验鉴定意见的认可度，对案件的检验鉴定质量进行科学、合理的评价考核。

---

〔1〕 王焰："浅谈如何构建刑侦信息系统"，载《广东公安科技》2004年第1期。
〔2〕 郭跃华、郭昊："浅析刑事技术实验室信息综合管理系统建设"，载《卷宗》2015年第10期。

二、系统建设

（一）公安部刑事技术主管部门牵头搭建系统平台、购置服务器、制定操作制度和规程

全国公安法医检验鉴定信息系统应整合全国各地自行建立的区域性法医检验鉴定系统和数据库。全国的公安法医在检案过程中必须录入和使用该系统。同时，将该系统与现勘系统连接，录入现勘系统的信息自动导入全国公安法医检验鉴定信息系统的数据库，减少法医技术人员的录入工作量。

（二）与各类刑事技术数据库关联

将该系统与 DNA、指纹、足迹、作案工具、图像、视频、枪弹、微量物证、失踪人员等数据库相互关联，发挥大数据作用[1]，通过计算机自动查找、比对、分析各个数据库中的信息，主动发现串并案线索、筛查犯罪嫌疑人，从而更好地为案件侦破服务。例如，法医推断出的作案人员身高数据自动与案发现场周边分布的监控视频采集的人员的身高作比对，从而排查作案嫌疑人；根据法医推断的作案工具，自动与工具数据库作比对，提升作案工具判断的准确度。

（三）将该系统向检察机关、审判机关开放

随着以审判为中心的刑事诉讼制度深度推进，检察机关、审判机关对证据质量的要求越来越高。该系统记录了法医检验鉴定的每一个步骤，数据翔实，客观度高。检察机关、审判机关通过该系统能有效审查法医检验鉴定的程序合法性，不仅节省案件材料移送时间，而且能方便检察人员、审判人员快速了解每一个检验鉴定环节，提高检察机关、审判机关对公安法医检验鉴定的认可度。

（四）开发配套的手机APP[2]

各级公安领导和刑事技术人员通过全国公安法医检验鉴定信息系统[3]，及时录入新采集到的证据信息和思考得出的新的分析观点，跟

---

〔1〕 姚喜蓉："信息资源整合：创新警务机制的驱动力——佛山公安信息化的实践与思考"，载《广东公安科技》2014 年第 2 期。

〔2〕 李喆、尹勇勇："佛山陈村派出所全面推进社区警务信息化——民警携'移动警务通'可随时随地办公"，载《人民公安报治安管理周刊》2013 年 6 月 26 日，第 5 版。

〔3〕 周斌："佛山公安积极推进警务机制改革创新——互联网+警务提升执法办案效能"，载《法治日报》2015 年 9 月 26 日，第 5 版。

踪掌握案件进度，随时与全国的法医技术人员沟通信息、研究案件、咨询意见。同时，该系统可以通过 APP 及时向法医技术人员的手机发送超期预警信息，推送串并案件的进展情况，进一步提升工作效率。

（五）引入人工智能技术持续提升系统服务刑侦的能力

开展与百度、腾讯等人工智能技术领先公司的合作，依靠不断增加的法医检验鉴定数据以及案件侦破后对系统分析研判正确性的有效反馈，构建往复循环的判断反馈机制，不断优化系统的算法和分析模型，持续提升系统对案件的分析判断能力，从而更好地向刑事技术人员、刑侦人员提供侦查破案的方向和技术建议。

三、意义和作用

（一）提升法医检验鉴定质量和效率

通过开发应用该系统，能有效提升法医证据在保存和流转过程中的规范化程度，保障法医检验鉴定意见的全面性和及时性，提升法医技术人员的工作效率。

（二）更好地服务案件侦破

由于该系统具有关联比对和大数据分析功能，在流窜作案、多次作案的证据收集、线索摸排中能积极发挥作用。流窜作案、多次作案往往经历时间长，案发地分散，证据零散，证据收集困难。比如发生在甘肃白银和内蒙古包头的系列强奸杀人案，整个作案过程历经 14 年，涉及 11 名被害女性，作案地点涵盖甘肃白银和内蒙古包头两地。由于传统的纸质记录材料在信息传递和查询统计方面存在天然缺陷，不同地区的法医技术人员难以将嫌疑人作案手段、作案工具、作案前后的活动规律等特征进行有效整合和分析排查，法医技术检验鉴定对案件侦破的作用有限。通过大数据分析功能，法医技术人员能将存储在该系统中的零散信息整合形成系统性的证据链条，挖掘犯罪嫌疑人作案规律特征，从而更好地为案件侦破服务。

（三）提高公安法医技术水平

通过整合全国的法医技术检验鉴定数据，能帮助各级公安部门掌握法医技术的整体状况和水平，及时发现法医检验鉴定工作的薄弱环节和突出问题，为针对性地制订培训计划、强化监管和质量考核提供数据支撑，促进公安法医技术能力的持续提升。

（四）推动数据真实性

通过全国各地法医死亡病理检验数据的联网，有利于相关数据间的相互印证和核查。比如安全生产事故死亡人数、交通事故死亡人数、社会治安状况、死亡保险理赔等数据间的相互印证，从而让相关部门提供真实数据，防范隐匿真实情况、谎报工作成绩等情况的发生。

（五）支撑错案追究

电子版数据可以永久保存，与纸质的鉴定文书相比，能更方便地进行查找、检索和追踪。通过该系统能核查证据流转的每一个环节，查证鉴定过程中的各个细节，为案件终身负责制提供有力支撑。

佛罗里达州诉乔治·齐默尔曼案件中声纹鉴定专家彼得·弗伦奇出庭作证实录[*]（中英文对照）

曹洪林　李雪慧（译）[**]

一、案情简介

　　2012 年 2 月 26 日晚，在美国佛罗里达州一个开放性社区的室外，17 岁的黑人男性少年特雷翁·马丁（Trayvon Martin）和白人成年男性乔治·齐默尔曼（George Zimmerman）发生了肢体冲突。在冲突过程中，齐默尔曼的头部和面部流血受了伤，而马丁则被齐默尔曼枪杀致死（犯罪现场照片见图 1 和图 2）。2012 年 4 月 11 日，公诉机关以二级谋杀罪在佛罗里达州第十八巡回法院起诉齐默尔曼（媒体报道见图 3）。在诉讼过程中，齐默尔曼声称自己是受到马丁的激烈攻击才被迫开枪的，属于正当防卫。2013 年 6 月，本案的主审法官德布拉·纳尔逊（Debra S. Nelson）开始组织庭前预审（pre-trial）活动，对相关证据的可采性问题进行质证。2013 年 6 月 20 日，纳尔逊法官确定了由六人组成的陪审团。2013 年 7 月 13 日，陪审团最后认定齐默尔曼无罪。

　　* 本研究得到教育部人文社会科学研究青年基金项目"司法语音鉴定证据评价体系研究"（18YJC740004）的支持。本文翻译工作得到了彼得·弗伦奇教授的授权和支持。
　　** 曹洪林，单位：证据科学教育部重点实验室（中国政法大学），司法文明协同创新中心；李雪慧，单位：新兴发展集团有限公司。

图 1　犯罪现场照片（夜晚）（图片来源于网络）

图 2　犯罪现场照片（白天）（图片来源于网络）

图 3　美国媒体对此案的报道（图片来源于网络）

　　在本案的众多证据中，有一份非常关键的录音证据。该录音的大致形成过程是：案发时，在距离案发地点不远但身处该社区某房间内的一位报警人听到窗外有类似打架搏斗的声音，随即拨打 911 报警电话报警，接警人将整个报警的对话过程进行了录音。由于马丁和齐默尔曼在冲突过程中，有人多次发出了尖叫声，而且多数尖叫声的音量较大，这些尖叫声由室外传入到报警人的房间内，再由报警人的报警电话通过电话信道传播的方式被接警人录制下来。在诉讼过程中，该911报警电话中的尖叫声被普遍解读为马丁或齐默尔曼在极端情况下的求救声，而马丁和齐默尔曼各自的家属在听过录音后都认为该声是自己亲人（马丁或齐默尔曼）的求救声，因此，对该报警录音中尖叫声的专业分析和鉴定便成为本案诉讼的关键之一。

针对本案报警录音中尖叫声的分析鉴定，控辩双方史无前例地邀请了六位著名的声纹鉴定专家参与鉴定，鉴定目的主要围绕以下几个问题展开：本案录音中的尖叫声是否具备语音同一性鉴定的条件、该尖叫声是马丁发出的还是齐默尔曼发出的、争议声音的具体内容、尖叫声与其发出者年龄的关系等。其中，控方邀请了两位美国专家，分别是汤姆·欧文（Tom Owen）先生和艾伦·赖克（Alan Reich）博士，他们的基本观点是，尖叫声是马丁发出的，而且从录音中能够听出来马丁说了很多语音内容；辩方则邀请了三位美国专家和一位英国专家，分别是广高中曾根（Hirotaka Nakasone）博士、乔治·多丁顿（George Doddington）博士、詹姆斯·韦曼（James Wayman）博士和彼得·弗伦奇（Peter French）博士，他们的基本观点是，该案录音中的尖叫声不适合语音同一性鉴定，不能确定该尖叫声是否是马丁或齐默尔曼发出的。

在预审环节，上述六位声纹鉴定专家悉数出庭作证接受询问，形式包括现场出庭、视频连线出庭和电话连线出庭三种。在出庭作证过程中，六位专家证人和三位律师［分别是辩方律师唐·韦斯特（Don West）和马克·奥马拉（Mark O' Mara），控方律师理查德·曼蒂斯（Richard Mantis）］的表现都十分精彩，整个作证过程均有实况录像，这些录像均已在因特网上公开。在预审过程中，纳尔逊法官依据弗赖伊规则（Frye Rule）对专家证言的可采性问题进行判断，最终于2013年6月22日作出裁决，采信了辩方专家证人的证言，而排除了控方专家证人的证言："没有有力的证据表明欧文先生和赖克博士所使用的科学技术在科学领域是被普遍接受的，没有证据表明他们的科学技术已经经过测试并被认为是可靠的。法院接受弗伦奇、多丁顿、广高和韦曼博士的意见，即不可能将正常语音与911电话中的尖叫声进行可靠的比较鉴定"，欧文先生和赖克博士使用的科学方法论和技术是不可靠的，因为它们没有得到充分确立，在科学界也没有得到普遍接受。

本文将对该案中英国专家彼得·弗伦奇博士的出庭作证过程进行全面介绍，内容源自因特网上公开的彼得·弗伦奇的出庭实况录像。我们首先将实况录像的原始英文对话内容初步记录下来，然后使用语音工作站提取实况录像的音频信号，采用监听音箱和监听耳机对音频信号进行专业听辨，对初步记录内容进行修改和调整，对于两位翻译人意见不一致的或均表示无法准确听辨的内容，本文采用省略号表示。在确定了英文对话内容之后，再将其翻译为中文。为了更加真实、全面、完整地反映整个出庭作证的过程，在记录英语原文和将其翻译为汉语的过程中，我们尽量地保留了口语原文的细节以及每位说话人的个人言语特点，由于不同于正式论文或著作的书面化语言，读者会发现，在本文记录和翻译的"听辨结果"中，会出现一些"口语化"的现象。如实记录这些口语现象的目的在于使读者能够感受到更为真实的出庭作证过程。

根据彼得·弗伦奇博士出庭作证的不同环节，我们将其分为准备工作、宣誓、主询问、交叉询问、再询问和结束六个阶段。在整个过程中，彼得·弗伦奇共被问及 119 个问题，我们依次对所有问题进行了编号，将编号信息写在每个问题的开头，比如"Q11"的意思是"第11 个问题"。

二、彼得·弗伦奇博士出庭作证文字实录（中文译文）

第一部分：准备工作

奥马拉：早上好，法官阁下。

法官：……好的。案件编号 12-CFA-1083，佛罗里达州诉乔治·齐默尔曼。我们已经准备好，可以开庭了。

奥马拉：……法官阁下。我们正与专家证人连线……

法官：好的。

（Q1）韦斯特：早上好，弗伦奇博士。我先做个简单的测试。你能听到我的声音、看到我吗？

弗伦奇：我可以听到你的声音，但我看不到你。

（Q2）韦斯特：好的，让我们做一下水平测试。我想我们还没有建立好双向的视频连接，但我们可以看到你。所以，让我们来判断一下，看看我们是否能听到对方。让我们做一个水平测试。你能不能说点什么？让我们能听到……（彼得·弗伦奇：1、2、3。）能否做一下自我介绍？

弗伦奇：嗯，早上好。我叫彼得·弗伦奇，我现在在英国和你们说话。

韦斯特：好的，谢谢你。（问法官）这样可以吗？

法官：能否让他的声音再大一点？

韦斯特（问工作人员）：我们应该怎么办？

（Q3）一名男性工作人员：……我这边的音量已经调到最大了。弗伦奇博士，你能再说几句话吗？

弗伦奇：1、2、3、4、5、6、7、8、9、10。

一名男性工作人员：好的，先生。太棒了，谢谢你。

第二部分：宣誓

韦斯特：法官阁下，迄今为止，采用视频作证的证人也需要进行宣誓才能进入法庭吗？

法官：是的……（问弗伦奇）你能否站起来，举起你的右手进行宣誓？

韦斯特：弗伦奇博士，请你举起你的右手进行宣誓，好吗？（问法官）我有点怀疑，他是否能够听到你。

（Q4）某女性工作人员：你能否庄严宣誓或确认，你所说的证词是事实，完整的事实，且绝对真实？

弗伦奇：我能。

某女性工作人员：谢谢。

第三部分：主询问

（Q5）韦斯特：谢谢。我想我们现在都准备好了。请你向法庭做一下自我介绍。

弗伦奇：好的。我的名字是约翰·彼德·弗伦奇。

（Q6）韦斯特：嗯，你的职业是什么？

弗伦奇：我是一名专门从事语音分析的法庭科学顾问。

（Q7）**韦斯特**：你是不是有一个公司或专业机构，并在其中从事这项工作？

弗伦奇：是的，有。我是 JP French 联合实验室的主席，这个实验室是一个独立的司法语音和音频实验室，位于英国的约克。

（Q8）**韦斯特**：你现在是在约克吗？在我们说话的时候，你是在实验室吗？

弗伦奇：确实，我在我的实验室里。

（Q9）**韦斯特**：弗伦奇博士，你之前向我提供了一份简历？

弗伦奇：是的，没错。

（Q10）**韦斯特**：我现在已经把它提供给了州检察官办公室的曼蒂斯（Mantis）先生，同时，也向法庭提交了一份副本。（问法官）法庭收到了吗？（法官：我这儿有……）好的。那么，让我们先谈谈那份文件吧。那份简历，是不是像你所描述的那样，大致概括了你目前的职位以及你的一些职业经历？

弗伦奇：是的。

（Q11）**韦斯特**：你能不能大致描述一下你所做的工作？你从事这项工作多长时间了？

弗伦奇：1981 年我第一次接受咨询。从 20 世纪 80 年代末开始，我一直在做这项工作，基本上是全职的。除此之外，我还在英国约克大学负责科研督导和教学工作。就录音分析鉴定工作而言，既有涉及司法目的的，也有服务侦查活动的。绝大部分工作都是"说话人鉴定"，有时也叫作"语音鉴定"。

（Q12）**韦斯特**：弗伦奇博士，你在人类语音或相关领域所受的正式教育和培训是什么？

弗伦奇：我拥有曼彻斯特大学的语言学与语音学的硕士学位。我在布里斯托大学获得了录音对话分析专业的博士学位。我是声学研究所的研究员。国际司法语音学与声学协会是该领域的专业组织，我是协会主席，负责监督工作。嗯，我还是国际语音科学学会和其他各种学习机构的研究员。我还是约克大学语言科学系的名誉教授，《国际语音、语言与法律杂志》的编辑。我也是政府，英国内政部成立的一个小组的主席，我受命召集并建立这个小组，目的是做这个领域的监管工作，并将其纳入政府的监管。多年来，我参与了近 5000 个案件，或许更多一些，出庭作证 200 多次。相关的咨询来自世界各地的国家，有澳大利亚、新西兰、加拿大，还有很多欧洲国家，还包括海牙国际刑事法院。我参与了起诉南斯拉夫前领导人斯洛博丹·米洛舍维奇（Slobodan Milosevic）的案件。目前，我的实验室有七名全职工作人员和一名兼职人员。我们每年处理 100—200 个案件。在大多数刑事案件中，我们是不偏不倚的，对于控方和辩方一视同仁。但其实，工作安排很简单，起诉工作比辩护工作更多。所以说，在英国，我们 70%—80%的工作都是服务于控诉方或者警方，而不是辩护方。

（Q13）韦斯特：如果我没听错的话，你说你 70%—80%的鉴定工作通常都是应检方的要求进行的，是吗？

弗伦奇：是的。

（Q14）韦斯特：你是否作为你所在领域的专家在法庭上作过证？

弗伦奇：是的。大约有 200 次。

（Q15）韦斯特：是的。一般在哪些司法管辖区？

弗伦奇：新西兰、澳大利亚、加拿大，荷兰，还有英国。英国分为三个不同的司法管辖区。全球各地都有咨询。

（Q16）韦斯特：你之前是否有机会在美国作为专家参与案件？

弗伦奇：在我的印象中，只有两个案件。一个是民事案件，尚未进入法院或法庭审理阶段；另一个是内部案件，是一个私人机构的内部调查。

（Q17）韦斯特：你是否曾以专业身份受邀在你的领域内培训过其他人？

弗伦奇：是的，有的。我培训过。这是我在 JP French 联合实验室工作的一部分。我们培训初级工作人员。我还在美国为警察开设了为期一周的课程，事实上是为华盛顿的美国特勤局和联邦调查局的警察讲课。

（Q18）韦斯特：那是一个培训课程吗？你是受邀前往美国对参加这个课程的学员进行培训吗？

弗伦奇：是的。培训目的是让他们了解我们在工作中所使用的方法。

（Q19）韦斯特：你刚才提到，你与约克大学有一定的关系？

弗伦奇：是的。

（Q20）**韦斯特**：你在那里的职位是什么？而且，这与你在实验室所做的同类工作有关系吗？

弗伦奇：是的，有关系。这是一个荣誉职位。我是一名荣誉教授。但这不是一个被动的角色，而是一个积极的角色。我指导了六个博士研究生。我还和一位同事一起帮助设计和实施了理科硕士学位课程，也就是司法语音科学的理学硕士学位课程。向研究生介绍那些我在专业上所做的工作。

（Q21）**韦斯特**：那些工作是否包括指导博士研究生的工作，以支持他们在说话人鉴定或语音鉴定研究方面的专题论文或研究生学位论文？

弗伦奇：不，那不是真的。嗯，我指导的大部分博士生是从事司法语音科学的人。

（Q22）**韦斯特**：你自己发表过文章吗？

弗伦奇：是的。我在专业期刊和书籍章节中发表过很多文章。

（Q23）**韦斯特**：你是否参与了一些研究，并发表了这些研究的成果？

弗伦奇：哦，是的。

（Q24）**韦斯特**：在你的职业生涯中，你能否估计一下你在法庭科学领域发表文章的数量？你面前有你的简历，如果有帮助的话，可以随时参考。

弗伦奇：是的，很抱歉。我需要参考一下。（韦斯特：没问题。）谢谢。嗯，抱歉，请给我一点时间。我得到具体数字了，130 篇。

（Q25）**韦斯特**：你是否还与你所在领域的其他公认的专家共同撰写了其中的一些论文？

弗伦奇：是的，确实如此。

（Q26）**韦斯特**：你提到你的实验室。我想你说过你们有七名员工，对吗？

弗伦奇：包括我自己在内，七名全职工作人员，是的。

（Q27）**韦斯特**：这就是在执法部门或私人的要求下，和你一起做语音鉴定和其他法庭科学工作的人员吗？

弗伦奇：在我们当中，六个人是。嗯，我们中的一个人是经理。一个人担任行政职务，但其他的人都是科研人员。

（**Q28**）**韦斯特**：除你所做的学术工作以及司法鉴定工作之外，你是否还在这一领域的一些公认的行业杂志上担任编辑工作？

弗伦奇：是的。嗯，我是《国际语音、语言与法律杂志》的编辑，负责司法语音学和司法声学方面的论文。除此以外，我还是《西班牙语音科学期刊》的编委，同时还是该期刊咨询委员会的成员。这本期刊实际上更像是一本杂志，将有关语言学的研究结果带给更多的公众……

（**Q29**）**韦斯特**：除了你所做的一些培训工作，你是否也在学术会议上作过报告，或者你是否有机会见到相关科学界的其他成员？

弗伦奇：哦，非常频繁，是的。

（**Q30**）**韦斯特**：作这些报告，以及参加这些会议是你专业工作的常规部分吗？

弗伦奇：哦，绝对是。这是我持续性职业发展的一部分。我会把我基于自身办案实践得到的研究成果介绍给大家，这是我为该领域做出贡献的一种方式。

（**Q31**）**韦斯特**：在你的工作中，对于语音鉴定来说，在方法论上与时俱进，对你来说是否很重要？

弗伦奇：哦，绝对是。

（**Q32**）**韦斯特**：在这些方法论上，你是否经验丰富且受过培训？

弗伦奇：是的。

（**Q33**）**韦斯特**：你在自己的工作中是否使用过这些方法论？

弗伦奇：用过。

（**Q34**）**韦斯特**：你是否熟悉科学界中针对语音鉴定工作的行业指南和标准？

弗伦奇：有很多行业指南。大部分指南都是针对特定司法管辖区中的地方性指南。我熟悉它们的适用范围。

（**Q35**）**韦斯特**：我们能不能大致谈一谈语音鉴定的话题？

弗伦奇：好的。

（**Q36**）**韦斯特**：当你向我们解释时，请联系你个人所做的任何工作或你所知道的专业研究，以确定或识别这方面的工作。那么，我们可以从简单的事情开始，当你们的实验室收到一段录音，并要求你们从语音同一性鉴定的角度对其进行分析检验，你们会采取哪些初步措施？

弗伦奇：初步措施是准备性步骤。通常要做的是，对所有检材信息进行记录、登记。比如，检材载体（可能是 CD、DVD 或者计算机系统上的其他东西）、委托日期、委托人、委托方式等信息。然后，将信息录入系统。下一步分析是在计算机服务器上对录音内容进行重新录制，将其保存为标准数据，也就是音频数据文件。再进一步分析，一旦完成，将对检材进行初步评估，以判断检材录音材料与委托目的是否相符。

（**Q37**）**韦斯特**：在这方面，你们是否有一些基本准则来判断检材是否确实适合做进一步的鉴定分析？

弗伦奇：是的，有。我的意思是，我们会考虑三个主要因素。首先，所有语料的音质应当足够好。我们要对语料的音质进行评估，如检验其背景噪音、污染程度、信号带宽等。其次，是关注录音时长，判断语音是否足够长，是否能够对其进行可靠的比对。最后，更复杂的是，我们会在初步检验环节，观察检材语音模式的特殊或独特程度。

现在，可能有几件事情我应该在这里概述一下。首先，在我的实践办案中，我们抵制做的是，针对声音质量指定一个绝对的最低值。然而，这个最低值常常以信噪比来定义，或者以持续时间来定义，还可以是以单词数量，或以秒为单位的长度来定义。原因在于，我刚才已经提到的那些特征，即语音具有独特性。有时，如果某人的语音特征或嗓音特征非常特殊，例如，出现嗓音病理或言语障碍现象，那么尽管音质相对较差，或尽管语音非常简短，但是仍有可能从录音中得出一定的结果。

我要说的另一件事是，你们看到的用于认定和否定目的的语料是不对称的。所以，如果用于认定目的，你可能需要更多、更高质量的语音。然而，对于否定目的来说，如果声音非常不同，比如在口音、音高，或音色方面，有时通过更少的、质量不高的语音也可以作出否定意见，但是对于认定来说就不行。所以，这是非常复杂的。我认为，我的个人观点可以针对大多数方法，但是生物识别方法除外。对于大多数的检验方法来说，基于分析目的，我认为无法针对音质或时长指定一个最小值。

（**Q38**）**韦斯特**：如果我没有理解错的话，那么，重点是在录音的质量上？（弗伦奇：是的。）而且，你被要求评估的是录音的特定方面，而不是仅仅关注录音长度的明线规则？

弗伦奇：是的，没错。

（Q39）韦斯特：好的。那么，关于录音质量，存在哪些问题？在确定其适用性时，你需要考虑什么？

弗伦奇：是否可以清楚地了解人们如何发出特定的辅音，（和）特定的元音；是否能够充分地分析他们语音的音色，也就是我们所谓的语音质量；是否有污染噪音、外来噪音会妨碍我们开展某些必要的检验工作。在语音形式方面，我们还会查看不同语料之间是否具有可比性。比如说，对耳语和正常声音进行比较，或者对喊声和正常声音进行比较都是非常困难的。因此，就音质而言，我们会尝试使用各种参数。

（Q40）韦斯特：说到"喊声"，比如说，在进行语音同一性鉴定时，对喊声或者包含喊声的声音样本进行评估时是否存在一些特殊问题？

弗伦奇：对，是的。因为当人们喊叫时，我的意思是，我们必须意识到，喊声并非说话声音量的简单放大。人们喊叫时和正常说话时的发声设置完全不同。如果有人真的是在喊叫，而不只是提高音量说话，那么就很难做比对。我的意思是说，委托到我的实验室的案件语音中，有 10%—15% 的案例，由于不具备鉴定条件而被拒绝，在分析阶段开始之前，这些语料就会被筛选出来。事实上，这个数字可能被低估了。从某种意义上说，我们经常收到潜在客户、警察或律师以电话形式或电子邮件形式的委托请求。他们会向我们描述有关案件语音的情况。我们会根据他们的描述进行回应。例如，如果他们要求我们比较一个银行劫匪在柜台前向银行工作人员要钱的喊叫声，只是几句喊叫的话语，和一个人在采访中正常说话的声音，我们可能的回应是，从一开始就不用委托鉴定了。（尽管）在已经委托鉴定的案件中，10%—15% 由于不适合鉴定而被拒绝，但实际上，在委托人真正把磁带或 CD 或其他东西送到实验室之前，我们很可能已经拒绝了更多的委托鉴定请求。

（Q41）韦斯特：你的实验室或更广泛的科学界是否普遍认为，喊声或尖叫声不适合用于语音同一性鉴定？

弗伦奇：是的。在我 30 年的职业生涯中，我从未遇到过有人试图将尖叫声，与正常声音进行同一性鉴定的情况。

（Q42）**韦斯特**：你是否知道有人专门研究过这个问题：在检材语音是尖叫声的情况下，是否能够做出可靠的语音同一性鉴定？

弗伦奇：我不知道有多少研究是专门针对这个问题的，只是一些幽默的研究，会谈到喊叫和说话之间的区别。我想说的是，在科学团体内几乎是公认的，不能将尖叫声与正常语音进行比较鉴定。

（Q43）**韦斯特**：在你的实验室里，如果有人给你一段语音样本，其中的检材语音很明显是喊叫声、尖叫声或哭声，以某种方式哭喊，如果可能分析的话，你会觉得那是极其困难的吗？

弗伦奇：是的。

（Q44）**韦斯特**：是否有一些研究是专门针对那些在明显痛苦中大声喊叫或哭泣的人，而不是为了引起注意的喊叫，是在明显危及生命的情况下的求救声或死亡呐喊？

弗伦奇：是的。我有一位博士生刚刚完成了她的博士论文，就专门研究了这个问题。她分析了真实案件录音中痛苦状态下的哭声，或遭受极度痛苦的，或实际上处于濒临死亡的，或已经遭受致命重伤的，或担心生命受到威胁的人的声音。这些录音都是我们实验室多年来的案件检材录音。她分析了这些录音的特性，并在有可能的情况下，与同一人的正常语音样本进行了比较。她还研究了同一人的濒临死亡的哭喊声、极度痛苦的哭喊声和正常语音之间的差别。

（Q45）**韦斯特**：这项研究是否鼓舞了我们，让我们相信这是可以做到的，或者这是可以实现的？

弗伦奇：她没有具体研究是否可以将两者进行比较，以达到说话人鉴定的目的。但是，如果我们根据她的研究结果进行推断的话，可以清晰地得出结论。因为人们在这种情况下做出反应的方式是非常难以预测的。你不能从某人的正常说话声中推知他们在遭受严重攻击时的声音会是什么样的。同理，如果你有一段某人遭遇严重攻击时的录音，你也无法从这段录音中倒推出他们正常说话声的特性。

（Q46）**韦斯特**：让我们更具体地讨论一下这个问题。第一点，你是否提到，在极端困境下，一个人声音的反应，或者变化是不可预测的？

弗伦奇：是的。我的意思是，有一些普遍的趋势，例如，人们的音高会提高，提高的程度是非常不同的。有些情况下，大约只提高 4 倍，还有一些情况下，则会提高 9 倍或 10 倍。所以，实际上，你无法说出音高会提高到什么程度，然后进行模拟。另外，低元音的共振也会被提高，但提高程度同样是不可预测的，而且具有个体差异。还有确实存在的情况是，无法对尖叫声的音色，也就是所谓的音质进行任何形式的分析。

（Q47）**韦斯特**：除了声音本身的变化，通常情况下，尖叫或大喊的声音会不会限制其他可能用于语音同一性鉴定的声音特征？

弗伦奇：哦，肯定会。如果你听一个人的尖叫声，即使有话语内容，即使你能确定有话语内容，很多时候你也并不能确定。当尖叫时，元音的实现方式是非常不同的。我的意思是，这是一个众所周知的，在研究中反复报告的特征。当某人在喊叫或尖叫时，元音的时长会变长，但同时元音的实际音质也会发生改变。辅音缺失或不够清晰，因此无法进行比较。我的意思是，如果我可以回顾一下，告诉你一些关于我们在实验室进行语音分析、比对的常规方法和特定的分析参数……那么，也许我可以告诉你，哪些情况下你仍然可以比较……如果有人在喊叫，哪些情况下你无法比较。

韦斯特：好的，谢谢你。

弗伦奇：一般来说，我们知道的，也是最近采用的方法是非常普遍的。嗯，我的另外一位博士生针对语音同一性鉴定开展了一项国际调查。她调查了来自不同国家的大约 40 位鉴定专家。其中 75% 的专家使用听觉语音学和声学语音学相结合的方法。

我可以具体解释一下。听觉语音学分析法涉及解析听辨。换句话说，你在用耳朵对语音样本进行听辨，并使用各种不同的参数对语音进行分析。这不是普通的听音，就像你现在听我说，和我现在听你说的那种听音。当我们在对语音内容进行听辨时，即说话人说什么的时候，我们要听的是这些语音内容是如何被说出的。在听觉语音学检验中，我们会关注各个辅音和各个元音是如何发音的，并会在不同语音样本中对这些发音进行比较。因此，比方说，我们可能会观察"t"这个音，即辅音/t/是如何发音的，"l""m"或其他音是如何发音的。为了做到这一点，我们会用一个比罗马字母更精细的工具。我们都曾用罗马字母来阅读和书写，但罗马字母无法胜任这项工作。因此，我们会使用国际音标，这是一个扩展的符号和标记系统，可以帮助你捕捉细节和发音的细微差别。我们会在不同语音样本之间，在两个录音之间进行比较。

我们还会对语音的韵律进行听辨，换句话说就是说话的节奏，也即重音在哪里。我们关注语速，发音速率，可能会用每秒钟内的音节数量来衡量。我们会关注语音语调，就是在不同的话语中音高的高低起伏，换句话说，就是说话的旋律。

我们会分析之前我所说的音质或音色，换句话说，他的嗓音是什么类型？是挤喉音吗？是气嗓音吗？是粗糙嗓音吗？是鼻音吗？还是非鼻音？这是说话时喉咙紧张的证据。喉头是升高了还是降低了？我们还将观察舌体的方向，舌体在口腔中更靠前还是更靠后？为了实现这一点，我们会使用一个方案，也就是爱丁堡大学创建的 VPA（嗓音特征分析）方案。该方案包括 38 种不同的设置。我们将根据这些样本中挤喉音的有无及其程度、气嗓音的有无及其程度进行评分。我们会给挤喉音、气嗓音、鼻音进行评分。分值是以喉头的上升或下降等情况进行设置的。该方案包括 38 个维度，我们使用 38 个不同的设置。因此，对嗓音音质、音色、语调、韵律，各个元音和辅音以及语速的检验，共同构成听觉语音学检验，即我们所做的解析听辨检验。

除此以外，还有第二组检验，即所谓的声学检验或仪器检验。如今，这些都是基于计算机进行的检验，包括使用专业软件测量某些参数，比如测量平均音高，就是我们所说的基频。基频指的是，当一个人说话时，喉部的两条肌肉、声带振动的速率。这是由计算机程序估计出来的，在一系列的话语中取其平均值，然后在不同语音样本间进行比较。我们还会分析元音中的声学共振，观察它们出现的频率，即所谓的共振峰。我们会制作一些叠加的草图，并对从检材录音、案件录音和已知嫌疑人的录音中测量得到的数值进行叠加对比。我们会检验能量的集中位置，换句话说，也就是辅音/p/、/t/、/k/、/s/和/ʃ/的能量集中区。除此之外，还有声学检验，包括通过计算机程序测量语音信号的物理参数。

此外，我们还会考虑到一些信息，比如说话人的个人习惯，诸如咂嘴一类的事情，以及话语之间紊乱的呼吸模式。我们会关注犹豫标记之类的特征，所谓的"嗯（um）"音和"呃（uh）"音，/m/和/ə/，就是人们在犹豫的时候发出的那种声音。我们会通过耳朵和计算机程序来分析这些声音。我们将研究人们在说话时如何通过漏掉或省略声音来简化语音，检验两个语料中的省音模式是否相同。

最后，我们还会考虑更广泛的语言学因素——对话中的术语模式，人们是否使用诸如"um"之类的填声语音，以及话语结束时的辅助用语，比如"像"（like），或"某种程度上"（sort of），或"那种事"（that sort of thing）。实际上，我们会检验语音信号中一系列不同的参数，还会考虑到更广泛的语言学信息。

现在，对于尖叫声，几乎没有任何参数可以用来与正常语音进行比较。你可以从嫌疑人的正常声音中推导出来，但如果检材语音或声称的检材语音中充满了尖叫声，我们所关注的各种用于比对鉴定的特征就无法获取了。

（Q48）韦斯特：你有很多方法来识别声音的具体特征，包括说话方式、口音、不寻常的缺陷等。

弗伦奇：有一些事情我需要补充一下，在分析所有这些参数的时候，我们要找的当然是个体识别特征，换句话说，就是个人的特性，将说话人与相关语言社区的其他成员区分开来的东西。所以，在这项工作中，很重要的一点是，要知道偏离常规的情况。当然，前提是鉴定人员要知道常规是什么，不仅是针对所要讨论的语言，还针对他们正在分析的特定的口音或方言。当然，如果有人在喊叫，或者尖叫，你通常无法分辨。特别是，你无法分辨其方言和口音，也无法判断其是否有任何偏离常规的特质。

（Q49）韦斯特：你之前说过，不限定语音的长度是必要的。那是否必须有足够的语音来承载某些你提到的特征标记，才能让你找到这些个体的、特定的识别特征？

弗伦奇：是的。

（Q50）韦斯特：因此，虽然可能不需要两分钟或三分钟，但无论多长时间，你是否必须有足够的语音才能进行这项分析？

弗伦奇：是的。重要的是，它必须是语音而不是尖叫声。

（Q51）韦斯特：那么，需要多少时间的尖叫声才能让你做到这一点？

弗伦奇：这取决于尖叫声有多么极端。我可以继续讨论这个案子的具体情况吗？

韦斯特： 当然。

弗伦奇： 如果本案中的尖叫声持续了几分钟，纯尖叫声，甚至可能是半小时，我不认为你能得出一个结果。这不是一个你可以指定长度的东西。因为如果它以完全相同的方式不断地继续下去，就像我们在本案录音中得到的几秒钟，它不会有任何帮助，它不会让我们得出结论，无论它有多长时间。

（Q52）韦斯特： 嗯，谢谢你，弗伦奇博士。我想你说的这个想法有一个前提，就是你要有一个可以用来对比的样本，而这个对比样本需要是相同或相似的，也是在尖叫或叫喊的情况下，特别是当某人处于高度胁迫，或生命受到威胁的情况下。你能得到一个合理的语音样本吗？

弗伦奇： 不能。一般来说，如果某人处于真正的痛苦状态，处于极端绝境时，你将无法得到一个合理的样本。当然，另一方面，即使你可以，我也不确定你能用它做什么。因为我们对这些个体差异的程度没有任何真正的了解。对于痛苦中的哭喊，真正的痛苦哭喊声，我们不知道不同人在哭喊时会有什么差异。我刚提到的在这个领域开展工作的博士生，她正在研究这个极少数的例子。你知道，那种类型的录音比较少见。而且问题在于，一个人在那种情况下的喊叫声可能听起来像其他人，虽然模式是不可预测的……声音有一些相似性。这是一个真正全新的领域，这是尚未实现的，而且由于缺乏数据，很难以任何有意义的方式进行充分的探索。

（Q53）韦斯特： 你是说没有可靠的研究和数据可以让你，或你认识的科学界的任何人针对尖叫声作出一个可靠的语音同一性鉴定吗？

弗伦奇： 是的。

（Q54）韦斯特： 这是否包括本案的录音？

弗伦奇： 是的。而且，不管什么方法分析，都是如此。

（Q55）韦斯特： 你当然听过作为本次诉讼主题的录音，呼喊求救声，或者你会在911电话录音的背景中描述它们的特征，并有机会对该录音是否适合分析鉴定发表意见，是这样吗？

弗伦奇： 是的。

（Q56）韦斯特： 请你具体谈谈这个问题，你对本案的证据有什么具体意见？

弗伦奇：我对本案的看法是，那段录音根本不适合用于说话人鉴定的目的。如果检察机关将那段录音提交到我的实验室，那么它甚至不需要进行到第一步，就被拒绝了。

（Q57）**韦斯特**：你会拒绝对超越合理界限的情况进行分析？

弗伦奇：对，是的。

（Q58）**韦斯特**：如果你继续执意这样做，你的结论被混淆或误导的风险是否会增加？

弗伦奇：我从来没有听说过有人这样做过。我认为这是很好的理由。

（Q59）**韦斯特**：到目前为止，你是否已经对此进行了解释？针对这种情况下的录音，你不能对其进行语音同一性鉴定，你是否还有其他正当的理由？

弗伦奇：……很多很多。总结一下，关于我们在实验室常规使用的方法，当然还有其他方法。我们这里有一个生物识别系统，还没有完全应用于实际办案，但我们正在测试，正在进行研究。我对这种系统有一些经验。而且，你同样无法使用一个生物识别系统得到一个有意义的鉴定结果。

（Q60）**韦斯特**：如果你试图对一段类似于本案情况的语音样本进行生物识别分析，那么对于这种类型的分析，方法论或方法会是什么样的？

弗伦奇：首先，你不能这样做。生物识别系统的设计不是为了做到这一点。它们是被设计用来对高质量的正常嗓音，也就是使用正常嗓音的语音样本进行比对分析的，它们完全不是用来设计做这项比对分析的。如果有人要这么做，确实有人已经这么做了，你要做的第一件事就是去测试系统。例如，在本案中，你不能简单地把911录音中的喊叫声直接放到系统中，与齐默尔曼的声音进行比对鉴定。你会想在这些情况下系统是否可以正常运行。换言之，你想做的是，如果只有两个人，齐默尔曼和马丁，我们想对马丁进行测试，如果测试结果为这两个人都与发出喊叫声的人不是一个人，那么发出喊叫声的只能是另外一个人，那么你就会知道这个系统不起作用，这是一个基本测试。然而，你可能想做的远不止这些。我想，你试图让人们去模仿这个非常高级别的尖叫是很难做到的，我确实不知道你怎么做才能使之变为现实。你可能需要很多被试，我不知道到底需要多少人，他们要以正常音量说话，同时还要以非常高的音量尖叫。你想测试这个系统，看它是否能够实际运行，把尖叫者的尖叫声和尖叫者的正常声音区分开来。所以，你会使用不同的长度来测试系统。而且，你还会想用一个校准的系统来设置阈值。这些阈值的设定还必须与数据相适应。然而我只想说，结论是注定的。如果对这个系统进行充分的测试，结果会是什么？你会发现那正是我们已经知道的东西，那就是，这个系统不是为做这个而设计的，在这些情况下，系统不会工作。

（**Q61**）**韦斯特**：如果有人没有遵循这个方法论，还是想尝试一下，你会期待结果在任何方面都是可靠的，或者在司法鉴定中会有一些价值吗？

弗伦奇：不，我的意思是，我描述的是方法论。这是方法论的问题。我认为，在本案中，你还需要区分技术和方法论，这个问题我刚才并没有意识到。方法论指的是一套方法或需要遵守的程序，而技术，也可以说是软件，是指自动系统、生物识别系统……

（**Q62**）**韦斯特**：在本案中，正如你所说，现在你不是专门讨论本案鉴定中采用的软件，即简易语言生物识别软件（Easy Voice Biometrics），而是从总体上讨论生物识别语音鉴定软件，是吗？

弗伦奇：是的。我的意思是，一般来说，生物识别语音鉴定软件在更广泛的科学界中是可以被接受的，同时附带很多警示性的注意事项。有些人认为这些软件不应用于司法鉴定领域。但是，一般来说，如果用来比对声音，这种技术是可以接受的。在世界范围内的多个司法管辖区都有应用这种技术。

方法论则与之不同。方法论是人们在特定情况下遵循的一套方法。你可以说，例如，欧文先生在本案中采用的技术是被接受的。我们通常的技术，我不能说特定的系统本身，但如果抛开 Easy Voice 系统不谈，这种技术是可以被接受的。但它所使用的方法论，在更广泛的科学界中是不会被接受的。因为缺乏对系统的测试，还有其他各种事情发生，比如说语料的地域。所以，首先会因为声音样本的时长太短被拒绝，而分析人员没有做什么，我们实际上是重复它、复制它、循环它，只是通过对它进行重复，从而把它的长度增加一倍。换句话说，通过欺骗系统，让系统相信输入的样本实际上比它长。所以我的意思是，在更广泛的科学界，这种方法论是不会被接受的。还有人为提高样本录音的音高，直到它与在 911 电话中发现的实际尖叫声的音高一致，我的意思是，这会是一个全新的方法论。据我所知，这在科学界也是不会被接受的。

（Q63）韦斯特：弗伦奇博士，你刚提到，在语音同一性鉴定工作中，你们会采用各种方法论。你现在已经简单地谈到了基于软件的方法。你是否也熟悉"听觉—声谱检验法"？

弗伦奇：嗯，在我们讨论这个问题之前，我也许应该提到，我不知道有哪个实验室会只使用生物识别方法，即说话人自动识别方法。事实上，使用这种方法的人倾向于将该方法与解析听辨或其他形式的检验方法一起使用。因此，比方说，在我的实验室中，当我们考虑是否要采用目前正在试用的一个特定系统时，我们会采用这种方法作为替代方案。我已经向你们详细描述过的那种检验方法，也就是听觉语音学加声学语音学的方法。我们会把它和其他方法整合在一起，刚才我已经向你们概述了很多方法，这种测试仅仅是更广泛的测试方法中的一种。那个"听觉—声谱比对法"，我并不完全清楚它是什么。如果它涉及老式的"声纹"方法，不可信的"声纹"方法，它是整体性、非解析性地对图谱进行比较，它就是一种对图谱进行粗略匹配，同时还进行一些听辨的方法。那么事实上，我不会在任何情况下都谴责这种方法的使用。

（Q64）韦斯特：你是否有机会审查艾伦·赖克博士的报告？

弗伦奇：嗯。

（Q65）韦斯特：那么，你是否能够从该报告和你可能听到的任何其他证词中了解到他进行语音同一性鉴定的方法论和方法是什么？

弗伦奇：是的。它与我所描述的听觉语音学加声学语音学的检验方法有一些相似之处。如果你想称它为"听觉"外加"声谱比对"法的话，我想也是可以的。但是，声纹传统和我刚才描述的方法是有差异的。我认为赖克博士更接近于传统，我刚刚将它们描述为声纹传统。

（Q66）韦斯特：你是说声纹分析法已经不再受到青睐了吗？

弗伦奇：嗯，它在英国从未被使用过。我不知道世界上任何地方有哪位严谨的语音科学家会纵容这种方法的使用。

（**Q67**）**韦斯特**：是否有"声纹"这种东西？

弗伦奇：是的。

（**Q68**）**韦斯特**：你能解释一下吗？

弗伦奇：好的。如果我将一个相同的单词说一千遍，并且都录下来。如果你要对这个单词的每一次发音都进行详细的声学分析并查看它们的声谱图，你永远也找不到一个可以完全匹配的情况……拿"笔迹"作一个类比，法庭对此可能会有所了解。比如，我来写成千上万个签名，当然是很多张纸的签名，如果你对这些签名进行足够仔细的检查和比对的话，即使从我现在签名开始直到我死亡的那一天，你永远都不会发现有一对签名是相同的。语音也是如此。实际上，每一个语音事件都是独一无二的。所以，语音不像是有一个标准设置，也就是不像有一个潜在的不变的模式，在不同的场景中始终保持不变。事实上，即使是在同一场景中说出的同一个词，它们也彼此各不相同。当然，在声纹传统中，没有标准可以计算出语音具有多大的相似性才能视为相同，或者有多大的差异才能算作不一致。全部都不一致，因为传统的声纹方法根本就没有真正的理论基础。

（**Q69**）**韦斯特**：如果我没有理解错的话，有人在本案中使用这种分析，会不会把一种已经被证明不可靠的方法说得过于可靠了？

弗伦奇：它甚至对于正常语音来说都是不可靠的，更不用说本案中的语音了。

（**Q70**）**韦斯特**：我们谈到了赖克博士的工作。你似乎对他到底做了什么有一些保留，甚至有些困惑。作为一名语音科学家，同时又是学术和司法鉴定领域的一员，你能否就此发表更多的看法？

弗伦奇：是的。我发现有很多令人不安的事情。一件事是对尖叫声的检验，我认为大多数人对此无法解释，或者将其听成是"救命"（help）这个词。他将其听成是"停止"（stop）这个词。他所做的就是看看尖叫元音的共振组成，然后，他说那是"停止"（stop）的元音/ɔ/。他还观察最低的共振峰，并表示数据比成年男性的平均值高出10%。现在，如果我们就从那里说起，关键是声道越短，喉部和嘴唇之间的空间就越短，数值就会越高。他认为因为最低共振峰比他预期的要高10%，所以这个尖叫者的声道比人们期望的要短10%。这就与马丁先生一致，因为他还是个青少年，所以，你会期望他还有10%发字空间。换句话说，这将包括他声道的 10% 的增长。我的意思是，没有办法在人类一定发生的生长量和元音共振峰的数值之间建立直接的相关性。另一件事是，如果我们看一下大多数关于喊叫的研究，他们都报告第一共振峰的频率会增加。所以，我发现这非常令人不安，我未发现他的观点有任何依据。

（Q71）韦斯特：弗伦奇博士，你是说在科学界没有公认的文献或方法，在这种情况下，通过赖克博士所描述的频率来确定说话人年龄。

弗伦奇：没有，在科学界没有公认的方法，根据尖叫声的共振峰确定说话人的年龄，没有。

（Q72）韦斯特：你认为一个 29 岁的人，在有生命危险的情况下，可能发出这种声音吗？

弗伦奇：我认为一个 50 岁的人也可以。

（Q73）韦斯特：那么，在你看来，这与年龄完全没有关系？

弗伦奇：是的。随着嘴巴张开，第一共振峰、最低共振的频率会增加。当人们大喊大叫时，嘴巴通常比正常说话时更开放。

（Q74）韦斯特：弗伦奇博士，你是否接受过语音学方面的培训？你是这个领域的学生吗？

弗伦奇：是的。

（Q75）韦斯特：我知道你刚才提到你有一个"录音对话分析"的博士学位，你也有一个语言学和语音学的学位。

弗伦奇：是的。抱歉。我的博士学位不是关于语音学的，是关于教室里的对话分析。但我在研究生期间的训练有非常多的语音学内容。从那时起，在我生命的不同阶段，我还在语音分析的不同方面训练过。而且，我还曾受邀去培训其他人。

（Q76）韦斯特：……关于赖克博士声称他能够将最后一个词与马丁联系起来，别人都认为是"救命"（help），但是他认为是"停止"（stop）。你认为他这种与马丁年龄的联系以及马丁先生（的身体）可能还有 10% 未发育完全的解释是没有科学基础的。在第二部分你正在对尖叫声进行特别地讨论的时候，我是否打断了你？

弗伦奇：没有。我是在关注他对录音背景下的语音和已知的齐默尔曼先生录音中的语音的对比。特别是，他听到诸如此类的话："应当是"（they shall be）或"应当有"（there shall be）"让我起来"（there shall be）"放开我"（get off me）"你想"（you want）"你想过来帮我"（you want to help me here）"上去"（get on）"无论如何"（whatever）"停止"（stop）。嗯，我听不到这些话中的任何一句。我想很可能是录音背景中的呼吸声、随机类型的噪音等声音混杂在一起了。一旦你听到了这些，会认为……听起来一点也不像"无论如何"（whatever），或者听起来一点也不像"你想过来帮我"（you want to help me here）。其中一些是尖叫声，我不能接受那些声音是语音。

（Q77）**韦斯特**：在你的研究领域中是否存在一种公认的现象，人们可能会将噪音或其他假象误认为是语音，特别是在极度放大的情况下？

曼蒂斯[1]：……谁能……法官大人，是在范围内，以及外面的证人，保持专业知识……现象……精神病诊断？

法官：我不知道这个问题问的是精神病诊断，但是，我……

（Q78）**韦斯特**：你能回答这个问题吗，弗伦奇博士？

弗伦奇：嗯，我能够从两个方面回答这个问题。我不应该侵入你的对手刚才提过的领地。澳大利亚的海伦·弗雷泽（Helen Fraser）博士就此开展了大量的工作研究人们是如何对诸如话语类的语音和录音中不同质量的语音产生误解的。而且，从我自己的经验来看，人们会在录音的背景声音中听到他们认为是语音的模型，这并非不常见。

（Q79）**韦斯特**：在你所做的工作中，这种现象是否得到认可和重视？

弗伦奇：是的，确实如此。在我们自己的工作中，这种情况会不断地引起我们的注意，而我们总是会慎之又慎。

（Q80）**韦斯特**：你会如何减少听音人可能会受到偏见的影响？偏见的由来也许是受到倾向性的影响，或者是由他们可能认为的案件事实带来的先入为主的想法，甚至他们听到的是真实的话语，而不是假象和噪音。

弗伦奇：除对其采取一般性的预防措施之外，我认为……办法。首先我要说的是，如果在本案中你只是简单地发出了这种紧张的尖叫声而没有背景信息，如果只是编辑完录音，首尾连接，将其交给一位检

---

〔1〕 控方律师曼蒂斯提出反对意见，但是他距离麦克风较远，部分语音无法听清。

验人员，我认为你不能确定这个人是在用英语尖叫，我甚至认为你不能确定这个人是男性还是女性。那就是人们在大脑中使用的各种背景信息，在哪里，是什么，正在发生什么。

（Q81）韦斯特：对于少量信息中的单词，或者被多级或分段放大提取的录音片段中的单词，识别这些单词的能力，或声称的能力是怎么样的呢？赖克博士声称能够听懂 911 电话中马丁和齐默尔曼先生的讲话，以及齐默尔曼先生在非紧急状态下给警察打电话时的讲话。正如我对你提交的证据所理解的那样，你在这些录音中并没有发现任何这样的语音？

弗伦奇：嗯，是的，我没有。【翻阅资料】请给我一分钟，我看一下记录。没有，我只是从齐默尔曼的 911 电话中看到它。首先，赖克博士声称听到了"你认为我在发疯"（you think I'm crazy here），然后，还有"这些混蛋"（these assholes）"天呐"（dear Good）这样的词汇，这些话都是说话人说的……〔1〕

（Q82）韦斯特：当你说你听不到时，你是否通过你的同事以及你的实验室做过尝试？

弗伦奇：没有。问题在于，你可以将声音进行放大，但是它们并不会变成更清晰的语音，它们只会变得更响亮，这就是放大。即使你对不同的频率进行选择性放大，一般来说，对你判断什么是语音和什么不是语音而言也没有帮助。在我看来，这些都不是语音。

韦斯特：谢谢你弗伦奇博士。

第四部分：交叉询问

法官：曼蒂斯先生？

曼蒂斯：（对法官）法官阁下。

（Q83）曼蒂斯：（对弗伦奇）早，弗伦奇博士。

弗伦奇：嗯，曼蒂斯先生。

（Q84）曼蒂斯：弗伦奇博士，我了解到，尽管你在英国出庭作证的次数很多，但是，我猜，这是你第一次在美国的法庭上出庭作证。

---

〔1〕 译者注：此处有几个单词听不清楚，猜测是弗伦奇博士"不能接受这些内容是语音"。

弗伦奇：确实，你猜得对。

曼蒂斯：欢迎，先生。

弗伦奇：好的。

（Q85）**曼蒂斯**：我想问你一下，当我们还在听那个911电话的时候，你听不到什么语音，你肯定没有听到有人说"你今晚会死的"之类的话，对吗？

弗伦奇：是的。

（Q86）**曼蒂斯**：你肯定没有听到任何人说任何话，比如，"你把我抓住了"或类似的话，是吗？

弗伦奇：是的。

曼蒂斯：好的。

弗伦奇：我们说的是哪一个？

曼蒂斯：那个911电话。

弗伦奇：那个尖叫的电话吗？

曼蒂斯：是的，先生。

弗伦奇：那个尖叫的电话。没有。

（Q87）**曼蒂斯**：好的，那个电话里根本就没有这样的内容，对吗？

弗伦奇：没有。

曼蒂斯：好。弗伦奇博士……（被弗伦奇博士打断）

弗伦奇：我不是说它什么都没有，只要有一点想象力就可以将其理解为那样的内容，但是我看不到任何东西，从中找不到任何我能听到的那些东西。

（Q88）**曼蒂斯**：我想问问你，一般来说，需要用多少气力或体力发音，才能使从远处传来的尖叫声能够被听到？而且，我了解到，你至少熟悉一些基本事实，这些都是相隔一定距离被记录下来的，地点甚至是在电话录音所在的建筑物的外面。总的来说，你熟悉这些事实吗？

弗伦奇：是的，我的理解是，从尖叫声到电话，大概有40英尺〔1〕，对吗？

（Q89）**曼蒂斯**：我想，是从外面到公寓里面，还是？

---

〔1〕 弗伦奇博士指的是对于本案的911报警电话录音的情况。

130

弗伦奇：是的。

（Q90）曼蒂斯：而且，可以说，我猜，在录音中还可以听到有其他人的声音会产生干扰？

弗伦奇：是的。有时候，尖叫声实际上与报警人的语音或接警人的语音重叠了。

（Q91）曼蒂斯：那么，请你谈一谈，在那种距离和那些既定的条件下，需要多大的气力或力量才能产生任何可听见的声音？

弗伦奇：好吧。我们无法真正解决这个问题。因为这取决于许多因素。这将取决于尖叫者的嘴是否朝向电话所在的公寓，他们是否将脸转向一边，或者他们的头是否与它成直角。这取决于是否在一个特定的时刻，那个报警人电话的话筒是否朝向犯罪现场，或者，是否朝向不同的方向；她/他所拿着的电话话筒距离她/他的脸有多么接近，一系列诸如此类的因素。它还取决于线路的质量，电话〔1〕与录制案件语音所在的控制室和设备之间的特定连接。所以说，我的意思是，有非常多的影响因素都需要考虑进来。对于需要多少气力的问题，我无法认为我可以给出任何有意义的观点。

（Q92）曼蒂斯：让我问你一些有关物理变量的问题。所谓物理的，我的意思是，那个发出了声音的人，我们将这些声音解释为尖叫声。你有没有发现有什么东西，表明他正在被窒息，或者被打断，或者类似的东西？

弗伦奇：我同样无法告诉你。

曼蒂斯：好的。

（Q93）曼蒂斯：……你也不能告诉我们任何有关的情况？

弗伦奇：对，是的。

曼蒂斯：好的。

弗伦奇：很多声音都是重叠的……我指的是大部分声音实际上是和其他人，也就是那个电话里的接警人的语音重叠了。

（Q94）曼蒂斯：不知道我理解的是否正确，你的意思是告诉我们，对类似这种案件语料的评估，一般来说是有效的。换句话说，你和你们实验室的人至少会尝试对案件语料进行常规的分析？

---

〔1〕 指报警人的电话。

弗伦奇：是的，我们确实分析了案件语料。是的。

（Q95）曼蒂斯：我想你刚才提到了，你不主张或指定任何最低数量的单词数或信号时长或类似的东西？

弗伦奇：对，是的。

（Q96）曼蒂斯：你确实说过，排除目的需要的那些东西要远少于认定目的需要的东西。

弗伦奇：是的，在某些情况下，比如说，你的声音是案件录音中的声音，而我的声音是犯罪嫌疑人的录音，这时候，只需要比较少的，可能只需要几个音节，只要没有任何迹象表明可能存在语音伪装，就可以排除我是嫌疑人。

（Q97）曼蒂斯：博士，有人用任何方式表示你是嫌疑人吗？

弗伦奇：哈。

（Q98）曼蒂斯：我的理解是，弗伦奇博士，你对这些声音的检验包括反复辨听录音样本、辨听编辑后的版本，这意味着已经找到了尖叫声……查看共振峰频率，测量基频，以及类似的东西？

弗伦奇：是的。

（Q99）曼蒂斯：你也会使用不同的程序播放录音进行听辨，比如说，其中一个程序，Sony Sound Forge，对吗？

弗伦奇：是的。我进行了听辨，我想，我只使用了两个程序，Sony Sound Forge 和 Praat。后者是阿姆斯特丹大学的系统，用来做语音分析的，这个系统已经基本成了行业标准。

（Q100）曼蒂斯：那 Sound Forge 是什么样的系统？实际上，你不仅可以用 Sound Forge 进行听辨，而且你还可以通过 Sound Forge 进行观察？

弗伦奇：是的，可以。与另一个工具 Praat 相比，它是一个有点粗略的工具。通常默认显示的只是波形，所以，换句话说，你会看到有一个时间振幅，因为你在听声音，在屏幕上会显示时间振幅。所以，通过看波形的正负偏移的程度，可以看到那个声音，看出你所听的声音比相邻的声音更大还是更小，甚至也可以测量它的时长。这个程序在频谱分析方面也有一些潜力。但与另外的那个程序相比，它还是一个有点粗略的工具。

（Q101）曼蒂斯：我的理解是，当你在本案中测量音高时，至少在没有重叠的地方，你描述的范围是 350 赫兹到 900 赫兹，我想这是一个非常非常高的音高，是这样吗？

弗伦奇：是的……请给我一点时间。（翻阅资料）

曼蒂斯：没问题。

弗伦奇：是的，我想我可能已经对语料进行了重新计算，在那个专攻尖叫声的博士生的帮助下。因为针对尖叫声的音高进行评估是非常困难的。然后，她开发了一种特殊技术，但是她是在攻读博士学位的背景下做的。所以，这些数字和我给你的书面证词中的数字略有不同。如果我能给你新的数字，我们估算语料的平均音高是 526 赫兹，估算的最大值是 843 赫兹，最小值是 342 赫兹。

（Q102）曼蒂斯：那是关于她的数据？

弗伦奇：不，那是从录音中编辑得到的尖叫声的数据。

（Q103）曼蒂斯：好的，所以你重新计算了那些被编辑得到的尖叫声的数据。你为什么要这样做？

弗伦奇：因为在一开始的时候，我只是使用了那款软件的默认程序，就是我之前提到的 Praat。然而，那位博士生在她读博期间已经开发了各种技术来调整音高以避免错误。因为 Praat 真的不是为此设计，它是一个语音分析的软件，不是为测量尖叫声设计的，它很容易出错。所以，她开发的是一些处理和消除这些错误的特殊方法。我在她的协助下，使用那些特别的技术重新进行了分析，得到了一些新的数据，这些数据与原来的数据差别不大。

（Q104）曼蒂斯：所以，你回去后使用了额外的，我将其称为"资源"，因为没有一个更好的通用词来表述，并向我们提出了一个与一周前的结论略有不同的结论？

弗伦奇：对，是的。

（Q105）曼蒂斯：这在科学上没有什么奇怪或不合理的地方，只是你是想改进你的数据，对吗？

弗伦奇：是的，是这样的。我的意思是实际上不会对我的观点产生实质性的影响，但最好是重新测量一下，尽可能正确。

（Q106）曼蒂斯：你说这是一个没有重大影响的差异吗？

弗伦奇：是的。

（Q107）曼蒂斯：好的。对于其有效性而言，你不认为这是一件事情，只是因为你碰巧在一个星期内适度地或轻微地改变了一些事情，以至于作为科学家应该给予关注？

弗伦奇：对不起，你能不能说得稍微详细一点？

（**Q108**）**曼蒂斯**：事实上，你改变了一些东西，希望能改善你的结果，这不是科学家应该关心的事情，也不是科学应该鼓励的事情。

弗伦奇：哦，是的。我的意思是，比较清楚的是，有一个稍好的资源，一个比我最初用来进行那些测量的资源更准确的资源。

（**Q109**）**曼蒂斯**：好的。如果我试图总结你告诉我们的东西，重点是你的改进，没有必要性。哪个处理方法得到应用了？但是对于这个特殊的样本，没有一个处理方法能够让你得出任何结论，无论如何？

弗伦奇：是的。其实有两个问题。一个问题是没有一个处理方法能够让你得出任何有意义或可靠的结论。还有一个问题是方法论本身，与其中一个处理方法有关，即生物识别法。

（**Q110**）**曼蒂斯**：好的。你所描述的方法论，无论是生物识别方法，还是那个"听觉—声学"相结合的方法，这两种方法本身在概念上都是没有问题的，但你的观点是，它们不应该被应用于这样的样本。

弗伦奇：不是的。实际上，这不完全正确……一个问题是它们都不应该应用于类似这样的样本。另一个问题是关于生物识别的。我认为我们需要做的，也需要法院注意的是，一方面的技术和另一方面的方法论之间的区别。因此，虽然生物识别技术的概念在更广泛的科学界是被接受的，但是，在我看来，欧文博士所采用的方法论是不能被接受的。所以，欧文博士所采用的方法论在更广泛的科学界不会被接受。所以，不仅仅是其应用到这些数据的问题，还是与这里使用的生物识别方法相关的方法论本身的问题。

（**Q111**）**曼蒂斯**：我想问一下你关于声道测量的讨论以及可能的相关性或可能的非相关性的问题。不知道我的理解是否正确，你说你真的无法在一个人的年龄和他们声音的整体音高之间得出任何相关性？

弗伦奇：当尖叫声……

（**Q112**）**曼蒂斯**：好的。一般情况下，你会不会说那些尚未完成身体发育的年轻人会比完成发育后的人有更高的音高？

弗伦奇：是的。那些没有经历过变声的人，无论男女，如果他们没有经历过变声，一般来说，他们现在的音高会比他们经历变声后的音高更高。

曼蒂斯：谢谢你，弗伦奇博士。

第五部分：再询问

法官：韦斯特先生，需要进行再询问吗？

（Q113）**韦斯特**：弗伦奇博士，还是我，唐·韦斯特。关于最后一个话题，你能不能再谈谈变声发生在什么时候？让我们谈一谈男性什么时候变声？那个过程是什么？通常情况下，会发生在生命中的什么阶段？

弗伦奇：它通常发生在青少年早期到中期的时候。我不是那方面的专家，但一般来说是在十二岁到十五六岁之间，或许更大一点的年龄。在某些情况下会发生喉部降低、喉部增大、窦腔增大等情况，而且这会使得出生以来的音质和音高产生变化。

（Q114）**韦斯特**：当发生变声的时候，是否也与身体的其他生理变化有关联？

弗伦奇：是的，一般来说，与青春期有关。

（Q115）**韦斯特**：你熟悉那些通常与变声有关的生理变化吗？

弗伦奇：我的记忆是关于肺。

（Q116）**韦斯特**：比如说面部毛发。通常情况下会与这个阶段的生理变化有关联吗？

弗伦奇：韦斯特先生，这可能会偏离我的专业领域。（韦斯特：当然。）如果你想得到这部分信息，一般人、法官或陪审员、事实审判者，他们都会和我一样能够回答这个问题。

（Q117）**韦斯特**：当然。从你得到的信息中，你能否知道，马丁经历青春期之后，是否经历了这种变化？……他的声音发生改变了吗？

弗伦奇：总体的印象是变了，尽管在我已有的录音中很难找到真正的依据。因为大部分都是音量很高的声音，而且有些只是高音调的发声。

（Q118）**韦斯特**：你说的是记录有马丁声音的录音吗？一段视频中的声音？

弗伦奇：是的，两个视频片段。

（Q119）**韦斯特**：这是你知道的唯一可能包含马丁声音的录音吗？

弗伦奇： 是的。

韦斯特： 我没有其他问题了。

第六部分：结束

法官： 曼蒂斯先生？

曼蒂斯： 没有问题了，谢谢。

法官： 好的，弗伦奇博士，今天对你的询问结束了。非常感谢你。

韦斯特： 谢谢你，弗伦奇博士。

法官： ……谢谢你。

韦斯特： 我们现在要签字了。

弗伦奇： 谢谢你，法官阁下。

Peter French 博士出庭作证文字实录（英文原文）

Part1：Preparation

O' Mara： Good morning, your honor.

Judge： …Okay. Case No. 12-CFA-1083, State of Florida *versus* George Zimmerman. Um, we are ready to proceed.

O' Mara：…your honor. Well, just getting the connection made with the expert witness…

Judge： Okay.

（**Q1**）**West：** Good morning, Dr. French. Let me do a brief test first. Can you hear me and see me?

French： I can hear you, but I can't see you.

（**Q2**）**West：** Alright, let's do a bit of a level test. I, I guess we're not going to have a two-way video link, but we can see you. And, so, let's if we might judge just see if we can all hear each other. Would you? Let's just do a level test. Would you just say, say something, that we can, uh, hear … （French：1, 2, 3.）Just introduce yourself please?

French： Uh, good morning. My name is Peter French and I'm speaking to you from the UK.

West: Alright, thank you. (to Judge) Is that acceptable?

Judge: If we ask him a little louder, I.

West (to the staff): How could we do that?

(Q3) One male staff: ... I, I think we ... OK. I'm at max now. Dr. French, can you say one more thing for us?

French: 1, 2, 3, 4, 5, 6, 7, 8, 9, 10.

One male staff: Yes, sir. That's, that's wonderful, thank you.

Part 2: Oath

West: Uh, your honor, the practice has been so far with witnesses appearing by video that the court has sworn them in?

Judge: Right. Uh...if you please, if you please stand up, raise your right hand to be sworn?

West: Dr. French, uh, would you raise your right hand to be sworn, please? (to Judge) I doubt it, he can hear you.

(Q4) One female staff: Do you solemnly swear or affirm, that the testimony that you are about to give is the truth, the whole truth, and nothing but the truth, so help you, God?

French: I do.

One female staff: Thank you.

Part 3: Examination

(Q5) West: Thank you. I think we're all set now. Uh, would you please introduce yourself to the court?

French: Yes. My name is John Peter French.

(Q6) West: And, what is your business or occupation?

French: I'm a forensic consultant specializing in, in analysis of speech samples.

(Q7) West: And, do you have a company or professional organization, uh, under which you do this work?

French: Yes, I do. Um, I'm the chairman of JP French Associates, which is an independent forensic speech and audio laboratory based in York in the UK.

(Q8) West: Are you now in York? Is that where you are as we speak?

French: Indeed, I'm in my lab.

(Q9) West: Would you, um, let, let me preface this by saying, uh, Dr. French, you previously provided a summary curriculum vitae to me?

French: Yes, correct.

(Q10) West: And I have now provided it to, uh, Mr. Mantis of the State Attorney's Office, as well as, uh, filed a copy of it with the court. (to Judge) Has the court received it? (Judge: I have it...) Okay. So, um, let's talk about that document for a moment first. Does the, uh, CV generally outline your current position as you described it, and some of your professional experience?

French: It does. Yes.

(Q11) West: Would you describe it generally what is the work that you do and how long have you been doing it?

French: I was first consulted in 1981. And, uh, for, since the late 1980s, I've been doing this more or less full-time, except that I also have responsibilities for the supervision of research and for lecturing at the University of York in the UK. The work, the forensic work that I do, involves analyzing recordings for judicial purposes, and also for investigative purposes. A large proportion of that work is forensics, forensic speaker comparison, which is sometimes known as voice identification.

(Q12) West: Dr. French, what is your formal education and training in, uh, human speech, or related (French: I.) areas?

French: I have a postgraduate degree from the University of Manchester in linguistics with phonetics. I have a PhD in the analysis of recorded conversation from the University of Bristol. I'm a fellow of the Institute of acoustics. I'm the president of the International Association for Forensic Phonetics and Acoustics, which is a professional organization that oversees work in this area. Um, I'm also a fellow of the International Society for Phonetic Sciences and various other learning bodies. I, um, honorary professor in the Department of Language in Linguistic Science at the University of York. And I'm an editor of, of the *International Journal*, um, *of Speech Language and the Law*. Um, I'm also chairman of a group set up by the government by the Home Office here in the UK, which I was asked to establish them convene, which is to do with the regulation of this area and bringing it under government, uh, government regulations. Um, I've been involved over the years in somewhere near 5 000 cases, maybe little over that, and given evidence in courts more than 200 times. Um, consultations had been from countries all over the world: Australia, New Zealand, Canada, lots of European ones, courts including international, um, sorry, the, uh, the *War Crimes Tribunal* in the Hague. I was involved in the, uh, case brought against the former Yugoslavia leader Slobodan Milosevic. Currently, my laboratory, when I say my laboratory, where seven full-time members of staff and one part-time. We handled between a hundred and two hundred cases each year. Mo (st), in, we love to say that in criminal cases, we are even-handed and will act evenly for the prosecution and the defense, but the disposition of work is simply that there's more prosecution work than defense work. So, I'd say somewhere between 70 and 80 percent of our, our, our work in the UK is for the prosecution or the police rather than for the defense.

(Q13) **West**: If I heard you correctly, you said 70 to 80 percent of your forensic work is at the request of the prosecution typically?

French: Yes.

(Q14) **West**: Have you given testimony in courts of law as an expert in your field?

French: Yes. Um, around about 200 times.

(Q15) **West**: Yes. And in what jurisdictions generally?

French: Um, New Zealand, Australia, Canada, um, the Netherlands, um, the, the, the UK which split, split into three different jurisdictions, um, consultations right across the globe.

(Q16) **West**: Have you had occasion to be involved professionally in cases in the United States?

French: Only two, to my recollection. And I think one was a civil matter which hasn't progressed to a court or a tribunal, and the other was for an internal, um, it was an internal investigation within a private body, a private, um, organization.

(**Q17**) **West**: In your professional capacity, have you been called upon to train others in your field?

French: Yes, I have. I do. This is part of my work here at the, the lab JP French associates. We trained junior members of staff. I've also put on, um, courses for the police a week − long for, in the U. S. , in fact for the U. S. Secret Service and the FBI in Washington.

(**Q18**) **West**: Was that a training session, were you invited to travel to the U. S. to train, uh, the attendees at this course?

French: Yes. It was to educate them into the methods that we use, in, uh, in, in our work.

(**Q19**) **West**: You mentioned a moment ago that you have a relationship with the University of York?

French: Yes.

(**Q20**) **West**: What is your position there? And, and does that relate to the same kind of work that you do in your lab?

French: Yes, it does. Um, it's an honorary position. I'm an honorary professor. Um, but that is not just a passive role. It is an active role. I'm involved in the supervision of half a dozen PhD students. And I also, um, help design and implement with a colleague, an MSC degree, that's a Master of Science degree in forensic speech science. But postgraduate students to introduce them to the sort of work that, that, that I do professionally.

(**Q21**) **West**: Would that work include supervising PhD students work, in support of their dissertation or graduate degrees in specific speaker, speaker identification or voice comparison research?

French: All, all of my ...No, that's not true. Um, most of my PhD supervision responsibilities are towards people working in forensic speech sciences. Yes.

(**Q22**) **West**: Have you yourself been published?

French: Yes, I published quite widely in, um, professional journals and book chapters.

(Q23) **West**: Had you participated in research that has resulted in, uh, publications of that research?

French: Oh, Yes.

(Q24) **West**: Uh, over your career, can you estimate, uh, approximately the number of your publications, an (d), in the forensic area? (French: ... Um.) If you have your, your summary CV in front of you, feel free to reference it if it will help.

French: Yes, I'm sorry. I'll help to do that. (West: Sure.) Thanks. Um.

Sorry, just give me a moment. Uh, I got the specific number going on to 130.

(Q25) **West**: Have you also co – authored some of these papers with other recognized experts in your area?

French: Yes, indeed.

(Q26) **West**: You mentioned your, uh, laboratory. I think you said you have seven staff, is that correct?

French: Including myself, seven full–time staff, yeah.

(Q27) **West**: And is that the staff that, uh, works with you in doing voice comparison and other forensic work when requested by law–enforcement or private ...?

French: Six of us are. Um, one, one of us is the manager. Uh, one person holds an administrative post, but the rest of us are scientific staff.

(Q28) **West**: In addition to the scholarly work that you've done as well as the forensic work, are you, do you also have editorial responsibilities with some of the recognized journals in this area?

French: Yes, um, I'm an editor of the *International Journal of Speech Language and the Law*, um, with responsibilities for articles on forensic phonetics and forensic acoustics. Um, in addition to which, uh, on the Editorial Board of, um, the Journal, the, uh, called ... Spanish journal of speech sciences, and ano (ther), also an advisory board member of, um, um, well, more magazine than journal actually, bring, bring findings about linguistics to the wider public something called...

(Q29) **West**: Uh, have you also presented at conferences, uh, in addition to some of the training work that you've done, or you've had occasion to meet other members of the, um, relevant scientific community?

French: Oh, very frequently, yes.

(Q30) **West**: Is making those presentations, uh, and attending them a regular part of your professional work?

French: Oh, absolutely yeah. It's part of my continuing professional development. And a way of me contributing to the field from my research findings in my casework.

(Q31) **West**: Is it important to you in the work that you do to stay current as to the methodologies available for voice comparison?

French: Oh, absolutely, yes.

(Q32) **West**: Are you experienced and trained in those methodologies?
French: Yes.

(Q33) **West**: Have you used those methodologies in your own work?
French: Yes.

(Q34) **West**: Are you familiar with the guidelines and standards in this, uh, scientific community for voice comparison work?

French: There are lots of guidelines. Um, some of them, uh, some of them are, most of them are local guidelines specific to particular jurisdictions. But, yes, I'm familiar with the range.

(Q35) **West**: Could we talk generally about the subject matter of voice comparison?

French: Yes.

(Q36) **West**: And as you explain that to us, please, uh, relate any work that you've done personally or studies that you know of professionally that, uh, identify or recognize of this aspect of the work. Uh, so, why don't we start with something as simple as this? When your lab receives a recording and you are asked to analyze it for voice comparison purposes, what are the initial steps that you would take?

French: Well, the initial steps are preparatory ones. What they would normally involve is making a record of all the exhibit references, logging the exhibits. They would be their CDs, DVDs or whatever onto a computer system, the date of receipt, who they were received from, the method of delivery and so on. From there, they would be, um, logged on to the system. And the next step towards an analysis would be to rerecord the contents to a computer server, where they would be stored as standard data, uh, audio data files. The further analysis [clearing throat], um, once that was done, an initial appraisal would be carried out to see if the material was going to be suitable for the purposes for which it had been submitted.

(**Q37**) **West**: In that regard, are there some basic guidelines that you employ to determine whether the material is indeed suitable for further forensic analysis?

French: Yes, there are. Um, [Smacking the lips] I mean we take into account three major things. The first thing is, um, all the sample seem to be, um, adequate in terms of sound quality. Uh, we would carry out a sound quality evaluation of them to look out things, such as levels of background noise, contamination, the bandwidth of the signal. Um, we would also be looking about the duration of the recordings to see if there was an adequate representation of speech sounds there, or a, a reliable comparison to be carried out. And thirdly, one thing which complicates the other, we would be looking at just how distinctive or unusual the voice patterns of the person in question it be, from an initial asso (ciation) [1], um, examination.

Nowthere's probably a couple of things I should outline here. Uh, firstly, uh, what we can't do and which we resist doing in my practice is to specify an absolute, absolute minimum in terms of sound quality. However, that's defined in terms of Signal-to-Noise Ratio or indeed in terms of duration, either defined as number of words or, or the length in seconds. And the reason for that is the, the feature that I've already mentioned, which is the distinctiveness of the voice. Sometimes if somebody has very unusual speech features or voice features, for instance, voice pathology or speech impediments, it is possible to bet a result out of the recordings, despite relatively poor quality and despite

---

[1]　A slip of tongue.

very brief samples.

The other thing I should mention is that, um, you saw the samples for i-dentification and for elimination purposes is not symmetrical. So, once you might need quite a bit more speech in better quality speech for identification purposes. For elimination, if the voices are very different, for example in terms of accents, in terms of pitch, or in terms of timbre, sometimes it's possible to do an elimination on much more [1], much less speech in poorer quality speech than that needed for an identification. So, this is quite complex. And I think, my personal view is to specify most methods. There are exceptions to this. Biometric method is an exception to this. But for most methods of examination, I think it's not possible to specify a minimum value in terms of sound quality or duration, um, for, for analysis.

(Q38) West: If I understand you correctly, then that, the emphasis is on the quality of the recording? Uh, (French: Yeah.) and, and specific aspects of the recording that you're being asked to evaluate rather than a bright-line rule simply on the length of the recording?

French: Yeah, exactly.

(**Q39**) **West:** OK. So, with reference to quality, what are the issues there and what, what do you look for in determining suitability?

French: [Smacking the lips] Well, whether or not it's possible to, um, get a clear picture of how the person pronounces individual consonant sounds, individual, um, vowel sounds; whether you can adequately analyze the timbre of their voice, what we call the voice quality. Um, or whether contaminating noise, extraneous noise, precludes some of the examinations which we would deem to be necessary. Uh, we would also look to see whether the recordings were comparable in terms of, if you like modality of speech. So, for instance, it's very difficult to compare something like whispering with normal voice or shouting with normal voice. So, in terms of quality, there would be the sorts of parameters that we were attempting to.

(**Q40**) **West:** Speaking of, of, of shouting, for example, are there par-

---

[1] A slip of tongue.

ticular problems in evaluating for voice comparison purposes, uh, sound samples that are shouts or contain shouts?

French: [Smacking the lips] Yes, there are. Um, since when people shout, I mean we have to realize that shouting is not simply spea (k), speaking may louder. People have got complete different vocal settings when we shout, to when they speak. And it is very difficult, if, if somebody is genuinely shouting rather than just speaking on rather raised voice to do a comparison. I mean I would say that of the material submitted to my lab, somewhere around perhaps, gosh 10-15 percent of cases are rejected as unsuitable for comparison purposes. So, they're screened out before, before the analysis stage. And in fact, that numbers probably underestimated, in the sense that what we often get, uh, telephone calls, or email requests from potential clients, from police officers or solicitors. They will be describing the samples to us. And on the basis of, uh, reaction to their description. For instance, if they're asking us to compare, say, the shouting of a bank robber who's demanding money from bank staff over the counter, just a few shouted utterances, with a person speaking at normal level in an interview. Our reaction to that might cause them not to, um, to submit the recording in the first place. So, it's about 10%-15% of those that were submitted we reject as unsuitable, but we probably fend off a larger number of requests for analysis, before the...before the tapes, or the, the, CDs or whatever actually get here.

(Q41) West: Is it generally accepted by you, your lab and more broadly in the, uh, scientific community that shouting or screaming samples are not suitable for voice comparison?

French: Yes. I've never come across a case in the 30 years of my career where anybody's attempted to compare screaming, for instance, with normal voice.

(Q42) West: Are you aware of any studies where people look specifically at that issue whether you are able to do reliable voice comparison where the unknown voice is screaming?

French: I don't know many studies that specifically address that is humorous studies which, um, look at the differences between shouting and speech.

And I would say it's pretty much just axiomatic within the community that you can't compare screaming with speech.

(Q43) **West:** In your lab, if someone gave you a voice sample, uh, where the unknown voice was obviously shouting or screaming or crying in some way, crying out in some way, would you find that extremely difficult if not impossible to analyze?

French: Yes.

(Q44) **West:** Is there some research that you are aware of that specifically being done on people, that are shouting or crying out in obvious distress, as opposed to shouting for attention obvious in distress, the life–threatening situation or the, the death cry that sometimes been described?

French: [Smacking the lips] Yes. Um, I just, um, I have a PhD student who has just completed her PhD which is specifically on that topic. She took, um, if you like distress cries or from people who are in extreme pain or who are in fact in extremis about to die or have been fatally wounded or, uh, in fear of their lives from, for real forensic recordings, recordings which have been submitted to my lab over the years. And she analyzed the properties of those and compared them where it was possible if there was a sample of speech from the same person at normal voice levels. She looked at the differences between the, if you like the death cries, the extreme distressed cries and the normal, uh, the normal speech of the person.

(Q45) **West:** Was the, was the research that on encouraging that this can be done or that can even move toward being done?

French: What's, she didn't look specifically at the issue of whether you could compare the two for, um, speaker identification purposes. But the results of her study, if one were to extrapolate from them, would be clearly towards the fact they count. Because the way that people react in their situations is very, very unpredictable. You can't say from someone's normal voice what they're going to sound like, when they're under severe attack. Um, and similarly if you had a recording of somebody who's under severe attack, you can't work backwards from that to the properties of their normal speaking voice.

(Q46) **West:** Let's talk about that more specifically for a moment. The first part is that are you saying it's unpredictable how one's voice might react or, or change, as a result of someone being in, in dire straits?

French: [Smacking the lips] Yeah. I mean there are some general tendencies, for instance, that people, um, their pitch goes up, um, the extent to which it goes up is very, very variable. There are some cases where it goes up only by a factor of about four, and there are other cases where it would go up to, uh, by a factor of about 9 or 10. So, you can't actually say just how far the pitch is going to be raised then somebody is in simulation like that. The other thing is the lower vowel resonances are also raised, but the degree to which they're raised, again, is unpredictable and variable from the speaker. One thing that does happen is the, the timbre of the voice what be told the voice quality can't in any way be analyzed from scream.

(Q47) West: In addition to the changes on the voice itself, uh, would typically voices that are screaming or yelling out, uh, limit other voice characteristics that might typically be used in voice comparison?

French: Oh, absolutely. Um, if you listen to someone screaming even if there are words there, even if you can be sure there are words there, and very often you can't. Um, the way that the vowels are screamed is very, very different. I mean it's, it's a well-known, uh, feature which is repeatedly reported in, in research that when someone's shouting or screaming the vowels get longer, but the actual quality of the vowels changes as well. Um, consonant sounds lack or definition you can't compare those. Um, once, I mean if I can maybe just look back a little bit and tell you a bit about how we routinely carry out that the analysis and the comparison of samples in the laboratory, the specific parameters we analyzed... and then I can maybe tell you which ones you can still... if someone's yelling and which ones you can't.

West: Yes, thank you.

French: Um, [Smacking the lips] yeah. Um, generally the, the, the method that I, the, we carry out and which is very, very prevalent, in fact, um, having looked, recently carried out. Um, I had a PhD student, another one, carry out a survey of voice comparison practices internationally. All the people she surveyed about 33, oh no, 40 something analysts from different countries. 75% of them used the combined auditory phonetic and acoustic phonetic method.

If I can explain what that is, the auditory phonetic method involves analytical listening. In other words, you're listening to the speech samples and analyzing them by ear in terms of variety of different parameters. This isn't like ordinary listening, the sort of listening that you're probably doing to me at the moment and I'm doing to you. While we're listening to the content of the speech i. e. what's being said, we're listening to how it's been said. And within the auditory phonetic tests, we attend to the following parameters of speech. We would be looking at how the individual consonant sounds and the individual vowel sounds are pronounced, and we'd be comparing that across the samples. So, for instance, we might be looking at how the "t" sounds, the /t/ consonants are pronounced. How the "l" s, the "m" s, or whatever are pronounced. And in order to do that, we've got a much sharper tool than the Roman Alphabet which we all used to read, read and write with which. Um, it, it wouldn't really do the job. So, we would use the International Phonetic Alphabet which is a, an extended system of symbols and notations that help you capture the fine – grain nuances of details and pronunciation. And we'd compare those across the samples, across the two recordings.

We would also be listening to, um, the prosody of the speech, in other words the speech rhythms, um, where the, the major stresses for. We would be looking at the rate of speaking, the rate of articulation, which we might be measuring in terms of syllables per second.

We'd be looking at the intonation of the speech, which is the rise and fall of the, the, the, the pitch of the voice across utterances, in other words themelodies of the speech. We'd be, um, attending to meet the voice quality or the timbre as I've referred to. In other words, what sort of voice is it? Is it a creaky voice? Is it a breathy voice? Is it a harsh voice? Is it a nasal voice? Is it a denasal voice? Um, is, is the, is the evidence of tension in the larynx when the person speaks, you have that sort of effect? Is the larynx being raised or lowered? We would also be looking at the, the tongue body orientation whether it's further forward or further back in the mouth. And to carry that out, we would use a scheme. Uh, University of Edinburgh developed scheme called VPA (Vocal Profile Analysis), which has in it 38 different settings. So, we'd be scoring these samples in terms of whether there was, there were creaky and just how creaky they were, breathy and just how breathy they were. And we'd be, um, assigning a breathiness score or a creakiness score, a nasality score, um, a score in terms of raised larynx or lowered larynx and so on and so forth. And within this scheme, there are 38 different versions scheme. We use 38 different settings. So, collectively the examinations of the voice quality, the timbre, the intonation, the prosody, uh, the individual vowels consonants, the rate of speaking, they make up the auditory phonetic tests, that the analytical listening tests we do.

In addition to those, there's a second group of tests which are known as a-coustic tests or instrumental tests. And nowadays, these are computer – based tests which involve, um, using specialized software to measure things such as the average voice pitch, which is measured as what we call fundamental fre-quency. And then this refers to the rate at which the vocal cords, the two strips of muscle within the larynx, are vibrating when a person speaks. So, that's esti-mated by the computer program and averaged over series of utterances and com-pared across the samples. We'd also be looking at the, the, the acoustic reso-nances within vowel sounds and looking at where they, um, uh, the frequencies at which they occur, the so-called formants. And we would be cre-ating overlay drafts to overlay the values obtained from the questioned recording, the criminal recording with the recording of the known suspect. Um, we'd be looking at where the mainenergy locales were, in other words where the main fo-cus of the energy was with consonant sounds, such as /p/, /t/, /k/, /s/ and /ʃ/. Um, in addition to these sorts of things, and so, they, they would be the acoustic tests which involve, uh, measuring physical parameters of the speech signal by a computer program.

In addition to that, we would also be taking into account things, such as individual speaker habits, such aslip smacking, that sort of thing, um, patterns of one or any patterns of disordered breathing between utterances. We would be looking at, um, things such as hesitation markers, the so-called "um" s and "uh" s speech, the /m/, /ə/, the sort of sounds that people make when they're hesitating. We'd be analyzing those by ear and by a computer program. We'd be looking at how people simplify speech by missing out or eliding sounds when they're speaking and whether the patterns of elision were the same across the two samples.

And in addition to which, we would also take into account broader linguistic factors: patterns of term taking in conversation, whether people used filler sounds such as "um", aided with the end of utterances, or "like" or "sort of" or "that sort of thing". And really we'd be looking at a whole range of different parameters of the speech, um, the speech signal, and also taking into account this broader linguistic information.

Now with screaming, justvirtually none of that is available to compare with the normal voice. You can derive it from the normal voice of the suspect, but if the criminal sample or the alleged criminal sample engorged about screaming, the sorts of features that we focus on are just not there for comparison.

(Q48) **West**: You have lots of ways to identify specific characteristics of voice that sounds like including speech pattern, accent, unusual defects and such, (French: [Smacking the lips]) but, (French: If, Uh.) sorry. (French: Sorry.) Go ahead.

French: No, sorry. It was just something I should have added into that, the, in that analyzing speech on all of these parameters, what we're looking for, of course, are individual identifying characteristics, in other words, personal peculiarities. Things that mark that speaker out from other members of the relevant language community. So, what, the idea of departures from the norm is pretty central to doing this work. And, of course, that proposes, presupposes that the analyst knows what the norm is, not just for the language in question, but for the particular accent or dialect that they're analyzing. Now of course if somebody's yelling, um, you can't usually tell or if they're screaming. Particularly, you can't tell in fact what the accent of the dialect is or whether they're any departures from the norm any, any idiosyncrasies.

(Q49) **West**: When you talked earlier about there being no specific length of speech, uh, that's necessary. Uh, is, does it have to be enough speech that carries some of these markers that would allow you to find these individual, uh, specific identifiers?

French: Yes.

(Q50) **West**: So, why let me may not take two or three minutes, there has to be enough speech of whatever length for you to perform this analysis?

French: Yes. And critically, it has to be speech not screaming.

(Q51) **West**: Well, how much, how much screaming would it take in order for you to be able to do this?

French: [Breathing deeply] Well, ha–ha, depend how extreme the screaming was. I think if the screaming in, can I move on to the specifics of this case?

West: Certainly!

French: If the screaming in this case being for several minutes, net screaming, I don't know, maybe even half an hour. I don't think you could come up with a result. It's not something which you can specify in terms of length. Because if it went on and on and on, in exactly the same way, as the few seconds that we've gotten in the recording in this case, it wouldn't be at least, it wouldn't be in the least helpful. It wouldn't be, wouldn't allow us to move to a conclusion no matter how much of it there was.

(Q52) **West**: Um, thank you Dr. French. The, uh, I guess the idea that you're talking about, though presupposes that you have a sample for comparison, and that sample for comparison need to be the same or similar, and in screaming or yelling circumstances, especially when someone is under, uh, high duress or, uh, life–threatening situation. Are you able to get, uh, a reasonable exemplar?

French: Oh, no. Generally speaking, if somebody's in, in genuine distress and they're in extremis, um, you wouldn't be able to get a, a reasonable exemplar. And the other thing is, of course, even if you could, I'm not sure what you can do with it. Because we don't have any real idea of the degree of individual variation, in these, the, these, some. If you like distress cries, real distress cries, um, we don't know how different people are from one another when they produce them. I mentioned the, the PhD student, um, who's carried out work in this area. She's working on this very small number of examples. Simply because, you know, recordings of that type are comparatively rare. And the problem is that, it may be that, one person screaming out in those circumstances could sound like others, even though the patterns that are unpredictable ... happen sounds some correspondences. It, it's really uncharted territory. It's, it's, it's something which hasn't been and it's very difficult to adequately explore in any meaningful way, because of the dearth of data on it.

(Q53) **West**: Are you saying there's just no reliable research and data that would allow you or, or anyone you know in the scientific community to do a reliable voice comparison based on screams?

French: Yeah.

(Q54) **West**: And would that include the audio recording in this case?

French: Yes, it would. And it would, it would also hold true irrespective of what method of analysis one would ...

(Q55) **West**: You have of course listened to the recording that is the subject of this proceeding, the cries for help or however you would characterize them in the background of the 911 call and have had an opportunity to form an opinion whether you think that recording is suitable for forensic analysis, is that correct?

French: Yes.

(Q56) **West**: Let's, just, have you speak to that specifically and what is your opinion specifically about the evidence in this case?

French: My view in this case is that, that recording isn't even remotely, um, suitable for speaker comparison purposes. If it had been submitted to my lab, just for that by prosecution agency, it wouldn't be even got to first base, for rejection.

(Q57) **West**: You, you would have refused to, uh, conduct, uh, an analysis beyond (French: Yes.) the terminus suitability?

French: That's correct, yes.

(Q58) **West**: Uh, if you go ahead and do it anyway, do you increase the risk of whatever your findings are being confusing or misleading? Or can the (French: I don't.) ... be?

French: I don't... be any... well.... (West: ...) I've never heard of it. I've never heard of it being done before. Um, and, um, I think there are very good reasons for that.

(Q59) West: Have you explained those so far? Are there additional good reasons why you wouldn't undertake a voice comparison under these circumstances?

French: Well ... pretty much, much. Sums it up, which regard to the methods that we routinely use in the lab, um, there are, um, other methods of course. We have here, a biometric system which we are not fully employing in casework yet, um, but which we are testing, we're carrying out research on. And I have some experience of such systems. And, um, you couldn't get a meaningful result out of a comparison using a biometric system either.

(Q60) West: If you were to attempt to do a biometric analysis of, of a voice sample, such as this, um, what would the methodology or the approach be to uh, to this, this, this type of analysis?

French: Well, I mean, firstly, let me say you just wouldn't do it. Um, the biometric systems are, are, are not designed to do this yet. They are, they are designed to compare reasonably good quality, um, samples of people speaking in modal voice, um, with, um, with modal voice, bimodal voice, I mean normal voice. Um, they're not designed to do this at all. Um, and um, ha–ha–ha, if, if someone were, were to do it, despite that fact. Um, the first thing that you would do, would be to, to test the system. So that, for instance, in this case, you wouldn't simply put in the yelling, um, from the 911 call and test that against Zimmerman. You would want to know whether the system could perform in these circumstances. Um, in other words, what you'd want to do is, if it's a closed population of only two people, Zimmerman and Martin, we'd want to test it against Martin, and if it rejected both of them and it could only be one or the other, then you would know the system didn't work, that would be a basic test. However, you would want to do much, much more than that. You want to, I suppose, try and get people to emulate this, this very, very high–level screaming be difficult to do, don't quite know how you do it to make realistic. But you'd want to have a number of subjects, I don't quite know how many, um, talking at normal levels and also screaming at very high levels. And you want to test the system to see whether it could act (ually), it could actually ... the, the screamers with the, the person, the normal voice of the person who'd, uh, who had done the screaming. So, you would test the system at, at some lengths. And, um, you would also want a calibrated system to set the thresholds. Um, and they would have to be established as being appropriate to the data. However, I mean, I will just say, it's, it's an absolutely foregone conclusion. What, what the results of this would be, if the system were adequately tested, you would just find out exactly what, what, what we already know, and that is, that the system is not designed for doing this, and it won't work in these circumstances.

(**Q61**) **West**: If one didn't go through that methodology and gave it a try anyway, would you expect the results to be in any way reliable or of any value in a forensic setting?

French: No, I mean the metho (dology), the methodology is, are described. It is the methodology. And I think you would have to in this case as well draw a distinction, which I'm not ware, aware of having been gone so far, um, which is between the technology and the methodology. The methodology being the set of methods or the procedure followed. The technology being, if you like, the, the software, the tech, the, um, the automatic system, the biometric system, and, (West: ...) sorry? Go.

(**Q62**) **West**: Uh, uh, in this case you're not, as you talk, now you're not speaking specifically of the software employed in this case, the *Easy Voice Biometrics*. You're talking generally about biometric voice comparison software?

French: Yes, I am. Um, I mean, by, generically, by biometric voice comparison software is accepted with various caveats within the wider scientific community. Um, there are people who don't believe it should be applied in the forensic context. But, generally speaking, it's an accepted technique for comparing voices. It's used in various jurisdictions across the world. That's the technology.

The methodology is something, is something separate from that. The methodology is what a set of methods somebody follows in a particular instance. And once you could say, the technology employed in this case by Mr. Owen, for example, um, is, is accepted. Well, we, the general sort of technology, I can't speak about the particular system itself, but that sort of technology is accepted, if leaving aside the issue of *Easy Voice*. Um, um, but the methodology of, uh, utilized would not be accepted within the wider scientific community, because of lack (lacking) of testing of the system and also various other things that have happened, for instance, the region, um, the region occasion of material. So, that, the, initially, the sample was rejected, on the basis of it being too short. So, what the, the analyst had done without we actually to repeat it, to reduplicate, to loop it, to double its length just by, by, by repeating it, um, in other words to fool the system in believing that the sample that was being put in was actually longer than it was. So, I mean that would not be an accepted methodology within the wider, wider scientific community. And, um, the artificial raising of pitch in the reconstruction exemplar recordings until it was like, um, like the pitch found in the actual screams from the 911 call. I mean that would be a totally novel methodology. To my, to my knowledge as well, that wouldn't be accepted within the scientific community.

(**Q63**) **West**: Dr. French, you mentioned that you employ various methods, um, methodologies, and in your voice comparison work. You've now talked briefly about the computer, uh, software approach. Are you also familiar with the oral – spectrograph approach?

French: Hmm, just before we come on to that, I should perhaps mention that, um, I don't know any laboratory that would only use the biometric approach, the ASR approach. People who use that tend to use it well, in fact, um, use it together with analytical listening or some other form of testing. So, for instance, my laboratory in considering whether we're going to adopt a particular system that were trialing at the moment, we will be adopting that as an alternative. The sort of testing that I've already described to you in some detail, which is the auditory phonetic cum acoustic approach. It would be integrated within that, it would be simply one test within that much wider battery of tests that I've outlined to you. Um, the, the aural – spectrographic approach. Um, I'm not entirely sure what, what, what this is. Aha, um, it's not something which is. If it, if it, if it involves the old-fashioned voice printer approach, the discredit voice printer approach, which is the holistic, non-analytical comparing of spectrograms, it is a sort of, um, rough picture matching, um, with, with some listening, then really I wouldn't, um, I wouldn't condemn the use of that in the, in any circumstances.

(Q64) **West**: Have you had an opportunity to review the report of Dr. Alan Reich?

French: Uh-huh.

(Q65) **West**: And, are you able to from that and any other testimony you may have heard understand what his methodology and approach was on the voice comparison component of, of what he did?

French: [Smacking the lips] Yes, it seems to be, some. It bears some similarities to the one that I've described which is the auditory phonetic cum acoustic phonetic approach. Um, it, if you wanted to call it oral plus spectrographic, I guess you could. But you, but there are differences between the voiceprint tradition and what I have just described. And I think Dr. Reich is nearer to the tradition. I've just described them to the voiceprint tradition.

(Q66) **West**: Did you say that the voiceprint analysis is no longer in favor?

French: Well, it's never been used in the UK. Um, and I don't know of any serious speech scientist, um, anywhere in the world who would, would, would condone it.

(Q67) **West**: Is there such thing as a voiceprint?

French: Yeah.

(Q68) **West**: Would you explain that a bit please?

French: Well, if I would to say the same word, I don't know, a thousand times into a recorder. And you were to do a detailed, um, acoustic analysis of each, of each production of that word, and to look at the spectrograms of it, you would never find that there was an exact match. I mean it's a bit. I...an analogy that the court might appreciate would be something akin to handwriting. Let's say you were, I were to produce thousands and thousands of signatures, of course lots of, lots of sheets of paper. If you examine them in enough detail and compare them, you would never ever, even if I produce them from now until the day I die, find there's a pair. And so, it is with, um, so, so it is with speech, that each acoustic event, each speech event is actually unique. So, it's not like there are fittings in the voice, which are. There's an underlying, an underlying pattern which is immutable and which, um, which remains constant from occasion to occasion. That's not the case, even the things are produced on the same occasion, the same word, they differ from one another. And of course, within the voiceprint tradition, um, there are no criteria for what counts, how similar something has to be, before you counted as an instance of looking the same or how, how, how different it has to be, before you counted as, as, as different. It's, it's all. There's no real theoretical underpinning at all to the voiceprint approach.

(Q69) **West**: For someone to use that analysis in, in this case, uh, would, if I understand you correctly, place too much reliability on a, on a method that's been shown not to be reliable?

French: It, it's not even reliable with normal speech, let alone, alone, what we got in this case.

(Q70) **West**: We were speaking of Dr. Reich's work. Um, I, you seem to have some reservation or maybe even some confusion about what was he actually did. Are you, are you able to speak anymore as a speech scientist and someone in the, uh, both academic and forensic scientific community about his analysis?

French: Yes. Um, I'm, ha. There are a number of things about it that I find disturbing. Um, one is, well, for instance, the examination of the screaming and a word which I think most people either can't interpret or hear is "*help*" . He hears as the word "*stop*" . And what he's done is to look at the constituent resonances of the vowel of that scream, which he says is the /ɔ/ vowel of "*stop*", and to look at the lowest resonance, the lowest formant, and to suggest that, that is 10% above the average for an adult male. [Smacking the lips] Now, if we, ha. And then to go on from there, to say, well, because, yep, point is the, the shorter the vocal tract, the shorter the space between the larynx and the lips, um, the higher that, um, that value is going to be. He suggests on the basis of that, because it's 10% higher than he would expect it, the, the screamer is, has a 10% shorter vocal tract than one would expect. And therefore, this is consistent with it being Mr. Martin, because he is in his late teens. And therefore, you would expect him to have 10% of his growing to do, in other (words), and, and, and that would include 10% of the growing of his vocal tract. Well, I mean there's no way of establishing a, a direct correlation between the amount of growth somebody has to do and, and the value of the, uh, of, of the vowel formants, the vowel resonances. And the other thing is if we look at most of the studies of shouting, they all report an, an increase in the frequency of the first, the first resonance, the first, first formant anyway. So, I find that very disturbing and I can't see any, any basis for that claim whatsoever. Uh.

(Q71) **West**: More, more... (French: Secondly.) For, for a moment, uh, if I might, Dr. French for clarification. Uh, are you saying that there is no accepted literature, no accepted, uh, method in the scientific community to identify a speaker's age, by their, uh, by the frequency that you, that Dr. Reich is described, under the circumstances? (French: ...) I'm sorry.

French: No, there are no, there's no accepted methodology within the scientific community, but identifying as, as, as speaker's age from the constituent, um, resonances from the formants of them scream. No.

(Q72) **West**: Do you think that a 29 – year – old in a life – threatening situation, uh, may vocally be able to make that sound?

French: I, I think a 50-year-old would.

(Q73) **West**: So, that's not age-related at all in your opinion?

French: No. The first formant, the lowest resonance increases in frequency, the, with, with the opening of the mouth, and when people yell, their mouths generally much more open than it is, when, when, when they're speaking normally.

(Q74) **West**: Uh, Dr. French, do you have training in, uh, phonetics, are you a student of this area study?

French: Yes.

(Q75) **West**: Uh, I know you mentioned earlier that you are a PhD in the, have a PhD in the analysis of recorded conversation, but that you also have a degree in linguistics with phonetics. Would, would you?

French: Yes, yes. Sorry. My PhD was not on phonetics, it was on conversation analysis, um, in classrooms. But my, um, postgraduate training is, um, was very much in phonetics. I've also trained since then on the various other people at different points in my life, in different aspects of phonetic analysis. And I'm called on to train other people.

(Q76) West: Doctor, uh, I...there was a second part to your, uh, explanation. I think regarding Dr. Reich claimed that he could associate that last word, that others have said it's "*help*", that he thinks he can say is "*stop*" with Trayvon Martin. Uh, you said that his connection with Trayvon Martin's age and his explanation of Mr. Martin having maybe 10% more growth to do is simply not founded in science. And the second part, were you talking about screams in particular or did I, did I cut you off?

French: No. I was, um, I was looking at his comparisons of what he says or speech in various points in the background of that, of that recording with, um, with, with speech in, um, a known recording of, of, of Mr. Zimmerman. Um, in particular utterances which he hears such as "*they shall be*" or "*there shall be*" "*let me up*" "*get off me*" " (*you want*) *you want to help me here*" "*get on*" "*whatever*" "*stop*", um, and not a single one of those can I hear a speech. I think probably there are combination of things such as breathing, random patterns of noise in the background of the recording. And once you can listen to them and think, ... doesn't that sound a bit like "*whatever*" or doesn't that sound a bit like "*yeah, you want to help me here*" or, you know, some of these are screams, some of them are just, I, I, I can't, I can't accept that any of those are speech.

(Q77) West: Is there a recognized phenomenon, in, in your area of study how people might misinterpret noise or other artifacts into speech especially under extreme amplification?

Mantis: ...who can... your honor, well, be on the scope, as well as the outside the witnesses, um, stay the expertise ...phenomena...psychiatric diagnosis?

Judge: I don't know that the question ask for psychiatric diagnosis, but, uh, I...

(Q78) West: Are you able to address that, Dr. French?

French: Um, [Smacking the lips] I'm able to address it from, um, two aspects. Um, I shouldn't trespass into the territory that your opponent has just mentioned. Um, there is a very substantial body of work by Dr. Helen Fraser in Australia on looking at how people, um, can misinterpret speech like utterances and speech in recordings for quality. And also, from the view, um, from the viewpoint of my own experience, it is not, um, it is not unfre (quent), infrequent for people to hear, um, patterns which they believe are speech in the background sounds of recordings.

(Q79) West: Is that, um, phenomena recognized and, and appreciated in, um, in the work that you do?

French: Yes, it is. It's something that would constantly, um, exercising caution against in our own work. And always we would err on the side of caution.

(Q80) West: How might you minimize the effect that the, the listener may be biased by, uh, in, by influence of a predisposition perhaps or a preconceived idea of what they think the facts of the case might be, or even that, they're hearing real words as opposed to artifacts and noise?

French: Well, over and above exercising the general caution against it, I...way. Um, one thing I would say, there is, if, if you were simply presented with the screams in this case with no background information, if there were just edited out of the recording, end to end, and give it to an analyst. I don't even think you could be sure that the person was screaming in English. Um, I don't even think you can be sure that the person was male rather than female. And that's, that's sorts of background information that people use in brain, where, what's, what's happening.

(Q81) West: And how about the ability to, or the claimed ability to identify,

uh, words from little pieces of information, or, um, snippets that have been extracted by, uh, multiple levels of amplification and basically the, the,

the sub-level of what you can, or. I, I'm saying that very poorly, I apologize. [Breathe deeply]

Uh, Dr. Reich is claiming to be able to understand speech attributed to both Trayvon Martin and Mr. Zimmerman in the 911 call, um, and also to Mr. Zimmerman in his non-emergency call to the police. As, as I understand your evident (evidence), you don't find any of that speech in those recordings?

French: Um, no, I don't. [Looking at the notes] Just give me a moment. I'll look at the note, um. No, um, I'm just looking at it from the Zimmerman 911 call. First, Dr. Reich claimed to be "*do you think I'm crazy here*", um, then later on, before, if you'll excuse me, um, the words "*these assholes*", um, "*dear God*" is attributed to, to the speaker. And then after those words, but not only, and I, I can't even ...speech.

(Q82) West: When you say you can't hear it, did you, um, did you try through you and your colleagues and your laboratory?

French: Indeed, yeah. No, when ... (West: ... so, you did a ... Go ahead.) Sorry! No. The problem is with, with, you can amplify them, but they don't become more clearly speech, they just become, they just become louder, that's what amplification is. Even if you do selective amplification at different frequencies, um, it doesn't help you decide what is speech and what is not speech, generally speaking. And in my view, those are not speech.

West: (to Dr. French) Uh, thank you, Dr. French.

West: (to Judge) May I have one moment, your honor?

Judge: OK.

West: We'll take. Should we take a few minutes recess now? I'm about finished, but, uh.

Judge: Why don't we finish that? um, we'll take a recess after we finish with the witness.

West: Just stand by, please, Dr. French.

[It can be seen from the video signal that Mr. West is talking to Mr. O' Mara, while the audio signal is silenced.]

Part 4: Cross Examination

Judge: Thank You. Mr. Mantis?

Mantis: (to Judge) Thank you, your honor.

(Q83) Mantis: (to French) Morning, Dr. French. I guess is it morning there?

French: Um, no. It's 24, afternoon, Mr. Mantis.

(Q84) Mantis: Dr. French, do I understand that, uh, despite you having testified over there in England quite a bit, I guess, this is your first tendering or testimony in an American court room?

French: Indeed, you guess.

Mantis: Welcome, Sir.

French: OK.

(Q85) Mantis: Uh, I'd like to ask you a little bit while we were still fresh on the subject of listening to that 911 call and things that you cannot hear on it, you certainly do not hear anyone say anything like "*you're gonna die tonight*" "*motherfucker*", do you?

French: No.

(Q86) Mantis: You certainly don't hear anyone say anything like "*you've got me*" or anything like that, do you?

French: No.

Mantis: All right.

French: We talking about which one, the, um.

Mantis: The 911 call.

French: The screaming call?

Mantis: The screaming call. Yes, sir.

French: The screaming call. No.

(Q87) Mantis: OK. Nothing like that on that call at all, right?

French: No.

Mantis: OK. Dr. French... (be interrupted by French.)

French: I am not saying that...Sorry, sorry. But I just amplify a little bit on that. (Mantis: So?) Um, I'm not saying that there's nothing on there, that could, um, with a bit of imagination be construed as things like that, but I can't see anything, I can't find anything on there, which I would hear as those things.

(**Q88**) **Mantis**: Let me ask you just in general terms, about, uh, the amount of effort or physical energy needed to produce the sounds that you heard of screams from the distance. And I understand you're familiar with least, with some of the basic facts that these were recorded at some distance away, even from the outside of a building, in which the telephone recording them was located. You're familiar with those facts in general?

French: [Smacking the lips] Yeah, my understanding is it was maybe about 40 feet, am I right, from the, the screaming to the telephone?

(**Q89**) **Mantis**: From the outside to the inside of, I guess, an apartment, or?

French: Yeah, yeah. Mmm.

(**Q90**) **Mantis**: And, sort of, I guess, in competition with the voices of the other folks that can be heard on the tape?

French: Yes, sometimes the, the screaming is in fact overlapped by the, the speech of the caller or the speech of the operator.

(**Q91**) **Mantis**: So, talk a bit about how much sort of effort or power would be required to kind of generate anything to be audible at all, at that distance and given those conditions.

French: Well, we'd, you can't really address that. Because it would depend on a number of factors. And it would depend on whether the screamer was there, their mouth was facing towards the apartment where the, um, where, where the telephone was situated, whether they were facing away, or whether their head was at right angles to, to that. It would depend on, um, whether or not at a particular moment, the, the person who was making the call at the, the microphone of the, the mouthpiece of the, sorry, the, um, yeah the mouthpiece of the telephone pointing towards the scene or whether it was point in the different direction, how close she, um, or he had the, um, the telephone handset to their, to their faces, whole range of things like that. And it would also depend on the, the quality of the line, the particular connection between the telephone and the control room where was recorded and the, the e-quipment in the (contrast) . So, I mean, the, the, heck of a lot of varia-bles. They're really to, um, to, to take into account. And I don't think I can give any, um, meaningful view on how much effort would be, be required.

(Q92) **Mantis** : Let me ask you about some of the physical variables in-volved. And by physical, I mean the, the, the person making, producing the sound that we interpret as a scream. Um, did you detect anything there, that would suggest that was being smothered or interrupted or anything like that?

French : Couldn't tell you either way.

Mantis : Okay.

Judge : I am sorry. Do you have the answer?

(Q93) **Mantis** : ... you couldn't tell us anything about that either way?

French : That's correct. Yes.

Mantis : OK.

French : Yes, a lot of it was overlapped... I'm just looking at, I'm just, refer to, uh. [Exhale deeply] Yep, most of it was actually overlapped by the speech of one of the other people, the, the operator on the call. The vast major-ity.

(Q94) **Mantis** : Do I understand you, to be tell us that foren (sic) , the evaluation of forensic samples like this, is, in general terms anyway, of a valid undertaking. In other words, you and the folks in your lab routinely at least attempt to analyze forensic samples?

French : Yes, we do analyze forensic samples. Yeah.

(Q95) **Mantis** : And I think you, you mentioned that, uh, you do not advocate or specify any bare minimums in terms of the amount of words or the duration of the signal or anything like that?

French : That's correct, Yes.

(Q96) **Mantis** : You did say that you need much less of that sort of thing, uh, for elimination purposes potentially than for inclusion.

French : Yes, in certainly, in certain circumstances, if you, for instance, um, let's say, um, your voice were the voice in a criminal recording, and I was the re (cording) , my voice was the recording of the suspect, you would need relatively little, maybe just a few syllables, so long as there were no indications that there might be voice disguised presence, to eliminate, to eliminate me as the suspect.

(Q97) **Mantis:** Doctor, anybody indicated that you're in any way the suspect?

French: Ha.

(Q98) **Mantis:** My understanding, Dr. French, is that your examination of these included, uh, listening to these samples repeatedly, uh, listening to the edited version of it, in meaning the screams have been pulled out, ... those by themselves, looking at the formant frequencies, measuring the fundamental frequencies and that sort of thing?

French: Yeah.

(Q99) **Mantis:** You also listen to it being played on different programs, like, for example, one of them, Sony Sound Forge, right?

French: Yes, I listened to it, I think, on two programs, only Sony Sound Forge and Praat which is the University of Amsterdam system for, um, sound, [clearing throat] excuse me, sound, uh, uh, speech analysis, um, which has become more or less industry standard.

(Q100) **Mantis:** And Sound Forge does, sort of what? You actually, not only do you listen to something using Sound Forge, but you can also see things from Sound Forge?

French: Yes, you can. Um, it's a bit of a blunt tool compared with the other one, Praat. Um, normally the, the default display would just be the waveform. So, in other words, you would see, um, you would have a time-amplitude, [clearing throat] time-amplitude display on the screen as you were listening to the sound. So, you could tell looking at that sound, um, by looking at the extent of the positive and the negative deflections of the waveform. Well, the sound you were listening to was louder or quieter than adjacent sounds, [clearing throat] excuse me, and even also tell if you measure the duration of it. There's some potential for doing spectral analysis within it. But compared with the other, the other program, that's to say, it's a bit about, a bit of a blunt tool.

(**Q101**) **Mantis**: My understanding is that when you measured the pitch in this case, um, at least for the stuff to where there was no, no overlap, you characterized the range of 350 to 900 Hertz, which I think is a very, very high pitch, is that right?

French: [Smacking the lips] Yeah, could I? Sorry, just give me a moment. Um.

Mantis: Sure!

French: [Inhale deeply] Yeah, um. [clearing throat] I think I may have recalculated this material, um, with the assistance of, um, the person who did the PhD, specifically on screaming. Because she, it's very difficult to do, um, pitch estimation based on screaming. Then she developed a particular technique, but for doing that within the context of a doctorate. Um, so, the, the figures are a little different from those that I gave you in deposition. Um, if I could give you the new ones, the average pitch in that material was estimated to be 526 Hertz, um, the maximum at, was estimated to be 843 Hertz, and the minimum 342.

(**Q102**) **Mantis**: And that's as for her data?

French: [Smacking the lips] No, that's as for the screams edited out of this record.

(**Q103**) **Mantis**: Okay, so you recalculated the data for the screams that have been out of this. Why'd you do that? Just?

French: Uh, uh, simply because what I've done in the first instance was just to use the default program within the piece of software that I mentioned, Praat. Whereas the, um, the person who'd done the PhD had developed within that PhD, um, various techniques for adjusting the pitch to get rid of errors. Because it's not designing really, no softwares, ha. It, it's speech analysis software, is not designed for measuring, measuring things in, in screaming. And therefore, it's prone to make errors. So, what she developed was, um, particular ways of coping with and eliminating those errors. So, I rerun the analysis with her assistance using, um, those particular techniques, and got, got some new figures, which are not very different from the original ones with a little bit ...

(**Q104**) **Mantis**: So, you went back and used additional, I'll call them "resources", for lack of a better generic word to use, and came up with us a slightly different conclusion that you had, just basically a week ago. But.

French: That's ri (ght) , yeah. That's right, yeah.

(**Q105**) **Mantis**: Nothing scientifically strange or unsound about that, that's just sort of, you, you want to improve your data, right?

French: Yes, that's correct. I, uh, I mean it wouldn't, but wouldn't have actually materially affected my view, but it's better that it's done, um, as, as correctly as possible.

(**Q106**) **Mantis**: Would you say it is a distinction without a major difference?

French: Uh, Yes.

(**Q107**) **Mantis**: Okay. You don't think it's something, just because you happen to change something moderately or mildly within a week, so that scientists ought to be concerned about? In terms of validity.

French: Sorry, uh, could you just sound (Mantis: Sure.) a little bit?

(**Q108**) **Mantis**: The, the fact you changed something to, to hopefully improve your result, isn't something that should concern a scientist, and something sciences should encourage.

French: Oh, yes, yes. Um, I mean, what became clear was that, there was a slightly better resource, a slightly more accurate resource than the one I had originally used for taking, for taking those measurements. Yeah.

(**Q109**) **Mantis**: Okay. And when I asked you before, uh, if I were to try to summarize what you've told us, uh, my, my question was then. If I try to summarize what you've told me, it's essentially your quibble is not necessarily. Which process gets applied? But that, this particular sample, none of the processes should be able to draw you any conclusions, whatsoever?

French: Yes. Um, the two concerns really. One is that none of the, none of the processes should, well, are able to draw you any meaningful or reliable conclusions. And there's also an issue with the methodology itself in relation to one of the processes, namely the biometric law.

(**Q110**) **Mantis**: OK. The, and the, when you say the methodologies, you, you're talking about whether or not, these. Let me, let me be a little more specific, the methodologies that you've described, whether it is the biometric approach, or the, I guess, the auditory – acoustic combination approach. (French: Uh–huh.) Neither of those, by itself, in concept is, is problematic, but your opinion is that they should not be applied to samples like this.

French: Uh, no. That's not quite right actually. Well, (Mantis: OK.) yeah ... one thing is neither of them should be applied to samples like this. Um, the other, the other problem is with the biometric one. I think what we need to do and what the court needs to be aware of is a distinction between on the one hand technology and on the other hand methodology. So, whilst the concept of a, of, of biometric technology is accepted within the broader scientific community, the methodology employed by Dr. Owen is that would not be accepted within me. So, it's the methodology itself employed by Dr. Owen which were not, um, Mr. Owen, which would not be accepted within the wider scientific community. So, it's not just the application of it to these data, it is the methodology itself in relation to the biometric approach used here.

(Q111) Mantis: Let me ask you about the, uh, the discussion regarding the vocal tract measurement and, and the possible correlation or possible non–correlation. Do I understand you to say that, you really can't draw any correlation between the age of a person and the overall pitch of their voice?

French: When the screaming...

(Q112) Mantis: Okay. Uh, in general terms, would you say that younger persons who have not either completed puberty or physically finished developing will have a higher pitch voice than they will after they've finished?

French: Yes. (Mantis: So, that's?) People who, people who haven't undergone the voice change, men and women, if they haven't undergone the voice change, generally speaking, they'll have a higher pitch voice than when they have.

Mantis: Thank you, Dr. French.

Mantis: ...just a moment...

Judge: If you may?

Mantis: That's all questions I have to (say).

Part 5: Redirect Examination

Judge: Thank you. Any redirect, Mr. West?

(Q113) West: Dr. French, this is Don West again. Uh, with that last subject, uh, can you talk a little bit more about, uh, when the voice changes? Uh, let's talk about, uh, men, let's talk about men, when the voice changes, what is that process, and when in life does that typically occur?

French: It would typically occur in the early to mid-teen age years. Um, I'm not a specific expert on that. Um, but generally speaking, within, um, between the ages of, say 12 and 15, 16, um, maybe a little bit older. Um, in, in some cases, and, um, what happens is the lowering of the larynx, the enlargement of the larynx, the enlargement sinus ca (vities), cavities, and the, this creates changes to births, the quality of the voice and the pitch.

(Q114) West: Is it also, uh, the, the time when the voice changes, is it also associated with other, uh, physiological changes in the body?

French: Well, generally with puberty, yes.

(Q115) West: Uh, and what are, are you familiar with the kinds of physiological changes that are typically associated, at the same time, that the voice changes?

French: My memory is that lung, Yes.

(Q116) West: Ha, uh, for example, uh, uh, facial hair or pubic hair. Those kinds of things typically associated with, um, physiological changes in this, this stage?

French: Um, well, I'm just becoming a little concerned, Mr. West, that I might be straying outside of my area of expertise. (West: Sure.) And giv (ing), giving, um, giving, if you like information the, the average, judge or juror, trier of fact, wou (ld), would themselves be able to answer, just, just as well as me.

(Q117) West: Certainly. Would, would you know from, uh, wou (ld), would you know from information that you have, whether, uh, Trayvon Martin had undergone, this, this change from puberty, uh, through puberty, to

... his voice would have, would have changed?

French: Well, a general impression is that he had, although it would be very difficult to actually ground that in the recording I had. Because most of that was on raised voice, and some of it was just high-pitched vocalizations.

(**Q118**) **West**: Are you talking about the recording of Trayvon Martin's voice that was the soundtrack of a video?

French: Yeah, two video clips.

(**Q119**) **West**: Is that the only, uh, voice that you have, that you know of, that may contain Trayvon Martin's voice?

French: It is. Yes.

West: Uh, I have no other questions.

Part 6: The End

Judge: Mr. Mantis?

Mantis: No, thank you.

Judge: [Clearing throat] OK, Dr. French. We are finishing with you today. Thank you very much.

West: Thank you, Dr. French.

Judge: ... Thank you.

West: We're going to sign off now.

French: Thank you, your honor.

似然率在科学证据中的应用[*]

——以指纹证据为例

王 鑫 王元凤[**]

摘 要：科学证据为法庭服务已有上百年之久，随着时间的推移，陪审员或者法官在定案过程中呈现出越来越依赖科学证据的趋势。然而，当人们意识到指纹证据也会出错，并可能导致错案发生的时候，我们就不得不重新对其进行评价。指纹证据在法庭上一直扮演着至关重要的角色，司法实践人员却很少用概率或者似然率对其进行解释或者评价。司法鉴定人员可以利用似然率对科学证据中的指纹证据进行评价，并且检控方和辩护方也可以利用基于似然率呈现的科学证据构建庭审策略，法官在整个案件的裁定过程中同样能合理结合基于似然率呈现不同的科学证据。

1902 年 7 月，伦敦建立了中央指纹处。同年，中央指纹处共识别出 1722 个犯罪嫌疑人。从此，指纹证据代替了盛行已久的贝迪永人体测量法。[1]随着破获案件数量的增多，指纹证据被世界各地办案人员

* 国家社科基金重点项目：基于统计模型和概率评价的司法语音研究（16AYY015），中国政法大学校级科学研究规划项目资助（项目编号：20116040），中央高校基本科研业务经费专项资金资助。

** 王鑫，中国政法大学证据科学研究院在读研究生，主要研究方向为法庭科学；通讯作者：王元凤，副教授/正高级工程师，主要研究方向为诉讼法学、证据科学、司法鉴定学。

〔1〕 伯纳德·罗伯逊、G. A. 维尼奥：《证据解释——庭审过程中科学证据的评价》，王元凤译，中国政法大学出版社 2015 年版，第 185 页。

信服，从而被称为"证据之首"。但是，我们也能遇见许多因指纹鉴定而引起的冤假错案。其中，发生在以色列的一起刑事案件中，警察使用粉末刷显法在犯罪现场提取了一枚残缺指纹，与从嫌疑人处提取的样本指纹比对时发现了7个特征符合点，并据此认定同一。然而，该案最终的审判结果证明这是一份错误的指纹鉴定意见。在另一起发生在美国伊利诺伊州的刑事案件中，鉴定人员在现场指纹和样本指纹的比对过程中找到了14个特征符合点，并据此做出了同一的结论。该案最终的审判结果证明这也是一份错误的指纹鉴定意见。若这两个案例的影响力并不显赫，那么关于西班牙马德里火车爆炸事件中指纹鉴定错误的事实，可以算得上是一件轰动世界的大案。2004年3月11日上午，西班牙经历了1988年洛克比炸弹爆炸案以来最严重的恐怖袭击。马德里发生的系列爆炸案导致190人丧生，受伤人数超过1500人。2004年5月6日，一名叫布兰登·梅菲尔德（Brandon Mayfield）的律师被逮捕。这名律师被逮捕的原因是，西班牙警方在爆炸现场提取的塑料袋上发现了一枚嫌疑指纹，通过国际刑警组织在全世界范围内进行检索和比对，美国联邦调查局（FBI）的指纹自动识别比对系统给出了"该枚嫌疑指纹来自布兰登·梅菲尔德"的结论。[1]然而，直到西班牙警方找到真正的元凶之后，人们才意识到美国联邦调查局的鉴定意见是错误的。因此，美国政府向布兰登·梅菲尔德正式道歉，并赔偿了两百万美元。

由此可见，指纹证据具有不确定性。然而在司法实践过程中，司法鉴定人员出具的鉴定意见书往往过于绝对，对鉴定意见的解释不够充分，这样会导致法官在适用司法鉴定意见书的时候，过于依赖司法鉴定意见的结论。为了避免这个问题，我们可以尝试使用似然率[2]对检验结果进行评价，并得出更为科学的鉴定意见。

---

〔1〕 詹姆斯·B. 杰克布斯、丹尼尔·P. 科廷："对执法造成名誉损害的救济——源自李文和案、史蒂文·哈特费尔案以及布兰顿·梅菲尔德案的思考"，于卿、联航译，载《刑法论丛》2012年第1期。

〔2〕 似然率（LR）$= \dfrac{\text{假设为真，证据出现的概率}}{\text{另一个假设为真，证据出现的概率}}$，或者用符号表示，$LR = \dfrac{P(E|H_1)}{P(E|H_2)}$，在这里，P表示"概率"，E表示"出现的证据"，|表示"给出的"，H_1表示检验的假设，H_2表示另一个假设。

一、司法鉴定人对似然率的应用

对于指纹证据而言，司法鉴定人扮演的角色主要是出具一份司法鉴定意见书。指纹证据的司法鉴定意见书属于典型的评价型科学证据报告，它主要服务于庭审阶段，用于裁判者在控辩双方各自不同主张下作出恰当的裁决。[1]

在出具报告时，司法鉴定人应该在自己出具的司法鉴定意见书中给出对于检验结果的客观评价。这个评价应该有助于阅读者更加充分地了解以及信服司法鉴定意见书所表达的信息。在此过程中，最基本的内容是必须要在司法鉴定意见书中体现出司法鉴定意见的推导过程。这方面的内容在国内外都有体现，也是毫无争议的点。例如，在国内，以指纹证据为例，司法鉴定意见书中的鉴定过程一般会首先表明报告所参照的标准方法；进而说明使用了哪些分析软件或者仪器，并附上较为清晰的图片；标出找到的若干符合的或者不符合的特征点；最后得出对比的两枚指纹是否是同一个人所留。这种说明只是对给出鉴定意见的过程的记录，并没有对意见本身进行进一步解释。这时，我们就需要选择一种科学的方法对意见本身进行解释。如今统计学正风靡于科学证据领域，不用到统计学的证据容易被冠以"经验型"或者"不够科学"的帽子，其应用价值可能会遭到质疑。

毋庸置疑，统计学应用到指纹证据领域的确有诸多困难。目前我国人口众多，统计工作相当困难，但是就现在办理新的身份证需采集指纹的情形而言，就大大增加了统计工作的可能性。通常的思路是，首先统计每枚指纹的特征点数量，并计算出平均每枚指纹的特征点数量；然后计算出每一种特征点出现的概率；紧接着计算检材和样本来源同一的概率，这一计算过程比较复杂，需要用到前面所述的大量统计。与数字相关的证据工作并未因此而截止，司法鉴定意见最后需要做的就是借助似然率而客观地表达出该指纹证据的证明力。[2]

---

[1] Olivier Ribaux and P. Margot, "Inference Structures for Crime Analysis and Intelligence: the Example of Burglary Using Forensic Science Data", *Forensic Science International*, Vol. 100, 3（1999）, pp. 193–210.

[2] 胡卫平："指纹鉴定标准及鉴定结论概率化研究"，载《证据科学》2012 年第 4 期。

计算检材和样本来源同一的概率应该先统计出各种特征点出现的概率。例如，在一个案件中，通过观察检材和样本，找到若干个（如16个）相同的特征点，如图1所示。通过之前所做的统计工作，我们可以分别得到每一个特征点出现的概率，用 N_1，N_2……N_{16} 表示。那么这16个特征点同时出现的概率（P'）为 P'= $N_1 \times N_2 \times$…… N_{16}，随之，我们就可以计算出 P = 1-P'。

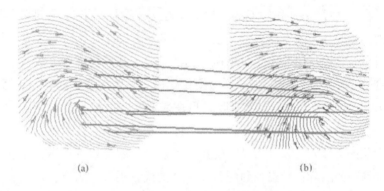

(a)   (b)

图1 指纹比对图（图片来源于网络）

假设图1中（a）是检材，（b）是采集到的张某的指纹。如果P计算结果为98%，那么司法鉴定人在报告书中就可以这样陈述：如果该指纹为张某所留，那么获得上述16个特征点一致的结果的概率为98%。注意，这里容易犯一个错误，将此98%理解成检材指纹是张某所留的概率为98%。若只给出这样的数据或者陈述，司法鉴定人对于指纹证据的评价只是单向的，仍不够充分。接下来，司法鉴定人应该从控辩双方的视角出发，使用似然率（LR）客观地衡量此项证据的证明力，其具体计算公式如下：

$$LR = \frac{P(E \mid H_1)}{P(E \mid H_2)}$$

对于以上列举的案例而言，$P(E \mid H_1)$ 的含义是"假设张某是凶手（H_1），那么得到此16个相同特征点的概率"；$P(E \mid H_2)$ 的含义是"假设张某不是凶手（H_2），那么得到此16个相同特征点的概率"。似然率就是这两个概率的比值。可想而知，这个比值越大，那么该指纹证据支持假设 H_1 的强度就越大，反之亦然。相对于直接给出绝对肯定或者绝对否定的鉴定意见的情况而言，使用似然率来评价证据的证明力更为科学，因为似然率表明司法鉴定人从中立的角度出发，同时兼顾了控辩双方两种假设情况，并且将这种相对权衡的结果呈现给了报告的阅读者。

需要注意的是，司法鉴定人在评价指纹证据时，不需要对案件事实或者法律问题陈述自己的观点，只需要估算出"在控方假设的条件下出现这种指纹证据的概率"以及"在辩护方假设的条件下出现这种指纹证据的概率"，并得到似然率。如果在这两种假设的情况下，我们可以查阅到具体的数据作为支撑，那么似然率的计算便会比较精准。但是，如果没有可供查阅的具体数据信息，司法鉴定人也可以依据多年的工作经验而进行主观赋值，并给出一个较为准确的数值。

当然，纯粹的数字或许显得比较生硬，在报告中增加些描述性的语言会使报告内容更加丰富、充实。例如，我们可以根据指纹鉴定意见书的特点，确定似然率在某段数字范围内具体文字的描述。具体而言，大于10 000的似然率可以表达为"特别强力支持 H_1"；介于 1000—10 000的似然率可以表达为"强力支持 H_1"；介于 100—1000 的似然率可以表达为"中等强度支持 H_1"；介于 10—100 的似然率可以表达为"适度支持 H_1"；介于 1—10 的似然率可以表达为"有限支持 H_1"。[1]我们亦可以将这样的数字和文字结合的情形绘制成一个表格，使法官明白似然率的数值所代表的意义，并明确该证据支持某一假设的程度究竟在哪一个梯度。[2]

或许有些比较激进的学者会认为，使用这种不完全确定的表达方式的主要原因是司法鉴定人根本不敢承担给出错误鉴定意见的责任。但是，对待科学，我们应该持有更加严谨的态度。以似然率作为证明力的表述，更有利于向阅读者传递精准的证据信息。[3]

〔1〕 Andrew R. W. Jackson and Julie M. Jackson：*Forensic Science*，3rd ed.，Prentice Hall，2011.

〔2〕 张艳云、崔景旭："贝叶斯似然率理论的实验研究"，载《广东公安科技》2013年第4期。

〔3〕 王元凤、于颖超、吴桂玲："论统计学在科学证据报告中的应用"，载《证据科学》2016年第4期。

二、检控方和辩护方对似然率的应用

司法鉴定人的主要任务是确定似然率的大小，而检控方和辩护方的主要任务在于如何运用似然率去说服法官，实现自己的庭审目的。这不禁使我们想起李昌钰博士的一个比喻：庭审就像一场音乐会，法官是指挥家，检察官和辩护人是音乐家，而证据就是音乐家手中的乐器。如何使用乐器要看音乐家的技巧，那么如何运用证据就是检察官和辩护人的技能。

检察官在分析指纹证据的时候，也能运用到似然率。例如，在一起重大交通事故中，事故发生前车里共有4个人，事故发生后，车里的人都被撞出了车外，仅有1人生还。这时，我们需要确认4个乘车人员中哪个是事故发生时的驾驶员。生还人王某声称自己不是驾驶员，且无法提供相关证据。我们在汽车的方向盘上找到了一些指纹，鉴定人将这些指纹与王某的指纹进行比对，得到一个似然率：

$$LR = \frac{P(E|H_1)}{P(E|H_2)} = 9800$$

该似然率表明，"假设王某是驾驶员，出现该证据的概率"与"假设王某不是驾驶员，出现该证据的概率"之比为9800。这时，检察官不能直接运用似然率去证明王某就是驾驶员，而应该综合全案信息，利用贝叶斯规则[1]整体去证明王某是驾驶员。

但是，当情况发生一些变化后，似然率也会跟着变化。如果在方向盘上发现王某指纹的同时，也发现了另一个死者的指纹，那么情况就会变得复杂，需要作进一步取证。这时，辩护人会辩称，王某是车主，在方向盘上留有指纹合乎常理。在这种情况下，检察官如果仍然想使用指纹证据实现自己的诉讼目的，那么就应该在"量"上做文章。通常情况下，方向盘上遗留的指纹会被下一个驾驶员因摩擦作用而擦掉。因此，如果搜集的王某的指纹远远多于死者的指纹，那么基于该检验结果而得出的似然率变回显著支持"王某是驾驶员"的假设。

在没有获得新证据之前，王某是驾驶员的概率是1/4，及证据的先验优势比为1/3。先验优势比是在没有该新证据之前，关于检验的假设

---

〔1〕 贝叶斯规则：先验优势比×似然率＝后验优势比

的已知数学陈述。在这个案例中，也就是在警察没有获得任何证据之前，仅仅凭借观察现场人数就可以推断的一个比值。获得指纹证据之后，我们便基于指纹特征比对结果而计算出该证据的似然率。然后可以利用贝叶斯规则，即：

先验优势比×似然率＝后验优势比

如果似然率大于1，那么对于"王某是驾驶员"的假设的判断（即后验优势比）便会得到相应的加强。后验优势比[1]的值取决于证据的证明力。如果证据有利于控方，那么后验优势比相较于先验优势比便有所增大。

辩护方一般会质疑指纹证据的科学性，并搬出各种规则（如多伯特规则）来质疑其可采性，请求排除证据。多伯特规则的具体陈述如下：①必须基于可测试和可证伪的理论和技术；②必须经过同行评议和出版；③出错率必须是可预知的；④有一定的标准和关于应用的控制措施；⑤必须得到相关科学界公认。[2]但是，仅凭辩护方对于指纹证据科学性的攻击，并不能排除证据，因为现在的主流观点认为"我们可以但是不必考虑以下四种因素：可测试性、同行评议和公开出版、误差和操作标准以及普遍接受性"。[3]

当辩护方在请求排除证据遇到阻碍之后，他们的工作重心就会转移到怎样做出更为合理的假设。因为指纹证据有一个比较明显的局限，就是不能仅凭借自己的力量证明案件的主要事实。这便是人们常常提及的"科学证据从不讲述完整的故事"。[4]换句话说，辩护方就应该给出其他假设，如"这些指纹是王某前几天开车时留下的，并非案发时作为驾驶员而留下的"。这种假设并非完全不可能，甚至对于法官来说，这是一种合理的怀疑。这样的假设会通过增大分母的方式降低该证据的似然率。当似然率低至1时，辩护方便可以成功地变被动为主动，获得有利于自己的形势。

---

〔1〕 后验优势比：将新证据考虑进去之后，关于检验的假设的已知数学陈述。

〔2〕 Daubert v. Merrel Dow Pharmaceuticals, 509 U. S. 579, 1993.

〔3〕 See David S. Caudill and Lewis H. LaRue, "Why Judges Applying the Daubert Trilogy Need To Know About the Social, Institutional, and Rhetorical-and Not Just the Methodological-Aspects of Science", *Boston College Law Review*., Vol. 45, 1 (2003), 2003, pp. 13-18.

〔4〕 [英] 麦高伟、杰弗里·威尔逊主编：《英国刑事司法程序》，姚永吉等译，法律出版社2003年版，第237页。

三、法官对似然率的应用

自从 "Daubert v. Merrell Dow Pharmaceuticals, Inc." 案发生之后，美国的法官就开始充当科学证据 "守门人" 的角色。[1]法官究竟该如何排除科学证据？运用哪些规则去排除科学证据？这一直是较为热门的话题。

目前，美国司法领域普遍适用的规则有多伯特规则、弗赖伊规则或者两者的混合。[2]这两种标准均把科学标准引入关于可采性的基本法律判决之中。然而，法官没有必要把那些用于判断科学方法是否可靠的标准用于法庭审判中去，而应该把相关性作为唯一的标准。[3]

对于科学证据的相关性而言，基于似然率的数值来判断是一个很好的设想。假设有一起发生在住房客厅的凶杀案，在现场的杯子上提取到了一枚指纹，经过鉴定之后，虽然这枚指纹和男主人的指纹的匹配率达到了99.8%，但是司法鉴定人得出该证据的似然率仍约为1，即该证据不具有相关性，这对于区分控辩双方两种假设并不能做出实质性贡献。然而，司法鉴定人为什么给出的似然率会等于1？该证据为何不具有相关性？其原因在于，男主人的指纹在其居住的房间里的杯子上出现，这是非常符合情理的。因此，"在该男主人是凶手的条件下指纹比对一致的概率" 与 "在该男主人不是凶手的条件下指纹比对一致的概率" 的数值相当。该指纹证据并没有增加对于男主人是凶手的可能性的判断。所以，法官有理由认为，该指纹证据不具有相关性，应予以排除。

大多数主流观点都认为，在民事案件中，优势证据标准要求支持原告的概率应该大于0.5。这种观点的不足之处在于并没有把民事诉讼的具体情况考虑在内。在民事诉讼中，只有原被告双方，他们各自持有一种主张，也就是说法官需要在两种不同的主张中做出权衡和判断。

---

〔1〕 See Margaret A. Berger, "Expert Testimony: The Supreme Court's Rules", *Issues in Science and Technology.*, Vol. 16, 4 (2000), pp. 57-58.

〔2〕 See Alice B. Lustre, "Annotation, Post-Daubert Standards for Admissibility of Scientific and Other Expert Evidence in State Courts", *A. L. R. 5th*, Vol. 90, 453 (2001), 2001, p. 481.

〔3〕 张中："允许怀疑：科学证据的新标准"，载《科学证据》2011 年第 5 期。

但是，实际情况并非只有两种可能，即原被告双方对于案件事实的假设并不是穷尽性的，很有可能存在第3种或者第4种假设。如果在其他假设存在且均具有相当的可能性的情况下，法官或陪审员很难做出对原被告任何一方的主张大于0.5的概率判断。此时，把原被告双方的主张进行比较，在两个较小概率中进行科学权衡，这样的事实裁定显得更加合理且可行。

原告和被告双方选择的假设会影响证据的似然率比值，所以假设的选择至关重要，可以决定法官是否要排除该证据。例如，在一起合同纠纷中，原告诉被告就某一合同违约，但是被告称自己从未见过此合同。司法鉴定人在原合同书上显现了数枚指纹和一些掌印，经过对比发现了这些指纹和掌印中有三枚与被告比对一致的概率为99%。那么在先验优势比为1的情况下，这些指纹证据就足以证明被告的主张发生的概率小，似然率一定大于1，支持原告。如果被告的主张不是自己没有见过此合同，而是就合同的内容发生分歧，那么单凭借这些指纹和掌印并不能得出支持原告或者被告的结论。

如果将民事案件的每一个科学证据分拆开来，每一个科学证据都有一个似然率。那么，我们就可以将先验优势比与这些似然率相乘，得到适合综合判定的后验优势比。这样的好处是避免只是简单地将每一个科学证据支持原告的概率相乘，得到的数据越来越小的悖论。[1]例如，一个案件中，指纹证据支持原告的概率为9/10，笔迹鉴定支持原告的概率为3/5，电子数据支持原告的概率为4/5。将这些证据的概率依次相乘，我们会发现，虽然每一个证据都偏向原告，但是直接相乘得到的结果小于0.5，反而演变成了支持被告的假象。使用考量控辩双方两种假设的似然率就能有效解决上述问题。如上面的例子所述，指纹证据的似然率为9/1，笔迹鉴定的似然率为3/2，电子数据的似然率为4/1。将这些似然率相乘，则获得54/1的结果，即证据的似然率>1。似然率大于1，即表示这些证据加起来是支持原告的。民事案件的证明标准较低，在先验优势比为1的情况下，只需要依据似然率便可以实现科学的事实裁定。

〔1〕 ［美］爱德华·K. 程著："证明责任的重构"，李静静译，载《证据科学》2015年第4期。

刑事案件的证明标准很严格，想简单地通过"先验优势比×似然率=后验优势比"的形式得到一个数据来判定一个人是否有罪，这似乎不够严谨。但是，我们仍然可以在案件的审理过程中使用到这些有效的证据元素，从而加深法官对科学证据的理解。正如前文提到的王某为疑似驾驶员的案件中，法官完全可以基于自己判案的经验去认定在方向盘上找到的指纹证据是否提高了认定王某是驾驶员的可能性。换句话说，虽然法官在判案的时候不能使用似然率给出的具体的量化数据，但是其内心的推理过程一定有量化的思路。这个过程主要涉及逻辑推理和法律推理。虽然现阶段的确难以实现对于逻辑推理和法律推理的量化，但是任何学科研究达到一定的高度或者深度时，都会难以逃脱以数字或者概率这种高度抽象的方式去推进其发展。

无论法官或陪审员在刑事案件中是否使用似然率的概念，司法鉴定人员和控辩双方都应当理解似然率的内涵并掌握似然率的应用途径。对于全案来说，量化的确会给法官或陪审员带来理解上的困难，但是，在出示像指纹证据这样的科学证据时，向他们解释各种假设出现的概率和概率比，这种做法无疑会使人们对科学证据本身的理解更加深刻。

四、小结

虽然就目前国内对于科学证据的应用来看，侦查阶段和庭审阶段中的司法鉴定人、检察官、律师和法官对似然率的研究没有做得很深入，甚至并没有意识到似然率在侦查或者审理案件中应用的可能性，但是，为了科学证据的公正性、法律的正义，我们有责任和义务去迎接这种挑战。或许有学者会质疑使用数字衡量证据的证明力的方式，并且觉得只有处于理想的情况下这种方式才能适用。可是，我们从小就开始接触的物理知识不也是在做各种理想的假设吗？对于物理知识推进科学技术进步的事实，大家有目共睹。在信息大爆炸的21世纪，科学证据的缺陷已经开始引起人们的重视，司法鉴定人、科研人员和法律工作者如果再不对科学证据的应用途径进行深入优化，那么科学证据终将难以逃脱被质疑的命运。

中西方笔迹检验的历史沿革比较研究

李 冰 刘 锐*

当今社会，随着跨国、涉外案件的日益增多，在笔迹鉴定领域，中英文笔迹检验的理论和实践也朝着相互融合的趋势发展。中西方笔迹检验的比较研究逐渐成为笔迹检验领域重点研究内容之一。其中最具代表性的当属我国的"世纪争产案"，其既是对中西方笔迹鉴定专家的能力、水平的展示，也是中英文笔迹鉴定在理论、技术、评断标准等方面的激烈博弈，为中外笔迹鉴定专家提供了一个正面交锋、互相审视的契机，使得中西方不同鉴定理念和方法首次以面对面的形式呈现在世人面前，促使双方对中英文笔迹检验的异同等问题展开一系列理性的思考。交流是连接鸿沟的桥梁、互动是共同成长的渠道，多方的交流互动在任何科学领域都至关重要，任何形式的故步自封、闭门造车行为只会使科研之路越走越窄，并逐渐偏离科学的轨道而变得毫无意义。采撷各家之长，不同思想激烈的碰撞，才能产生耀眼的火花，进而激发科学进步的灵感。因此，在笔迹鉴定领域，我们要拓宽视野，秉持学习借鉴的态度，学会以比较分析的方法来发展笔迹鉴定事业。此外，历史研究是能以全面的、联系的、发展的眼光透彻了解相关问题的前提与关键，因为任何事物都是在一定的时空环境下展开

* 通讯作者：李冰，副教授、高级工程师、硕士研究生导师，单位：证据科学教育部重点实验室、司法文明协同创新中心；刘锐，中国政法大学证据科学研究院法庭科学专业研究生，研究方向为文件检验技术。

的，对该事物的研究当然不可避免地要对其发展过程进行追根溯源。回顾历史，才能更好地展望未来。本文第一部分对中西方笔迹检验的发展历史进行了概述，第二部分则进一步比较分析了二者在笔迹检验的理论与方法上的异同，以促进笔迹检验学更加系统、良性地发展。

一、中国笔迹检验技术的发展

从结绳记事到仓颉造字，灿烂文化和古今文明便起始于此。毋庸置疑，文字造福了整个人类，但历史证明，同其他事物一样，文字亦如一把双刃剑，多遭滥用，成了犯罪的工具。为了揭露和证实犯罪，作为刑事技术之一的笔迹检验技术应运而生。我国是使用笔迹检验技术最早的国家，纵观其发展历史，可以将其分为古代、近代、当代三个发展阶段。

（一）中国古代的笔迹检验

我国古代笔迹检验发展史，是指19世纪末期以前，大约有两千年的历程。我国作为世界四大文明古国之一，科学文化一直处于领先地位，笔迹检验比欧美等国家早了一千多年。文字的发明，使得人类社会由野蛮时代转向文明时代。据史学家推断，早在公元前2070年至公元前1600年的夏朝，我国就已经有了原始的文字。文字的出现不仅便利了人们的生活，而且能够传承古代的文明成果。然而，正是因为文字的使用如此兴盛，其在民间有着不可或缺的地位，由此可推测，利用文字进行违法犯罪活动的历史很可能与文字本身的历史同样久远。中国古代司法工作者把"查笔迹"列为办理文字案件的基本手段，法律对于利用匿名信诽谤官吏者进行了严刑峻法的制裁措施。[1]由于封建社会实行政、法合一，并且惯于使用刑讯逼供，加之对物证的忽视，虽然笔迹检验技术发展了两千多年，但没有形成完整的体系，只是作为断案的零星经验流传下来。这一时期的笔迹检验技术基本上处于萌芽期和经验积累阶段。

1. 中国最早的笔迹检验

笔迹，古代称为手迹或手书，到了近代才称为笔迹。我国古代使用

---

〔1〕 曹洪勋："略述古代笔迹检验发展史"，载《刑事技术》1996年第5期。

笔迹检验技术始于何时，并没有确切的记载，我们只好根据历史资料的最早记载来加以考证。

史料可查的最早笔迹检验案件发生于公元前119年。据《史记·封禅书》[1]记载："齐人少翁以鬼神方见上……居岁余，其方益衰，神不至。乃为帛书以饭牛，详（佯）不知，言曰此牛腹中有奇。杀视得书，书言甚怪。天子识其手书，问其人，果是伪书……"这里记述了汉武帝刘彻查验帛书笔迹，识破少翁所制造的骗局的案例。

我国最早真正通过比对笔迹破案的例子，发生于三国时期。据《三国志·魏书》[2]记载："时有投书诽谤者，太祖疾之，欲必知其主。渊请留其本书，而不宣露。其书多引《二京赋》，渊敕功曹曰：'此郡既大，今在都辇，而少学问者。其简开解年少，欲遣就师。'功曹差三人，临遣引见，训以'所学未及，《二京赋》，博物之书也，世人忽略，少有其师，可求能读者从受之。'又密喻旨。旬日得能读者，遂往受业。吏因请使作笺，比方其书，与投书人同手。收摄案同，具得情理。"这里说的是三国时期有人引用张衡所著《二京赋》[3]中的言词，写匿名信诽谤朝政。魏郡太守国渊断定是熟读该赋的人所为。遂以访贤求师为名，寻找到嫌疑人。后又秘密提取了笔迹样本比对鉴别，认定作案人，成功运用笔迹检验破了该案。

公元5世纪，东魏与西魏交战，西魏大将韦孝宽模仿东魏大将牛道常的手迹，制造假信，要求投降西魏，离间东魏官兵关系，并取得了成功。此后利用笔迹作为离间之计的案例非常多，而且屡试不爽，以至于各个朝代都有以笔迹作为判案依据案例的发生，比如，后世的《益智编》中的王安礼利用笔迹的比对智破马生诬告案；《棠阴比事》[4]记载

---

〔1〕《封禅书》，是西汉史学家司马迁创作的一篇文言文，出自《史记·卷二十八·封禅书第六》。

〔2〕《三国志》，二十四史之一，是由西晋史学家陈寿所著，记载中国三国时期魏、蜀、吴纪传体国别史，是二十四史中评价最高的"前四史"之一。

〔3〕《二京赋》是东汉辞赋，为张衡的代表作。《二京赋》包括《西京赋》《东京赋》两篇。二京，指汉的西京长安与东京洛阳。《二京赋》由于其结构的严谨精密，被多数人认为是汉赋中的精品。

〔4〕我国古代法医学著作。一卷，宋代桂万荣撰，刊于1213年。本书载述刑法折狱的一些典型案例，每案皆有四言标题，其中有涉及法医鉴定的内容。现存《四部丛刊续编》影印本。《棠阴比事》是继五代时的《疑狱集》，是宋代郑克编撰的《折狱龟鉴》之后又一部记述诉讼活动的书籍。

某河南县尉巧破吕元模仿笔迹案;《清朝命案选》[1]中的张焕澄冤案;等等。

2. 中国古代笔迹检验方法

在文书检验方面,古人已经利用了各种方法对文书进行鉴定识别,而且使用的很多方法至今仍在使用,如透光观察、水溶等方法。在《棠阴比事》中就有这样的记载:"唐湖州佐史江琛取刺史裴光制书,割取字,合成文理,诈为徐敬业反书,以告。及差使推之,款云:'书是光书,语非光语。'前后三使,并不能决。则天令差能事人劾之,曰:'张楚金可。'及劾之,仍如前款。楚金忧懑,仰卧向窗。日影透窗,向日视之,其字乃是补葺而作。因令琛取书,投入水中,字字解散。琛即叩头伏罪,奉敕斩之。"我国古代笔迹检验,除常规检验方法以外,主要是从伪造方法和时代等方面的特征来进行识别的。

(1) 利用伪造方法特征进行鉴别。我国古代不论是信函、契据还是公文均系书写形成。为了鉴别真伪,古人不但注意研究笔迹的比对检验技巧,还注意到研究和发现伪造方面的差异。如上述江琛诬陷案,事实上反书是江琛切割裴光书信的字迹拼凑而成的,证据面前江琛只得承认罪行。由于书写容易出错,古代粘补法的应用十分广泛。像江琛诬陷案一样,古代不仅常有人将粘补法用于伪造契约文件,就连真实的公文、契约也免不了需要粘补。因此,因文、契粘补而发生争讼的案件也屡有发生。为了杜绝这类案件,古人采取了防范措施,规定:"凡需粘补者,俱于紧要处纸背盖用图记,并于辞内注明以杜讼源。"

又据《棠阴比事》记载,宋代陵州仁寿县江县令,办理一起讹诈田产案。讹诈者提供地田契,看上去好似年代很久远的样子。县令展开视之,曰:"若远年纸,里当色白。今表里如一,伪也。"讹诈者服罪,供出田契系用茶水浸染而成。

(2) 利用印章印文的真伪进行鉴别。因为古人留下依凭的方式是签名、画押、盖手印、印章印文,所以在文书检验的范围内还常常涉及印文检验。据历史记载,我国从春秋战国时期就开始有印章,印章

---

[1] (清)张铭新、李贵连编写:《清朝命案选》,法律出版社1982年版。本书选自清廷司法档案的清朝案例,都是当时社会上确曾发生的真人真事,而且多是比较著名的大案。

不同，官位不同。由于印章系官方拥有，印章盖印于公文、文件，印文就成了文件真实性的凭证。印章伪造技术粗糙，容易分辨真伪。后来为模仿笔迹，仿刻印章成了伪造者的专门技巧。

家喻户晓的《水浒传》中就有一段，军师吴用施计请模仿名家"圣手书生"萧让和仿刻大师"玉臂匠"金大坚上山，伪造信、印救宋江的生动故事，于是鉴别文书真伪便成了一种专门知识，也为笔迹检验提供了一种方法。据《折狱龟鉴》[1]记载："王珣少卿，知昭州，有告伪州印者，系狱久不决，吏持其文不类州印，珣为索景德（1004年—1007年）以前旧牍，视其印文，则无少异，诬者立雪。盖吏不知印文更时也。见王圭丞相所撰墓志。"这是印文检验的实例。

古代对成文时用印章先后也作过规定。历代行文顺序均是先写字后用印，唯元代允许先用印。先用印叫空印，即先朱后墨[2]。于是先朱后墨或先墨后朱，也成了发现伪造文件的重要依据。据《折狱龟鉴》记载：宋代眉州孙某伪造田契。欲夺族人田产，久不能辨。后转运使委托彭州九陇县令章频验治。章频日下辨出"券墨浮朱上，决先盗用印而后书之"。孙某服罪。可见数百年前我国已经能鉴别印文与笔迹形成的次序了。

（3）利用文件的内容与文字的时代特征进行鉴别。古人常根据文件内容与文字的时代特征来揭露伪造事实。据《折狱龟鉴补》记载：广东嘉应李姓甲乙各呈族谱争讼。两份族谱俱系万历二年（1574年）修，彼此有所不同，明有一真一伪，经再三披阅，见甲族谱有"丘"字，乙族谱有"邱"字，于此发现弊窦。因雍正元年（1723年）奉上谕为避圣讳，将"丘"字加耳旁，此前并无"邱"字，乙呈之族谱既万历二年（1574年）所修，却用"邱"字，显系伪造。乙语塞，案遂结。此案用的是"丘"与"邱"的时代特征断的案。

---

〔1〕《折狱龟鉴》又名《决狱龟鉴》是南宋郑克所著。关于郑克的生平，《宋史》无传。据宋人桂万荣《棠阴比事》、陈振孙《直斋书录解题》、彭百川《太平治迹统类》记载，以及清人朱绪曾所作考证，也只知道他是开封人，字武子，一字克明。

〔2〕朱墨时序是指加盖有印章的文件，分析判断其先盖章还是先写字或印制的先后顺序，即印文与书写、印制、复写等字迹形成的先后顺序。"朱"指印文，"墨"指与印章印文交叉的文字或笔画。先朱后墨也即先有印文，后有笔迹。

《折狱奇闻》〔1〕记载：清代湖南清泉谢嗣音被告于官府，言其祖为尚书之仆，后窃资潜逃，并呈卖身之契为证。谢闻讯惧之。忽一老者请见，愿助谢解难。谢示以文契抄件。老者翻阅良久指出：吾邑向属衡阳，至乾隆二十二年（1757年）始分衡阳之半为清泉。今其所呈文契系雍正年间（1723年—1735年）所书，则当称衡阳人，安得清泉县乎？一字之虚，通体即伪。谢控于官，遂将原告定罪。此例是用了地名的时代特征揭示伪造事实。

3. 中国古代笔迹检验技术的地位

我国是使用笔迹检验技术最早的国家，比欧美国家早了一千多年。我国古代不仅具有常规的笔迹检验方法和技能，还对笔迹与人的心理、命运之间的关系有所研究，其中所提出来的一些观点、研究心得以及检验经验，为我国笔迹检验技术的发展奠定了基础，对国外也产生了很大影响，欧洲第一个研究笔迹的代表人物是意大利医生米洛·巴尔迪。中国古代在笔迹文书鉴定方面虽然有一定的实践，但并未形成理论体系，鉴定方法也存在着很大的偶然性。

（二）中国近代笔迹检验的发展

近代中国笔迹检验的发展实践，始于20世纪初的南京国民政府时期。这一时期的笔迹检验介于古代与现代笔迹检验相衔接的系统归纳阶段。19世纪末期，笔迹学问世于欧洲，之后其理论和方法逐步传入中国，推动了中国近代刑事诉讼领域中笔迹检验等科学实证活动的兴起。实际检案中能够借助仪器设备对书写笔迹进行检验与判断，这提升了检验工作的科学技术含量；强调运用笔迹特征对书写人进行同一认定，形成了若干笔迹检验理论及检验技术方法。〔2〕但中国近代笔迹检验研究的方法和技术还较为笼统，未能形成独立的系统，其基础理论也带有明显的唯心主义思想，缺乏客观的科学依据。加之处于20世纪前半叶，在政治不稳定、司法混乱的大背景下，司法鉴定处于可有可无的混沌状态，发展速度缓慢，但不可否认的是，该阶段也是近代中国司法鉴定历史沿革的重要组成部分。

---

〔1〕《折狱奇闻》是1922年上海会文堂出版的一本图书，作者是葛建初。辑古今折狱、刑案方面的杂记198则。

〔2〕沈臻懿："近代中国笔迹鉴定的发展与剖析"，载《江西警察学院学报》2011年第2期。

较之中国古代的笔迹检验，中国近代的笔迹发展仍存在一定的上升空间。中国古代的笔迹检验没有经过系统的归纳整理，没有把实践上升为理论，只有在相关案例中零星记载着笔迹检验方面的相关内容。

　　近代中国对于笔迹检验的原理理解较之于古代更加明晰。笔迹检验在中国近代的发展实践中逐渐引入西方的科技文明思想，对笔迹检验进行了较为系统的整理归纳，并萌发出现代意义上的笔迹检验理论。具体表现为：中国近代学者在研究与实践中已经能够初步意识到笔迹形成过程中的书写活动机理，并会运用较为朴素的言语对该理论进行阐述，也即笔迹是由心理与生理的双重动作产生的。因此，在书写者自上而下或者自左而右移动书写字体时，我们便可以根据笔迹观察其心理。此种写字的动态，是一种有明显意义且兼具兴趣的动作。所以，要仔细研究其生理上与心理上的真正原因。由此可见，在中国近代，笔迹检验对于书写活动机理中个体书写定型化理论已经具有一定的认识，认为笔迹由生理与心理双重动作产生，不受书写个体的完全支配，用略微稚嫩的言语反映出当时学者、专家对于书写活动机理的认识。

　　近代中国对于笔迹检验较之于古代在方法上更为多样、科学。中国古代在进行笔迹检验时，由于受科学技术的限制，缺乏仪器设备以及物理、化学等辅助手段，只能依靠直观分析来作出判断，可信度较低。而近代中国，在刑事领域中则包括体视显微镜、比较显微镜、显微测量尺以及照相术等光学、物理学仪器设备的应用。由此可看出，近代中国笔迹检验技术方法使得笔迹检验技术告别了古代单纯依赖肉眼的时代，核心是增强了检验工作的科技含量，进而标志着近代笔迹检验已经从古代的混沌状态向现代化过渡。

　　近代中国对于笔迹检验开始编著教材专论，形成学科雏形。20世纪30年代，南京国民政府颁布了诉讼法，对鉴定作了相应的规定，在司法部门和警察部门的鉴定机构中设立了笔迹鉴定业务，主要为一些租界和部分大城市中发生的刑事案件侦破、裁判提出服务；在中央警官学校开设了文书鉴识课。期间南京国民政府的一批警务专家、学者在继承古代经验的同时，着力从德、奥、法、美、意、日等国家引进西方刑事警察技术，相继编辑出版了包括笔迹鉴定在内的若干刑事警察教材和著作，主要用于培训当时的警务人员以及作为警校学生的授课教材。中央警官学校吴贵长编著了《犯罪侦查》讲义、1935年阮光铭著了《犯罪搜查法》、1938 年冯文尧编著了《刑事警察科学知识全书》、1943 年徐圣熙编著了《笔迹学》、1946 年俞叔平〔1〕编著了《刑事警察与犯罪侦察》、陈友钦著了《刑事理化鉴识》。其中，1938 年冯文尧编著的《刑事警察科学知识全书》以及 1947 年徐圣熙编著的《笔迹检证》等刑事警察技术著作中均包含笔迹鉴定的相关内容。在同类刑事警察技术论著中，对笔迹鉴定阐述较为翔实的著作当属 1938 年初版、1948 年增订版，由冯文尧编著的《刑事警察科学知识全书》以及 1947 年徐圣熙编著的《笔迹检证》。

《刑事警察科学知识全书》第六部为《笔迹鉴定与匿名信》，分为九章。该书用近 40 页的篇幅介绍了笔迹鉴定的有关理论与技术。《笔迹检证》作为中国近代唯一一部笔迹鉴定学专著，全书共 30 页（16开），论述了 21 个问题，包括"笔迹学之理论基础""用纸之鉴识""墨水之鉴识""改造字迹之鉴别""破坏或燃烧之文书""模仿笔迹""打字问题""中国字体之分析""笔法之研究""字体之结构与运用""比对之标准（样本）""分类储藏法""比较证明法""印鉴之比对"等内容。从当时出版的著作中可以发现，笔迹鉴定在近代中国的发展实践中已基本能够掌握书写活动的生理以及心理机制、笔迹鉴定的科学基础、笔迹特征及应用、形体变化笔迹、伪装笔迹、模仿笔迹、签名笔迹、笔迹的同一性认定等方面的理论。

近代警务专家与学者对笔迹鉴定的内容研究较为详细，并通过出版教材、专著等形式反映其研究成果，同时受到西方近代科学技术的影响，将涉及笔迹鉴定的中外资料经过整合与编写后形成了专门的教材和著作，尤其是犯罪学家徐圣熙编著的《笔迹检证》，可以视为笔迹鉴定在近代中国发展实践中的代表作。

中国近代笔迹检验的地位。受近代西方自然科学迅猛发展的影响，包括笔迹鉴定在内的科学实证活动广泛运用于侦查破案，其理念已被中国早期的警务专家、学者所认同。这一批有志于发展警务科技化的专家、学者，意识到笔迹鉴定在侦查破案以及案件裁判中的重要作用，纷纷到国外学习进修，在此基础上，最早在中国提出现代意义上的笔

---

〔1〕 俞叔平，浙江诸暨人，1926 年入诸暨县立中学就读，1928 年以优异的成绩毕业；同年，经选拔考取浙江警官学校正科第一期，1930 年毕业。通过浙江省官费留学生考试，被顺利录用，远赴奥地利维也纳大学学习警政专业。

迹鉴定，并初步形成了若干笔迹鉴定理论及技术方法，进而通过出版教材、讲义、论著，在警官学校开设笔迹鉴识课程等形式，进一步为现代意义上的笔迹鉴定在近代的发展实践奠定了基础。然而，近代中国笔迹鉴定在引入西方科技文明的同时，也带来了西方笔迹鉴定中的糟粕：将西方"笔相学"[1]等唯心主义内容与中国古代"字相说"相结合后，大肆宣扬利用笔迹分析个性等伪科学思想。此类唯心主义思想在笔迹鉴定等科学实证活动中的盛行，极大削弱了近代笔迹鉴定发展实践的积极意义，破坏了笔迹鉴定活动的科学价值。历史研究表明，在中国古代笔迹鉴定辉煌时期过后，近代笔迹鉴定的进展极为缓慢。反思这一现象，不难发现其深层次原因：其一，鉴定制度、诉讼制度乃至司法制度中法治理念以及物证思想的淡薄；其二，近代中国时代背景下法治推进的参差不齐、衔接不严等混乱状况；其三，刑事案件中注重口供的传统、刑讯逼供的泛滥，种种原因使得笔迹鉴定在内的科学实证活动缺乏良性发展的土壤。从以上的历史考证中可以明确，笔迹鉴定能够良性发展很大程度上依赖于国家法律法规的完善与保障。中国近代的笔迹鉴定发展实践作为司法鉴定历史沿革的重要组成部分，为现代笔迹鉴定的成熟与完善开辟了道路。

（三）中国当代笔迹检验的发展

1949年以后，笔迹检验方面的学者们总结了新中国成立之前笔迹检验理论，大力引进了外国笔迹学先进的理论与方法，加上丰富的实践，笔迹学呈现出欣欣向荣的景象。1981年中国刑事警察学院成立后，公安部民警干校刑事技术教研室的文检教研组归属四系（文照系），正式确定为文件检验本科专业。历经专业合并与调整，学院于2005年3月将刑技系文件检验专业方向确定为独立教学系部，下设笔迹检验言语识别教研室、印刷污损文件检验教研室和系属实验室。2010年更名为文件检验技术系，1982年开始招收本科生，1999年开始招收硕士研究生。在四十多年的发展建设中，文件检验专业以"传承、求是、和谐、创新"为建设理念，坚持按照"教学、科研和办案三结合"的特

---

[1]　亦称"笔相学"，研究书写者的心理特性和心理状态变化的笔迹的学说。关于笔迹同人的精神品质联系的思想渊源于古希腊亚里士多德等人，但到了19世纪后半期由法国天主教神甫米绍引入文学中。按照笔迹来诊断复杂的人格特征目前尚缺乏令人信服的科学证实，不过笔迹对了解书写者的情绪状态和神经活动类型有参考价值。

色办学模式扎实推进，通过几代文检人的努力，刑事警察学院文件检验技术系目前已经成为国内专业力量雄厚、培养人才众多的文件检验专业教学、科研和办案单位，且在国际法庭科学领域享有较大知名度。期间，文检领域知名专家纷纷涌现出来。以贾玉文、徐立根为代表，其中贾玉文，系1959年毕业于司法部司法鉴定科学研究所研究生班，历任副教授、教研室主任、系主任；现任中国刑事技术协会理事兼文件检验专业委员会副主任、中国警察学会刑事现场统计研究会常务理事、辽宁省防伪协会副会长，主攻文件检验专业，长期从事司法鉴定理论与实践的研究和文件检验教学与文件鉴定工作。徐立根，中国著名的侦查学家、物证技术学专家、中国的"汉斯·格罗斯"，中国人民大学法学院侦查学、物证技术学教授，现任中国行为法学会顾问、北京市法学会常务理事、北京市物证技术学会常务副会长、北京市刑侦学研究会顾问，终身享受国务院政府特殊津贴。数十年来，徐立根教授借鉴国外经验，结合本国实际，始终致力于侦查学和物证技术学教学、科研及其学科建设工作。他主编的《物证技术学》被北京市和国家教委评为"优秀教材一等奖"。在"世纪遗产争夺案"中，徐立根教授、贾玉文教授作为中国文检界著名的"铁三角"之主力，推翻了国际鉴定专家的结论，为法律恢复了公正，为中国文检界赢得了尊严。

1. 当代笔迹学的基本理论更为科学

当代笔迹学以马克思主义哲学为指导，结合其他哲学认识论、科学方法论以及生理学、语言学、文字学、心理学、物理学、化学等相关学科知识，对基础理论进行创新，探讨检验方法的多样性与精确性。同时，笔迹是人的书写习惯的反映，因而笔迹学是以人的书写习惯这一阿基米德[1]点展开的，与同一认定理论相结合，构成了笔迹检验的基础。

2. 笔迹检验人员相关培训逐渐规范化

一些政法和公安院校开设了笔迹学的专科、本科、硕士学历教育，并对公、检、法、司业务部门的工作人员进行了大量的培训。

3. 笔迹学刊物、著作相继问世

经过总结、摸索、借鉴的初步积累阶段，笔迹学成为物证技术学之

---

[1] 阿基米德（公元前287年—公元前212年），伟大的古希腊哲学家、百科式科学家、数学家、物理学家、力学家，静态力学和流体静力学的奠基人，并且享有"力学之父"的美称，阿基米德和高斯、牛顿并列为世界三大数学家。

相当成熟的学科，为侦查破案、司法审判立下了汗马功劳。

4. 笔迹检验范围更加广泛

20世纪80年代以来，研究推广了钢珠笔和钢笔笔痕的检验。20世纪80年代末完成了关于复印文件的检验，通过复印文件可以检验出显影、定影、曝光、分离方式、感光鼓[1]特征。20世纪90年代对中西文电子打印机打印文件的检验研制成功。对于书写时间的检验近年来发展较快，出现了溶剂提取法[2]、热分析法[3]等，能够对墨水、圆珠笔、签字笔的字迹、印章印文进行时间鉴定。同时国内也大量引进了国外先进的文检仪器设备。

5. 中国当代笔迹学发展的展望

由于各种印刷、打印文书的盛行，当代笔迹学研究面临各种挑战，与此同时，它的基础理论相对比较薄弱，因而存在着巨大的研究空间。就当今来说，笔迹学理论前沿主要是字迹的时间检验、签名笔迹检验、外文笔迹检验、笔迹学检验的统计学分析、笔迹学的计算机识别与储存、笔迹特征的统一与标准化、笔迹检验结论标准的量化等。

二、西方笔迹学的发展

（一）西方古代笔迹学的发展

在西方，对争议笔迹的检验属于法庭科学领域的先行者。在罗马帝

---

〔1〕 即硒鼓。工作原理：利用光导体的电位特性，在光导体没有受光照的状态下进行充电，使其表面带上均匀的电荷，然后通过光学成像原理，使原稿图像呈现在光导体上。有图像部分因为没有受到光照（相当于暗态），所以光导体表面仍带有电荷，而无图像区域则受到光照（相当于亮态），所以光导体表面的电荷通过基体的接地，使表面的电荷消失，从而形成了静电潜像。通过静电原理，使用带有极性相反电荷的墨粉，使光导体表面的静电潜像转化成为光导体表面的墨粉图像。最后，仍然通过静电原理，将光导体表面的墨粉图像转印到复印纸表面，完成复印的基本过程。

〔2〕 同一溶剂中，不同的物质有不同的溶解度，同一物质在不同溶剂中的溶解度也不同。利用样品中各组分在特定溶剂中溶解度的差异，使其完全或部分分离的方法即为溶剂提取法。常用的无机溶剂有水、稀酸、稀碱；有机溶剂有乙醇、乙醚、氯仿、丙酮、石油醚等。溶剂提取法可用于提取固体、液体及半流体，根据提取对象的不同可分为浸提法和萃取法。

〔3〕 热分析法是在程序控制温度下，准确记录物质理化性质随温度变化的关系，研究其受热过程所发生的晶型转化、熔融、蒸发、脱水等物理变化或热分解、氧化等化学变化以及伴随发生的温度、能量或重量改变的方法。广泛应用于物质的多晶型、物相转化、结晶水、结晶溶剂、热分解以及药物的纯度、相容性和稳定性等研究中。

国时代，法律就有规定采纳有关笔迹、文书的专家证据。直到几世纪后，英美法系国家才开始采纳笔迹检验结论作为证据使用。

在西方笔迹学历史上，第一本专门的有关笔迹与个性的书出版于1622年，书名叫《根据字迹判断人的性格和气质》，作者是意大利哲学家和医学博士卡米诺·巴尔迪，书中提出根据笔迹可以识别书写人的特点和性格。作为一种办案的手段，相关笔迹检验的案例则出现得较早，而其真正成为一种科学体系是在19世纪末期。笔迹检验技术起始于文字兴起，并逐渐成为人们日常交往的工具，其与商品经济的发展密切相关。18世纪到19世纪资本主义经济高速发展，其间利用笔迹违法犯罪的活动越来越多。早期的笔迹检验活动主要是由聘请的学校语文教师、机关秘书、书法爱好者与印刷雕刻工进行，均不是经过专业训练的鉴定人。由于他们专业的局限性，只能根据自己对书法知识的理解，通过比较书写水平、笔迹熟练程度、字母笔画的形态等一般笔迹特征，进行书写人的同一认定。由于未能认识到笔迹自身的客观变化规律以及外在环境对书写习惯的影响等一系列相关因素，他们的笔迹检验活动准确性往往具有偶然性，其科学性无法保障。

（二）西方近代笔迹学的发展

19世纪中后期，欧洲的一些物证技术学者通过鉴定实践逐渐注意到笔迹特征，并且认为笔迹特征是笔迹检验的基础，鉴定笔迹就是比较笔迹细节特征。在这个时期，笔迹检验方面涌现出了几个派别，在笔迹学的初创阶段起了重要作用。

1. 笔迹特征描述派

笔迹特征描述派是法国的人体测量学[1]专家阿方斯·贝蒂隆（Alphones Benillon）开创的。他认为笔迹检验可以根据字母大小、字母间隔、倾斜程度、位置布局、形状等关键点来展开，将其拍成照片，进行重合比对，以便进行同一认定。在此基础上，他撰写了《笔迹的比对和同一认定》一文。同时，为了改进笔迹检验方法，贝蒂隆与法

---

〔1〕 人体测量学（anthropometry），是人类学的一个分支学科。主要研究人体测量和观察方法，并通过人体整体测量与局部测量来探讨人体的特征、类型、变异和发展。人体测量包括骨骼测量和活体测量两部分。前者包括颅骨、体骨的测量和观察方法，后者包括头、面部、体部的测量和观察方法。近年来，电子仪器及电子计算机的普遍应用对人体测量及其数据分析起着重要的作用。人体测量对人类学的理论研究和国计民生都具有重要意义。

国另一位学者洛克尔共同提出了笔迹测量法，其根据是"测量就是认识"，而且笔迹相对稳定的比例关系是稳定不变的。通过测量从而确定笔迹特征的比例关系，进行量化，最终把笔迹学带入科学化的轨道。其间贝蒂隆运用的测量笔迹特征的方法与其利用人体外貌特征的测量比对方法是一致的，但其忽略了书写习惯特征与人体外貌特征的本质差异，进而把书写运动看作机械重复的稳定化运动，可以看出，该种方法是不科学的。但是他们为追求笔迹检验的量化与准确化所做出的努力是可贵和值得称赞的。笔迹特征描述派的代表人物还有意大利的阿托连基、瑞士的列伊斯、英国的阿斯波诸人。

2. 笔相学派

笔相是由希腊文"Grapho Logos"翻译而来，指用笔迹辨别人的性格。笔相学派有上百年的历史，相关的著作甚丰，影响较大。笔相学派按其理论观点的性质可划分为心理笔相学派与生理笔相学派。

心理笔相学派认为，笔迹特征是与人的性格和气质密切关联的。主要代表人物有法国神父米尚，其在 1872 年发表了《书法的秘密》一文，1891 年出版了《笔相学的体系》《笔相学的方法》两本著作，其在西方被誉为"笔迹学的创始人与笔相学的鼻祖"。

生理笔相学派认为，笔迹特征是人的品质和思想意识的反映。代表人物是意大利犯罪学家龙勃罗梭[1]，他于 1895 年出版了《笔相学指南》一书，用刑事人类学的观点阐释了笔迹与人的关系。龙勃罗梭认为：笔迹是由人天生不变的身体机能决定的，是人的品质的反映，笔迹的特点恰好是天生犯罪人的性格特点的表现之一。彼时笔相学反响巨大，颇为引人注目，得到社会名流与一些侦查学家的鼓吹，因而成为当时刑事技术的显学，相关专著、杂志层出不穷。同时，学者们一度呼吁法庭采纳笔相学方法进行证据活动。甚至有人热情洋溢地写信给法庭说，只有把笔迹检验放在笔相学的基础上，才能使其得到真正的改进。

---

〔1〕 龙勃罗梭（Cesare Lombroso），意大利犯罪学家、精神病学家，刑事人类学派的创始人。出生于维罗纳犹太人家庭，曾任军医、精神病院院长、都灵大学教授。重视对犯罪人的病理解剖的研究，比较研究精神病人和犯罪人的关系，运用人类学的测定法作为研究精神病犯罪人与其他犯罪人关系的方法，对于犯罪人的头盖骨和人相特别加以注意。

3. 笔迹测量学派

笔迹测量学派的创始人是笔迹特征描述派主要人物贝蒂隆的学生，法国著名刑事侦查学家、法庭科学家埃德蒙·洛卡德（Edmond Locard）[1]。洛卡德最为人所知的贡献是其在 20 世纪初编著的《犯罪侦查学教程》提出的刑事侦查学与刑事技术学的基本原理——洛卡德交换原理[2]，即两个物体在外力作用下相互接触必然彼此相互交换或转移物质成分。洛卡德是在其老师提出笔迹特征描述的理论与方法后，倡导"认识就是测量"，主张一切能够进行同一认定的鉴定均可以通过测量来解决。他认为，书写人可以改变字母的大小、形状、高度与倾斜方向，但各个部分的比例关系是不会变的，并进一步推论，笔迹的检验基础是依据各部分的比例关系，测量的方法使笔迹检验走向了科学的道路。总而言之，笔迹测量学派检验笔迹的方法是：用微度工具测量检材单字的许多数据，并做成曲线表，再依次测量受审查人的笔迹样本，然后比较两个曲线表，如果两个笔迹是相符的，即为同一人书写。笔迹测量学派与笔迹特征描述派一样，过于注重笔迹外在的静态规律，未能科学地把握笔迹形成的内外复杂因素对笔迹形成的错综复杂的影响，所以把笔迹检验的方法片面化、简单化与绝对化了。

（三）西方现代笔迹检验的发展状况

随着现代各种科学技术的快速发展，西方笔迹检验技术也在逐步发展。主要成果为：数理统计、概率论、模糊数学[3]，被用于笔迹检验的理论与实践。它们将笔迹检验看成系统的整体，研究内外环境对书

---

〔1〕 埃德蒙·洛卡德，法国人。刑事侦查学家。毕业于多米尼加学院和里昂大学。获医学博士和法学硕士学位。1910 年在里昂警察当局的帮助下建立被认为是世界上最早的司法实验室。毕生致力于个人识别的研究工作。

〔2〕 洛卡德交换原理即物质交换原理，又称为"洛卡德物质交换原理"，这一理论认为，犯罪的过程实际上是一个物质交换的过程，作案人作为一个物质实体在实施犯罪的过程中总是跟各种各样的物质实体发生接触和互换。因此，犯罪案件中物质交换是广泛存在的，是犯罪行为的共生体，这是不以人的意志为转移的规律。

〔3〕 模糊数学又称"Fuzzy 数学"，是研究和处理模糊性现象的一种数学理论和方法。模糊性数学发展的主流是在它的应用方面。由于模糊性概念已经找到了模糊集的描述方式，人们运用概念进行判断、评价、推理、决策和控制的过程也可以用模糊性数学的方法来描述。例如，模糊聚类分析、模糊模式识别、模糊综合评判、模糊决策与模糊预测、模糊控制、模糊信息处理等。这些方法构成了一种模糊性系统理论，构成了一种思辨数学的雏形，它已经在医学、气象、心理、经济管理、石油、地质、环境、生物、农业、林业、化工、语言、控制、遥感、教育、体育等方面取得具体的研究成果。

写人的影响及书写细节特征的变化；追求检验过程的标准化和规范化，保障鉴定的质量。另一发展趋势是利用计算机技术在笔迹检验中的运用。20世纪80年代美国研发出计算机鉴定签名笔迹的技术，十几年之后准确率可达95%。这套鉴定系统是通过对特征分类编码，进行特征统计分析，达到自动化检索比对的目的。但该系统适用于无伪装案件的辅助检验，因而检验范围窄，检验的案件难度低。计算机笔迹鉴定的主要部分是字母识别技术，目前标准印刷体字母的电脑识别率已经相当高，手写规范体效果也佳，普通手写体的电脑识别率则较低，而这恰恰是实践中需要检验的主要部分。

1. 墨水书写时间的检验

书写时间检验是世界性课题，它是指运用理化、数学等相关自然科学技术与方法，对怀疑的书写字迹形成的时间进行检验。1920年英国的米切尔（Mitchell）以及1935年德国的海斯（Heess）研究钢笔墨水书写时间时，就发现字迹颜色与书写时间息息相关，自此，无数文检学者殚精竭虑地致力于其中，但也未建立起一个系统测定的标准方法。其原因在于：其一，书写墨水种类不计其数，用同一种检验方法很难通行；其二，墨水中的大部分成分稳定，变化相当缓慢，所以需要精密的测试方法才能窥测那些微弱的变化；其三，墨水时间检验分为两种，相对时间检验与绝对时间检验，仅对相对时间进行检验，误差较大；其四，研究的种类是圆珠笔、钢笔、签字笔的时间检验。圆珠笔检验的方法是薄层色谱法[1]和薄层色谱扫描法、溶解度法、气相色谱法[2]、溶剂提取法、转印法；钢笔检验的方法是薄层色谱扫描法、氯

---

〔1〕薄层色谱法（TLC），系将适宜的固定相涂布于玻璃板、塑料或铝基片上，成一均匀薄层。待点样展开后，根据比移值（Rf）与适宜的对照物按同法所得的色谱图的比移值（Rf）作对比，用以进行药品的鉴别、杂质检查或含量测定的方法。薄层色谱法是快速分离和定性分析少量物质的一种很重要的实验技术，也用于跟踪反应进程。

〔2〕气相色谱法是利用气体作流动相的色层分离分析方法。汽化的试样被载气（流动相）带入色谱柱中，柱中的固定相与试样中各组分分子作用力不同，各组分从色谱柱中流出时间不同，组分彼此分离。采用适当的鉴别和记录系统，制作标出各组分流出色谱柱的时间和浓度的色谱图。根据图中表明的出峰时间和顺序，可对化合物进行定性分析；根据峰的高低和面积大小，可对化合物进行定量分析。具有效能高、灵敏度高、选择性强、分析速度快、应用广泛、操作简便等特点。适用于易挥发有机化合物的定性、定量分析。对非挥发性的液体和固体物质，可通过高温裂解，气化后进行分析。可与红光及收光谱法或质谱法配合使用，以色谱法做为分离复杂样品的手段，达到较高的准确度。是司法鉴定中检测有机化合物的重要分析手段。

离子或硫酸根离子的扩散法、扫描电子显微镜法、热分析法。这些方法对于检材的要求严格，操作难度大、灵敏度低、重现性差、标准化程度低，测量结果很大程度上取决于操作者个人的技术和经验。国外未来的研究趋势是：所有的检验方法都应基于建立一种物理量和化学量书写时间的函数关系确定可疑文件上当代墨水时间，采用电化学法显微分光光度法、傅里叶转换红外光谱法[1]等。

2. 不易看见的字的检验

首先是根据书写压痕，1979 年英国的福斯特和莫兰茨在《国际法庭科学》杂志发表了以静电技术显示纸上压痕的最早报道，同时他们创办了专门生产 ESDA 静电压痕显示仪的公司，这种技术能够显现直接的与间接的压痕。另外，红外荧光技术可通过消除多余的背景显现不明显的书写压痕。国外常用的方法是利用文件、票证的纸张与其图案、文字的荧光和吸收光谱的特性对涂改、消退文件进行检验。

3. 金属表面字迹显现技术

最早研究金属表面字迹显现的是金属专家裴克（G. Pik），他在20 世纪 40 年代提出某些化学侵蚀液可以用于被毁改金属表面字迹的显现，即今人所谓的化学侵蚀法的原始理论基础。1950 年，有物理学家提出了利用磁粒子在金属表面的吸附现象显现字迹。美国联邦调查局则发明了热处理法，用直接或间接加热的方法来显现金属表面字迹。其后，美国太空总署发展了半真空超声侵蚀法，在侵蚀液中加入超声振动，以加强化学反应。之后又有了一些新的进步，但均以如下理论为基础：金属字迹的形成造成了金属深层结构的一定变化，这一改变在金属字迹被磨平之后仍然存在。一般来说，金属表面字迹的显现技术主要有：热处理法（不同金属晶体，在加热处理的不同阶段，将会有不同的变化）、冷冻法、放射线照射法（X 射线、R 射线等能够穿透金属层量的多少与金属结构、厚度有关）、电镀法、磁性微粒法（将待显金属标本磁性，然后用完全分离的磁性离子喷射在金属表面、磁性粒子会聚集在金属表面受撞伤）、化学方法（包括化学侵蚀法、电化学侵蚀沉淀法、热染色法）。

---

〔1〕 傅里叶变换红外光谱（FTIR）法是通过测量干涉图和对干涉图进行傅里叶变换的方法来测定红外光谱。红外光谱的强度 h（δ）与形成该光的两束相干光的光程差（δ）之间有傅里叶变换的函数关系。

西方国家把先进的技术运用于文件检验，不仅强调检验结论的正确，而且更加注重检验过程的标准化、规范化，强调理论的科学性。当前发展的重心是朝着质量控制、计算机化、量子化与技术化方向发展，同时把更多的理化知识与先进的仪器设备引入文检领域。

三、中西方笔迹检验技术发展比较

从前文对中西方笔迹检验技术发展历史的回顾可以看出，中西方的笔迹检验技术都积累了丰富的经验，形成了各具特色的体系。进一步查阅文献发现，国内外笔迹检验技术比较研究主要集中于笔迹检验基本理论和笔迹特征两大方面。

贾晓光等学者认为，中国当代文件检验虽然比欧美起步晚，但是在理论方法上基本相同；凌敬昆、杨旭、钱煌贵、施少培等人认为英文为拉丁字母，其笔画和结构都比较简单，但也有其独特的特征体系，因而在具体检验鉴定过程中，英文笔迹的基本比对单位是字母，参照汉字笔迹特征分类方法，也可以将英文笔迹特征分为书写水平、字体、字形、字母大小、字母倾斜和排列布局六类一般特征，以及运笔特征、提笔特征、笔画质量特征、搭配比例特征、整体结构特征、字母修饰特征、连写特征、笔顺特征、拼写特征、缩略特征、签名特殊写法特征和标点符号特征十二类细节特征；贾玉文教授认为，英文笔迹的分类与汉字笔迹特征的分类大体相似，可以分为书写水平、形体、拼写、笔顺、搭配、比例、运笔、布局八大类特征；韩丹岩等人认为，虽然汉英文字的笔迹特征分类体系大致相似，没有本质的差别，但是在笔迹特征取向与侧重、价值评断、个别特征的使用率以及对同一人笔迹特征多样变化的认识上还是存在区别的，各具特色，同时指出，在笔迹检验价值判断上，不能简单凭借对本国文字特征的理解去鉴定别国文字（强调的是不同性质的笔迹），别国的笔迹检验人员实施检验的前提是要充分了解被检验文字笔迹的种类和特点。以上是较为有代表性的观点。

国外鲜有学者对中英文笔迹检验进行比较分析。其中，凯伍德（Caywood）提出，如果把中文归为象形文字系统，用现有英文鉴别体系去鉴别汉字是困难的。还有其他学者考虑到汉字系统发展，西方文检专家在检验汉字时存在困难，并且与语言学家联合起来共同鉴别汉字所得出的结果也不理想。

由此可见，中西方要真正理解本国文字笔迹特点，掌握相应的鉴定方法，必须对该国文字笔迹进行系统分析，同时借鉴他方笔迹检验的规律与要点，达到全面、高效进行笔迹检验的目的。接下来将从笔迹特征的分类、研究方法以及特征评断三个角度比较分析中西方的笔迹检验发展情况。

（一）中西方笔迹特征分类比较分析

根据我国汉字所具有的象形、方块以及笔画繁多复杂等特点，按照发现笔迹特征的途径，从整体到布局、从单字到笔画的运笔，从宏观到微观的顺序进行分类，在通用的教科书中一般有七分法或八分法、九分法。20 世纪 80 年代袁之宜考察笔迹特征时指出，确实存在着使用价值的问题，在综合分析时，都离不开对特征、符合点作价值的分析，并提出笔迹特征"归类分级"的设想；2010 年前后，王相臣教授根据系统论观点，将笔迹特征看作是一个系统，认为笔迹特征可以从宏观层次、中观层次和微观层次进行分析，但是，不同层次特征具有不同的价值，基本规律是宏观层次特征为引领方向，中观层次特征起核心作用，微观层次特征则是笔迹检验的重点。

国外笔迹检验的研究成果丰富，自成体系，根据各自对笔迹特征的理解进行了分类，虽然不同于二分法或三分法的分类，但是罗列出了具体的笔迹特征。被誉为"西方可疑文件检验之父"的艾伯特·奥斯本（Albert S. Osborn）在其专著《可疑文件》中提到，认识、正确解释和彻底地比较笔迹的各要素、特征和所有质量，是笔迹检验科学性必不可少的阶段。其对要素、特征和质量三者层层递进关系进行了阐述："……笔迹是由多种要素构成的，它包含突出的个性特征，这些个性特征有的易发现，有的不明显，但都非常重要。这些不明显的特征就是完美度、平滑度、清晰度和速度所代表的质量。"以美国著名文检专家埃姆斯和希尔顿为代表的二分法观点持有者，他们认为并不是所有的特征都指向个体，种类特征是其他大多数人都有的特征。种类特征可以是个人习得的笔迹风格或系统，也可能是由于环境或文化因素影响而形成的。对于个体特征，他们则认为是用以鉴定特定性的联合体，必定会表现为多种要素和特征，数量越多越独特，越能够确定为同一人。希尔顿则定义为每一个人或多或少都有特有的笔迹……构成了个体笔迹的基本框架。个体特征不会局限于笔迹的单个特征（如起收笔、字母连接、笔画连接等），它还表现在字母之间以及字母与基准线之间的相互关系、间隔习惯、相对高度关系等。三分法则以罗伊·胡伯（Roy A. Huber）为代表，他把笔迹特征分成种类特征、国家/民族特征和个体特征，认为奥斯本所使用笔迹的要素、质量和特征并没有清晰地区分个体特征。胡伯把笔迹个体特征分成两个主要类别和两个次要类别：主要类别是风格要素（连接、结构、维度、倾斜、空间等）和运行要素（简缩、起收笔、修饰、线条质量或频率、速度、笔的控制、笔压等）；次要类别是连贯性或自然变化和持续性、侧面扩展和单字协调性。

（二）中西方笔迹特征研究方法比较分析

笔迹特征的研究方法促成笔迹特征的研究成果。研究方法总是与当时的社会、经济、制度、社会生产力、科技的发展水平密切相关。

我国笔迹特征研究方法呈现出从经验定性到理论定量研究的阶段性特点。从《二十四史》《疑狱集》《折狱龟鉴》《棠阴比事》《徐公文集》等史书、文献中可以发现，我国笔迹特征研究历史的发展阶段最早表现出零散的特点，以直观分析、比较检验为主要手段，其完全依赖于个人（主要是明察善断的官吏）的知识和零星的经验。20世纪初期冯文尧编著的《刑事警察科学知识全书》和20世纪中期徐圣熙编写的《笔迹学》中提及了"中文笔迹比较法""中国字体之分析""笔法之研究"和"字体之结构与运用"等内容，但遗憾的是仅属于普及性读物。1949年后，笔迹检验的研究得到迅速发展，在充分吸收苏联专家笔迹检验基本理论与精髓的基础上，学者们自觉运用辩证唯物主义原理开展研究，不断总结实践经验，把零散的经验上升为理论，出版了《文件检验》《文书检验讲义》《言语识别》《笔迹学研究与应用》等著作，形成了具有中国特色的笔迹检验理论体系。由此看出，在笔迹检验的研究方法上仍然采取的是从经验到理论的途径。21世纪以来，笔迹特征定量研究愈来愈多，2005年文检专家李志强博士对笔顺特征价值高低进行了证明，运用数理统计方法表明特殊笔顺评断价值要高于规范笔顺；华东政法大学王冠卿在笔迹特征的统计分析上做了积极探索；广东警官学院申泽波运用统计方法连续对多个偏旁部首的笔顺进行了较为全面的定量研究。近年来以中国刑事警察学院文件检验技术系为代表的研究团队开展了"笔迹检验量化""笔痕特征量化""写法、笔顺特征统计"等课题的系列研究，取得了大量成果，扩大了定量研究的影响。随着大数据时代的发展，李江春和陈维娜分别对电子签名量化检验展开了理论和实践的初步研究。

国外笔迹检验的研究方法发展进程不同于我国的笔迹检验研究方法的进程，其集中于在个体研究中利用数理统计方法和知识开展相关探讨。具体来看，其经历了"机械测量—定量研究—多学科交融"的过程。

19世纪，美国文检专家丹尼尔·埃姆斯、艾伯特·奥斯本等人都认为一个人在模仿他人笔迹时一定会隐藏其本身的笔迹，但是其本身的笔迹书写习惯又会不可避免地暴露出来。因此，在笔迹分析时不仅要寻找笔迹的形态，而且要注意笔画的倾斜程度、弯曲的自然变化、笔迹间的连接形态和运笔的缺失等。

1879年，"人体测量法"的创造者贝蒂隆将测量法运用于笔迹检验，但是因方法过于机械而备受诟病。与之同期的一位学者波斯福雷泽（Persifor Frazer），宾夕法尼亚州立大学的化学和地理学教授，沉迷于心理研究和笔迹检验，他致力于测量和笔迹图形平均值的再现，该方法被奥斯本认为是"无实际意义的，基本上是无价值的"。

在经历一个多世纪后，从20世纪八九十年代至今，笔迹检验研究轨迹从笔迹鉴定在法庭证词中的作用和采信度问题，不同类型或状态下形成的笔迹鉴别易产生主观性，到弗赖伊案、多伯特案之后建立证据采用标准，在笔迹检验科学性问题上引起了广泛探讨，法庭仍然质疑笔迹检验并未建立或然率之公式、缺少同业的检验或一般的决定标准，同时对于笔迹检验专家的失败比率亦无充分的了解，认为在训练有素的文件检验人员所使用的方法的可靠性和可重复性的量化方面，研究还很有限。近年来，从笔迹检验的研究发展到对笔迹检验意见是否存在偏见和以林顿为代表的神经学与笔迹学交融研究问题，其研究方法均遵循"发现问题—提出问题—实验验证—解决问题"的途径，并在笔迹自动化检验、电子签名检验方面取得众多成果。例如，萨格尔·N. 斯瑞哈（Sargur N. Srihari）为更好服务法庭作证，在基于笔迹具有独特性的假设基础上，收集了1500份不同性别、年龄、种族的人的笔迹，利用数学统计方法结合计算机软件在笔画连接、倾斜、形态等特征上展开研究，为法庭采信笔迹证据提供了大力支持。以威廉·弗莱明（William J. Flynn）和海蒂·哈雷尔森（Heidi H. Harralson）为代表的美国现代文检专家，通过记录笔迹动态特征的笔迹动力学研究方法对电子签名进行了一系列研究和报告。他们使用电书写板如 Topaz 公司或 Wacom 公司生产的专用电子书写板和软件进行捕获，当专用笔尖在书写板上书写时，电子书写板软件能够以从每秒 1/400 帧到 1/100 帧的记录标准实时记录笔尖运动轨迹，直到笔尖离开书写板，并以 X-Y 轴形式表现笔迹位置状态和时间数据，尽管它目前没有捕获和提供签名所表现的笔压数量值信息，但是为笔迹轨迹记录精确地提供了法庭科学文件检验相当有价值的证据，显示了笔画之间的"空间"运动，因为它们可能表现出了书写时手的运动状态。

（三）中西方笔迹特征评断比较分析

关于笔迹特征的评断问题，实质上是解决笔迹特征到底是符合点还是差异点的问题，而这个问题所反映出来的就是笔迹检验的本质性问题或基本问题，即确定相比较的两份笔迹是否为同一人的笔迹。笔迹特征评断背后潜在的理论是巴甫洛夫[1]的条件反射理论，在长期的习得过程中使神经、肢体、肌肉等形成书写动力定型，这种无意识活动控制着人的书写。

我国的笔迹特征评断方法——同一认定[2]方法，是通过对检材和样本的笔迹特征的全面分析、比较和综合，研究两者所反映的书写习惯是否同一，从而确定其是否为同一人所写。同时在评断过程中必须

---

〔1〕 伊万·彼德罗维奇·巴甫洛夫，苏联生理学家、心理学家、医师、高级神经活动学说的创始人，高级神经活动生理学的奠基人，条件反射理论的建构者，也是传统心理学领域之外而对心理学发展影响最大的人物之一，1904 年荣获诺贝尔生理学或医学奖，是苏联第一个获诺贝尔奖的科学家。

〔2〕 同一认定是依据客体特征来判断两次或多次出现的客体是否同一个客体的认识活动。同一认定是人类认识客观事物的一种基本方法，也是人认识客观事物的一种能力。首先，"同一"是表示事物或现象同其自身相等同的范畴。在不同的个体之间，无论两个个体多么相似，他们依然是两个个体。其次，在理解同一认定概念时须明确一点，即同一认定的客体要在人们的认识过程中出现过两次或两次以上。就物证鉴定而言，客体的第一次出现往往是与所要认定的案件事实相联系，且留下了可供检验的特征反映体。所谓特征反映体就是以一定形式反映客体特征的实体。客体的第二次出现一般是某种侦查或调查活动的结果。第一次出现的客体称为"被寻找客体"，第二次出现的客体称为"受审查客体"。若某客体仅在人们的认识过程中出现一次，那么同一认定就无法进行。

严格遵循检验工作的程序与科学的方法，讲究的是"吃透检材"，讲究的是对笔迹特征发现和选择的"全、深、细、特"四个要素，选择出可供比较的笔迹特征，然后分析符合点的价值高低和差异点的性质。对符合点价值分析其普遍性与特殊性，如是否为社会规范要求、某地域或职业通用等。重点分析和解释差异点形成原因，如故意伪装、生理病理与精神状态、书写条件变化、书写习惯自身演变、自然或人为因素损坏以及偶然笔误等，确定是本质差异〔1〕还是非本质差异〔2〕。最后综合评断笔迹特征的质量和数量得出相应鉴定意见。同时，结合系统论相关理论，提出笔迹系统论观点，把笔迹看作一个系统，是由多要素构成的整体。

国外笔迹特征评断从两个方面进行阐述：①理论；②笔迹特征考查的重心——变化范围是建立在两个科学事实基础之上的：一是世界上没有两个完全相同的笔迹；二是笔迹书写存在自然变化，因此，一个人不会有两个完全相同的笔迹。对此，国外学者认为笔迹检验的首要任务是必须确定笔迹是相似的，并考虑相似的原因，其次必须确定笔迹变化的类型是属于一个人还是两个人的范围，认为不管是书写人有如何熟练的书写技能，笔迹是不可能被复制的，一个人不可能两次写出完全一模一样的笔迹，因此笔迹必定存在变化。笔迹特征变化的范围依赖于考查大量的笔迹样本从而建立其笔迹的大致书写模型，通过对每一个字母笔画的连接、角度、大小、距离、弯曲、起笔高度等细节特征分析，确定其变化范围是否匹配于另一人的变化范围从而实现书写人的鉴别。与此同时，在对变化范围进行匹配和确定的过程中，要考虑一个非常重要的环节，即变化形成的原因。奥斯本在其专著中将之叙述为考查笔迹样本变化的合理性，即它们是否来自条件或环境的改变等因素；而大卫·艾伦（David Ellen）则称之为偶然匹配的可能

---

〔1〕 本质性差异，即检材笔迹与样本笔迹作为两个不同书写习惯体系的反映而表现出来的差异。其各自的特征总和构成各自不同的书写习惯体系。

〔2〕 非本质差异，即同一人书写过程中，由于主客观因素的影响而形成的差异。任何一项条件的改变，都会使书写习惯表现过程中产生变化形成不同于平常条件下书写的笔迹的特征差异。主观因素主要指书写人书写时的故意伪装或者模仿；客观因素有些源于书写人，如书写时的非正常心理、心理状态——病理、过度兴奋、疲劳或紧张、醉酒等状态，有些源于书写人以外的客观条件，如书写工具、书写姿势、书写环境、书写时间间隔（书写习惯有明显的阶段性，间隔时间越长，检材笔迹与样本笔迹差异越大）、检材笔迹与样本笔迹自身的量（数量少，书写人书写习惯多样性无法得到全面反映）等等。

性问题，即笔迹特征的相似是否来自常见的、经常出现的方式，还是稀有的、具有个性的，分析差异是否来自一个人的笔迹变化等。虽然到目前为止，偶然匹配的可能性仍未用定量方法来展示说明，但在不同人的笔迹中可以发现他们之间存在巨大的变化范围。

四、结语

中西方笔迹检验发展历程各具特色，都形成了较为成熟的体系。探寻历史，展望未来，进一步加强二者在专业领域上的互动与交流，求同存异、取长补短，共同促进笔迹检验事业的繁荣发展。

参考文献

1. 杜志淳主编：《司法鉴定概论》，法律出版社 2010 年版。

2. 贾玉文：《文件检验学导论》，警官教育出版社 1997 年版。

3. 贾玉文、邹明理：《中国刑事科学技术大全：文件检验》，中国人民公安大学出版社 2002 年版。

4. 朱富美：《科学鉴定与刑事侦查》，中国民主法制出版社 2006 年版。

5. 美国国家科学院国家研究委员会：《美国法庭科学的加强之路》，王进喜等译，中国人民大学出版社 2012 年版。

6. 李江春、尚富琴："基于法庭科学视野下的数字签名与电子签名"，载《第九届全国文件检验理论与实践交流会论文集》，中国人民公安大学出版社 2016 年版。

7. 韩丹岩、涂丽云主编：《文件检验学》，中国人民公安大学出版社 2015 年版。

8. 曹洪勋："略述古代笔迹检验发展史"，载《刑事技术》1996 年第 5 期。

9. 徐圣熙："中华笔迹学（二）"，载《警声月刊》1941 年第 7 期。

10. 董纯朴："国民政府警察教育体系研究刍议"，载《江西公安专科学校学报》2007 年第 1 期。

11. 贾晓光："中英文签名笔迹鉴定的比较研究"，载《中国人民公安大学学报（自然科学版）》2006 年第 3 期。

12. 凌敬昆等："刍议中国笔迹鉴定的特色"，载《中国司法鉴定》2005

年第 5 期。

13. 钱煌贵、施少培、杨旭："英文签名笔迹鉴定的初步研究"，载《法医学杂志》1999 年第 4 期。

14. 王冠卿："笔迹特征的统计分析"，载《刑事技术》2003 年第 2 期。

15. 申泽波："笔迹鉴定中的反犬旁笔顺识别方法研究"，载《广东公安科技》2011 年第 1 期。

16. 李江春、罗芳："中英文笔迹特征比较的再认识"，载《北京警察学院学报》2018 年第 3 期。

17. Douglas A. Caywood, *The Impact of Foreign Education on the Handwriting of Individuals Learning English as a Second Language*, Shunderson Communications, 1997, p. 280.

18. S. C. Leung et al., "A Comparative Approach to the Examination of Chinese Handwriting——The Chinese Character", *Journal of the Forensic Science Society*, Vol. 25, 4 (1985), pp. 255-267.

15. Chi-Keung Li et al., "Significance of Sequence of Strokes in Chinese Handwriting Examination", *Journal of Forensic Science*, Vol. 52, 2 (2007), pp. 467-472.

文件检验大数据与书画鉴定

李 冰 邓 斌*

图1是一幅现收藏于台北故宫博物院的古代书画，作品上的落款是唐寅。作品上钤有多枚乾隆、嘉庆朝的御府印，由此可见，这幅作品应该收录于《石渠宝笈》，查阅有如下著录内容：

"明唐寅画函关雪霁一轴，本幅绢本纵二尺一寸六分，横一尺一寸六分，浅设色，画积雪严关驱车登坂，自题函关雪霁旅人稠，轻载驴骡重载牛；科斗店前山积铁，蛤蟆陵下洒倾油。晋昌唐寅作。钤印：三吴郡唐伯虎，学圃堂【轴内钤】高宗纯皇帝宝玺乾隆御览之宝，鉴藏宝玺五玺全，宝笈三编；收传印记：真赏、丹诚、琴书堂、都尉耿信公书画之章、珍秘、宜子孙、怀庭清玩、阿尔喜普之印、公、信公珍赏、梅林潘氏家藏、也园、索

图1

* 通讯作者：李冰，副教授、高级工程师、硕士研究生导师，单位：中国政法大学证据科学研究院证据科学教育部重点实验室、司法文明协同创新中心；邓斌，中国书画云鉴平台创始人、北京信诺司法鉴定所鉴定人。

氏收藏书画。"

《石渠宝笈》的著录是文言文，看起来比较晦涩。我们采用另一个方式，来解读这个著录（见图2）。

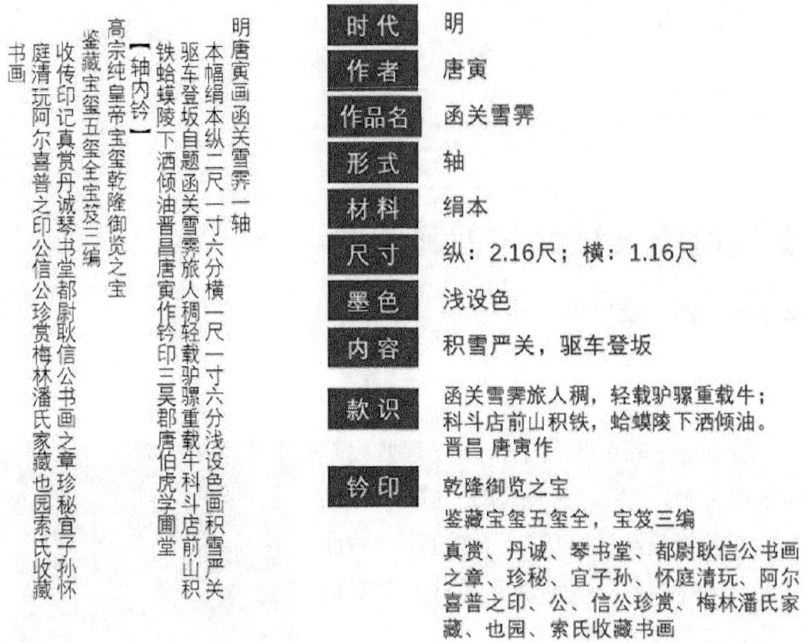

收传印记真赏丹诚琴书堂都尉耿信公书画之章珍秘宜子孙怀庭清玩阿尔喜普之印公信公珍赏梅林潘氏家藏也园索氏收藏书画

鉴藏宝玺乾隆御览之宝

【轴内钤】高宗纯皇帝宝玺五玺全宝笈三编

本幅绢本纵二尺一寸六分横一尺一寸六分浅设色画积雪严关驱车登坂自题函关雪霁旅人稠轻载驴骡重载牛科斗店前山积铁蛤蟆陵下洒倾油晋昌唐寅作钤印三吴郡唐伯虎学画堂

明唐寅画函关雪霁一轴

时代	明
作者	唐寅
作品名	函关雪霁
形式	轴
材料	绢本
尺寸	纵：2.16尺；横：1.16尺
墨色	浅设色
内容	积雪严关，驱车登坂
款识	函关雪霁旅人稠，轻载驴骡重载牛；科斗店前山积铁，蛤蟆陵下洒倾油。晋昌 唐寅作
钤印	乾隆御览之宝 鉴藏宝玺五玺全，宝笈三编 真赏、丹诚、琴书堂、都尉耿信公书画之章、珍秘、宜子孙、怀庭清玩、阿尔喜普之印、公、信公珍赏、梅林潘氏家藏、也园、索氏收藏书画

图 2

表 1

时代	明	作者	唐寅	作品名	函关雪霁
形式	轴	材料	绢本	尺寸	纵2.16尺，横1.16尺
墨色	浅设色	书画内容		积雪严关，驱车登坂	
自题	函关雪霁旅人稠，轻载驴骡重载牛；科斗店前山积铁，蛤蟆陵下洒倾油。晋昌唐寅作。				
钤印	作者印	三吴郡唐伯虎、学画堂			
	御府印	乾隆御览之宝，鉴藏宝玺五玺全，宝笈三编			
	收藏印	真赏、丹诚、琴书堂、都尉耿信公书画之章、珍秘、宜子孙、怀庭清玩、阿尔喜普之印、公、信公珍赏、梅林潘氏家藏、也园、索氏收藏书画			

表1是二百余年前，中国书画的档案记录，具备数据管理的思维，

《石渠宝笈》初具大数据雏形。

一、文件检验大数据

大数据（big data），在 IT 行业的术语是：巨量数据的集合。2008 年 8 月，维克托·迈尔-舍恩伯格和肯尼斯·库克耶提出了大数据理论并开展了研究。短短十余年，大数据深刻地影响着各个领域的理论创新和技术变革，颠覆性地改变了许许多多的产业更新和应用场景，极大地促进了经济发展和生活服务。

下面通过两个具有中国特色的大数据事件来了解大数据的两个特质。一是春运，2019 年春运截至 3 月 1 日全国共出行 29.8 亿人次，其中很多人在各地的地铁站、火车站、高铁站有过"刷脸"的记录。这些记录采集了数以亿计的人脸相片数据。这个数据量是任何一个从事大数据研究和应用的科研机构都梦寐以求的，也是任何一个实验室都无法完成的收集任务。这就是大数据第一个特质：量。二是"双十一"，根据阿里巴巴集团提供的相关数据，2019 年双十一的第一分钟就完成了 65 亿元的成交额，超过了平时的几十倍甚至几百倍的交易量，交易平台处理了近千亿的数据信息。能够处理超级峰值数据的惊世能力得益于阿里巴巴集团自主研发的 OceanBase 数据库的云计算能力。这就是大数据的第二个特质：云计算处理。

文件检验技术从新中国成立初期开始发展，在不断发展的过程中，相关专业也充分应用档案管理、情报管理和大数据等理论方法。可以说文件检验大数据的发展应用是专业鲜明、与时俱进的。

（一）纸张种类库

从 20 世纪 50 年代起，尤其是到 70 年代，全国各地的公安机关进行了大量、长期的纸张样本收集、整理工作，并应用于侦查破案，取得了突出的效果。

（二）打印字体数据库

20 世纪 90 年代，随着打字机、文字处理软件和电脑的兴起，各类打印设备的字库设计标准不一，打印字体表现差异明显。中国刑事警察学院文件检验技术系开展了打印字库的样本收集、整理工作，并建立了数据库进行管理，成功应用于多起案件的侦查工作，取得了良好的效果。

（三）常见笔顺字库

笔顺特征是笔迹检验中使用非常普遍、价值非常好的一类中观特征。

如何确定规范笔顺、通用笔顺和特殊笔顺的量化价值，有非常重要的研究意义。2000 年左右，有关科研团队收集了近万人的笔迹，对近百个常用汉字的笔顺进行分类、统计，并建立了常见笔顺字库。

（四）打印暗码数据库

随着彩色激光打印机和彩色激光复印机的普及使用，各大生产商在打印机制造过程中安装了内置芯片，在打印或复印的过程中，会输出跟踪暗码，记录打印机和复印机的品牌、型号、打印时间等信息，这些跟踪暗码就是打印暗码。2016 年起，湖北警官学院李江春科研团队开展了"基于暗记点阵形态特征的彩色激光打印、复印文件比对鉴别系统研究"项目，取得了长足进步。

（五）书面言语数据库

言语识别，亦称语言识别，是运用语言学和有关技术、原理和方法，研究言语的特点和规律，分析、鉴别各类书面材料的言语特征，并以此判断言语人的年龄、地域、职业、文化程度等社会属性或认定言语人的一种专门技术。中国刑事警察学院文件检验技术系王虹老师经过多年的科研、实践和积累，自主研发，初步建立起了书面言语案例库并构建了自动识别工作站系统。

（六）声纹数据库

语音识别被广泛应用于导航、翻译和输入法等行业领域。语音识别的核心技术是以声纹大数据为支撑的自动识别系统。随着网络犯罪的发展，尤其是电信诈骗案件的持续高发，借鉴 DNA 系统和指纹系统的成功经验，搭建平台建立全国性的声纹数据库，将为打击电信诈骗提供网络化的技术支持和法律证据支撑。

在云鉴时代，笔迹、印章印文、文件材料等大数据的构建发展方兴未艾。

二、书画大数据

书画大数据是指以法庭科学的文件检验技术为鉴定导向，搜集整理书画资料，依照中国书画的自身特质，数据化处理书画相关信息，录入软件系统，构建书画标准件、书画笔迹、书画印章印文、书画绘制方式形态特征、书画风格资料和书画材料图谱六个方面的专业大数据。以上这些专业特殊的文件检验大数据，为中国书画司法鉴定提供了最全面、最专业、最真实的客观依据和比对样本。

（一）书画标准件大数据

来自书画家本人、博物馆、瀚海鉴证、艺术机构、出版物、私人收藏等多元、广泛、专业的数据来源，突破了时间、地域、行政等局限，构建了全球化、多元化、标准化的书画标准件大数据。

（二）书画笔迹大数据

书画笔迹大数据以书画标准件大数据为主要来源，涵盖了自魏晋南北朝时期到当代 8000 余种书画家、鉴藏家的书画笔迹大数据，为中国书画的司法鉴定提供了最直观、最精准、最科学的笔迹样本。

（三）书画印章印文大数据

书画印章印文大数据以书画标准件大数据为主要来源，建立了作者印文、御府印文、馆藏印文和鉴藏印文等印章印文大数据。中国书画是"书、画、印、诗"融为一体的艺术系统，中国书画上的各类印文也是书画鉴定必不可少的鉴定依据。

（四）书画绘制方式形态特征大数据

书画绘制方式形态包括：手工写绘书画原件，与木版水印、胶版印刷、艺术微喷及珂罗版印刷等专业印制类的"克隆书画"。它们在显微形态特征上有明显差异，建立这些书画显微形态特征大数据，可为中国书画形成方式鉴定提供直观、客观、可视化的形态科学样本。

（五）书画风格资料大数据

书画风格资料大数据是建立由中国书画时代风貌、流派传承、题材内容等时代风格以及书画家同期作品、同样题材等个人风格共同组成的中国书画的整体风格大数据。利用该数据库的检索、分类和统计等功能，可以进行书画整体风格的宏观比对检验。

（六）书画材料图谱大数据

根据纸张、墨料、颜料和印泥等书画材料的自身特性，建立了特征稳定、种类丰富的图谱大数据，为中国书画的司法鉴定提供了客观、系统、科学的比对样本。

三、书画云鉴平台

以上述六个书画大数据为支撑，利用大数据管理功能和云计算处理技术，可以通过手持终端（手机和平板电脑）随时随地体验跨时空进行书画自鉴、专家咨询和专案会诊等网络化鉴定平台功能。云鉴平台运用的鉴定技术和具体开展的鉴定内容如下：

（一）书画绘制方式鉴定

利用显微镜，对被检书画的图案、笔迹、印文等重点部位进行显微图像采集，将被检书画显微图片导入云鉴平台，与书画绘制方式形态特征大数据中的木版水印、胶版印刷、艺术微喷及珂罗版印刷等形态特征图片进行比对检验，可以很直观明确地判断书画绘制方式。

如被检书画的显微图片与艺术微喷大数据的图片形态特征相同，可认定被检书画为现代专业印制仿品，无须继续鉴定。

（二）书画整体风格辨识

书画整体风格包括时代风格和个人风格。时代风格辨识主要是源于元宋之前的书画大多数没有名款，以书画本身为中观系统的鉴定只能从风格上进行辨识。

书画的时代风格辨识借助于书画大数据，快速、准确、系统地将被检书画与同时代、同流派、同题材的作品进行比对检验、整体辨识。同样，书画的个人风格辨识也能将被检书画与该作品的同一时间阶段、相同题材内容的作品进行分类、直观、高效的比对检验。

（三）书画材料鉴定

书画材料的鉴定是利用法庭科学的科技仪器进行精准、权威的现代科学鉴定。

针对不同的书画材料需要不同的科技仪器，作为鉴定个人或一般的鉴定单位没有能力，也没有必要去购买使用多而全的科技仪器、检验纸张、墨料、颜料和印泥等各类书画材料。云鉴平台利用大数据把各个科研单位的各类书画材料图谱进行汇聚整理，实现共享，大大地提高了科技仪器和科研成果等资源使用率和书画材料鉴定的全面性、系统性和精准性。

（四）书画铃印鉴定

对于近现代书画作品，作者印多而全，以鉴定作者印为主；对于古代书画，流传收藏时间跨度长，御府印和历代鉴藏印数量多，鉴定御府印和鉴藏印的效果上佳。以《函关雪霁图》上的内容为"公"的印文为例，云鉴平台的快捷方便高效的操作应用如下：

第一步，将《函关雪霁图》上的内容为"公"的印文制作为检材（见图3）。

图 3

第二步，将检材印文导入平台（见图4）。

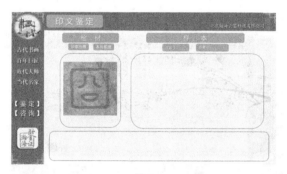

图 4

第三步，输入内容为"公"，作者是"耿昭忠"，平台自动提供"公"印文样本库（见图5）。

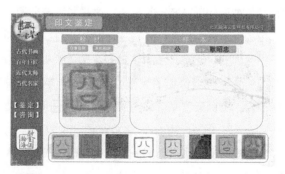

图 5

第四步，从平台提供的印文样本库中选择钤印条件（力度、时间）相似的印文样本（见图6）。

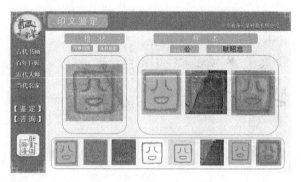

图 6

第五步，将检材印文与样本印文进行比对检验（见图7）。

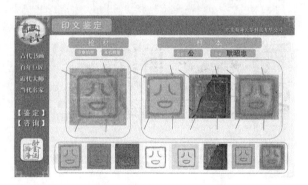

图 7

清代的《石渠宝笈》是我国书画著录史上的旷古巨著，《石渠宝笈》中著录的书画都是被清代御府鉴定收藏的，这些书画精品爱好者、收藏者众多，在艺术市场上质好、价高、人气旺。书画上数量众多的御府印文是丰富的鉴定依据，因此对此类作品的鉴定应优先考虑从御府印文着手。

全世界各大博物馆收藏保存了大量的《石渠宝笈》的作品，以这些书画作品为标准件，书画云鉴平台采集了内容丰富、历时完整、数量充足的乾隆、嘉庆和宣统三个朝代的6000多枚御府印文样本，构建了种类齐全、数量充实的御府印文样本大数据。利用这些御府印文样本大数据进行比对鉴定，不仅极大地提高了《石渠宝笈》书画作品鉴定的客观性、精准性、科学性，还将大大地提高比对鉴定的工作效率。

（五）书画笔迹鉴定

笔迹鉴定工作中，寻找选择同时期、同书体、同内容的笔迹样本，是鉴定成败之核心，是鉴定效率高低之关键。

书画家一生创作作品数量之丰、创作时间跨度之长、作品流传收藏之久远，非一般人能及。因此，书画家的笔迹样本来源广而杂、数量众多，以往依靠人工去收集，耗费巨大时间精力，尚不能收集全面，亦难以确认精准。

以书画笔迹大数据为基础，书画云鉴平台全面、系统地提供书画的笔迹样本，不仅提供了中观层面的单字笔迹样本，还提供了更宏观的签名笔迹样本和更微观的偏旁部首笔迹样本。

以落款为徐悲鸿的《奔马图》为例（见图8），先确定是手绘书画作品，再进行风格辨识，难以确定作者。而对作品上的款识和签名采用笔迹鉴定，这样的鉴定结果和效率更客观、科学、高效。

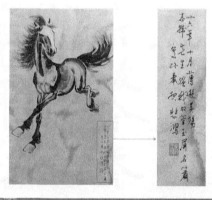

图 8

　　书画云鉴平台采用大数据管理和云计算技术，让中国书画司法鉴定工作进入"高铁"时代。当然高铁只能把我们带到目的地，风景仍需要我们脚踏实地去发现、去欣赏。同理，书画云鉴平台提供了全面、系统、科学的书画大数据为比对检验样本，为司法鉴定的比对检验工作提供了科学依据和客观条件，书画云鉴平台能够快捷、精准、跨时空地开展各类书画特征的观察、标识等鉴定工作，通过鉴定人员运用专业知识和实战技能，进一步综合分析特征系统、科学研判特征价值，实现客观、系统、科学地完成中国书画的司法鉴定工作。

司法鉴定意见与检测报告、专家辅助人意见的比较研究

——以证据审查判断为视角

刘建华　　陈诗文*

摘　要：随着法庭科学技术的发展，科学证据在法庭供给日益增多，而为了提高庭审质证质量，法律又赋予专家辅助人技术辩护角色。作为专门问题认定的司法鉴定意见和检测报告，与作为专门知识的专家辅助人意见，它们之间的关系不厘清，将直接影响诉讼程序及案件事实认定。本文以证据审查判断为视角，对它们之间的关系异同进行比较辨析，进而提出解决三者在司法实践中乱象的合理路径，以期建立科学证据在法庭中合理运用及科学审查的长效机制。

随着科学技术的进步，越来越多的诉讼事实需要借助科学原理、技术及方法加以查明，专门问题的认定也越来越倚重一种被称为"科学证据"的证据。科学证据本质上是专家借助可检验的定理、规律和原理对案件事实的发展变化及内在关联作出的一种解释意见，如司法鉴定意见与检测报告。毋庸讳言，从广义上说作出科学证据的主体都是专家，专家可能具有鉴定人资质，也可能只是某一领域的佼佼者。如果说鉴定意见是科学证据

---

* 刘建华，副教授，中南财经政法大学刑事司法学院，主要从事司法鉴定、证据法学、电子数据方向；陈诗文，单位：长江航道规划设计研究院、法务局。

较为典型的表现形式，那么检测报告就是科学证据较为普通的表现形式。而为弥补法官法庭科学知识的缺陷，提高庭审质证质量，"具有专门知识的人"这一概念初次出现在 2012 年《中华人民共和国刑事诉讼法》第192 条[1]，由此概念衍生出的学界普遍称为"专家辅助人"从诉讼程序上赋予了专家辅助人技术辩护角色。诚然，司法鉴定意见、检测报告及专家辅助人意见的认定对象都是"专门性问题"，如果不能从证据属性与证据效力方面对三者之间的乱象进行厘清，将直接影响诉讼程序及案件事实认证。

一、检测报告与专家辅助人意见在证据运用方面乱象加剧

专家辅助人意见在司法实践过程中已出现不同法院或法官将其作为证人证言或司法鉴定意见进行审查判断的乱象，而检测报告所涉及的某一领域的信息、技能、研究成果如种子鉴定、轮胎鉴定等，作为行业的佼佼者在法庭审判中作为证据的身影日益增多。但囿于检测报告的客观性、可靠性的审查以及行业管理的不规范，其证据真实性难以得到保证。如果司法管理中不正视这些问题或乱象，将会给裁判者对科学证据的合法使用及真实审查造成更多的困难。

（一）政府"瘦身"及科学发展造成检测报告如日剧增

为了依法行政、简化行政机关冗杂的职能，从而更多的将权力下放，增强行业岗位之间的流通性，我国司法行政机关也对司法鉴定管理采取了"瘦身"举措。然而根据 2005 年《全国人民代表大会常务委员会关于司法鉴定管理问题的决定》的规定，这也不应纳入司法行政部门登记管理的范围。只有法医类、物证类、声像资料和环境损害此四类鉴定由司法行政部门登记管理，即此"四大类"鉴定机构才具有鉴定资格。曾经登记管理的鉴定项目如产品质量鉴定、建筑工程质量鉴定、工程造价、会计审计、资产评估等，在政府这轮依法行政的"瘦身"过程中，都取消了鉴定机构的登记管理。因此，除许多曾经是司法鉴定意见，现转化为检测报告外，其他一些检测报告在诉讼活动中运用频率也不断地增加，如珠宝检

---

[1]《中华人民共和国刑事诉讼法》（2012 年修正）第 192 条第 2 款规定："公诉人、当事人和辩护人、诉讼代理人可以申请法庭通知有专门知识的人出庭，就鉴定人的鉴定意见提出意见。"

测、名贵钟表检测等，但这些检测报告没有司法行政部门委托、受理及实施这样的管理制度。虽然这些鉴定人主要是此领域的佼佼者，鉴定机构主要也依附于先进的实验室，但不乏有鱼龙混杂的鉴定人、滥竽充数的机构存在其中，这必将影响检测数据及结果的权威性、科学性及客观性，将直接影响裁判对证据真实性的审查判断。

（二）检测报告缺乏规范管理造成真实审查愈发艰难

众所周知，鉴定机构的资格、鉴定人资质、鉴定技术方法、鉴定技术标准和规范以及鉴定程序等方面对司法鉴定意见科学性的保障起到了基础性作用，而检测报告的管理规范目前仍滞后于其技术的发展现状，如法律法规不完善、程序步骤不明确、检验标准没有统一认证、检验实验室机械设备不完善、实验方法与操作流程没有标准化等。从检测的启动程序来看，检测机构一般接受的是一方当事人的单方委托，这也影响了检测机构选定的中立性与公正性。总之，这些制度不完善及规范管理的缺失，将直接影响检测报告真实性的审查判断，也直接导致检测报告在庭审中的运用举步维艰。

（三）专家辅助人意见在庭审运用中混乱不堪

根据《最高人民法院关于民事诉讼证据的若干规定》（2008年调整）第61条规定，在涉及专门知识的案件中，当事人可以申请具有专门知识的人参与庭审。这一规定是我国法律中对"专家辅助人"的创设基础，专家辅助人制度也对提高鉴定意见的质量，改革庭审方式和证据制度有着重要的意义。但法律仅对其作了笼统的规定，而没规定其具体操作程序，如专家辅助人身份地位、启动决定等，造成对其证据属性的理解混乱不一。这主要表现为：一是专家辅助人的言词是以"意见"的形式呈现的，专家辅助人意见仅作为一种质证意见，它的诉讼地位和属性仍然是模糊的。专家辅助人的诉讼地位不等同于辩护人，其证明效力也明显低于司法鉴定意见。如果把专家意见作为证人证言，也显然并不符合我国立法和司法解释的精神。二是"专家"的范围和标准难以界定。鉴定人的资格有国家法定管理机构颁发的相关资质证书予以证明，而"专家"却没有被划定一个严格的标准和范围。若以专家的专业水平、受公众认可度为标准，又会给法官的证据采纳无形中增添压力。况且"受公众认可"界定范围无法确定，造成意见不能发挥出应有的作用。而这些乱象背后是我们对这三者之间概念及法律身份的异同难以进行辨析。

二、检测报告、专家辅助人意见与司法鉴定
意见的异同辨析

混乱发端于司法鉴定，认知也要依赖于司法鉴定，因此异同辨析必须以司法鉴定意见作为基准。众所周知，检测人、专家辅助人和鉴定人都是具有专业知识的人，都是在诉讼活动中对专业问题提供看法的专业人员。司法鉴定意见在实施管理、庭审质证、证据采纳等方面已经相对完善和清晰，而检测报告、专家辅助人意见的技术保障、制度保障仍有待落实，造成对二者的证据获取流程和证明效力使用比较混乱。

（一）司法鉴定意见有完善、科学的证据审查判断制度

鉴定意见是鉴定人接受委托对案件专门问题作出的结论意见，其作出主体只能是具有法定资质的人。自从 2005 年《全国人民代表大会常务委员会关于司法鉴定管理问题的决定》出台后，《司法鉴定机构登记管理办法》《司法鉴定人管理办法》（已失效）以及各地司法鉴定管理地方性法规也陆续公布，这些规定适应了司法机关、公民、人民团体组织进行诉讼活动的需要，确定了司法鉴定的登记管理工作由司法行政部门主管，申请从事司法鉴定业务的个人、法人或者非法人组织经审核合格后编入名册并公告，实行鉴定人负责制度。同时，《司法鉴定程序通则》也从程序角度与技术角度规范了司法鉴定活动，确保了司法鉴定质量。总而言之，司法鉴定意见的逻辑起点是"专门性问题"，其管理制度已趋于完善与科学。司法鉴定技术方法、标准和规范对于司法鉴定科学性的保障起到了基础性的作用、提供了制度架构方面的保障，法律规范给予了司法鉴定众多科学性的控制、时效性的约束、要件合法性的规定和证明效力的确定，也明确了鉴定机构的鉴定能力、鉴定人的资格评估和鉴定水平考核标准。并且三大诉讼法的诉讼证据若干规定均对其审查判断作了详细的规定。可以说，这些法律制度与技术制度的行政管理保障了司法鉴定的真实性与可靠性。

（二）司法鉴定意见与检测报告的比较

司法鉴定意见与检测报告都属于科学证据。科学证据就是指按照科学技术或研究方法提供的具有证明意义的证据。因此科学证据不仅包括司法鉴定意见，还包含类似如药物化学检测报告、血液化验报告、镜检成分分析、工具痕迹识别、犯罪心理测试技术等。可以说司法鉴定意见是法定证据的典型形式，检测报告是作为鉴定意见的普通形式。司法鉴定意见是在

诉讼活动中产生的，委托人一般为司法机关，他们有权决定鉴定项目是否启动。当事人和辩护人、诉讼代理人单方面无权选择鉴定机构与鉴定人。而检测报告是对自然科学、社会科学等领域进行检测和试验，最终得出的一些结论，如食品和药品成分检测、珠宝真伪检测、农副产品质量分析报告等。而检测报告真实性和可靠性与检验方法和原理是否科学，实验设备运用是否合理，实验过程中的演绎、推算数据是否具有权威性，甚至检测报告内容详细程度都休戚相关，而这些问题往往都缺乏有效的技术和制度保证。从做检测报告的人的身份角度来说，这些领域的佼佼者或专家虽然有的在行业协会或实验室等机构进行了备案，但没有系统地对他们的专业、学历及水平进行考核或评价，从实务上说他们的专业素质与专业水平已经使检测报告的准确性受到质疑。

（三）专家辅助人意见与司法鉴定意见的比较

为提高庭审质证质量，法律又赋予了专家辅助人技术辩护角色。法律设计的初衷是对庭审中的当事人及法官的技术支持。因为无论是司法鉴定意见还是检测报告，作为科学证据即使自身没有出错，但对科学证据进行解释和翻译的主体也可能会出现错误，这些错误将会导致冤假错案，专家辅助人则具备合理质疑这些科学证据的能力和水平。而关于专家辅助人出庭质证的身份与地位的规定却并不明确。法庭有时将其作为证人，有时将其作为鉴定人，并没有将其等同于技术辩护人，对其辩护意见的采纳引起了争议。专家辅助人的辩护意见不应具有证据属性。我国司法鉴定体制实行的是法定主义，即鉴定意见应出自法定的鉴定机构中法定的鉴定人之手，这并不等同于英美法系的专家证人制度。随着我国司法体制改革的深入和以庭审为中心的审判制度的建立，证据是实现司法公正的基石。科学证据在法庭供给日益增多，在厘清司法鉴定意见与监测报告、专家辅助人意见三者之间的关系问题上，法庭的审查判断必须通过合理路径来建立其长效机制。

三、检测报告与专家辅助人意见在证据审查中解决的合理路径

科学证据是运用可检验特征的普遍定理、规律和原理解释案件事实构成的变化、发展及其内在联系的专家证据。科学证据在证明案件事实中具有特殊功能，在"三位一体"的辨析格局中也应有一些新思路。因此可

以通过加强对鉴定行业的自律管理、建立完善的司法鉴定启动机制、明确各自在诉讼活动过程中的身份与地位等合理路径，来解决科学证据的真实性与可靠性的制度保障问题。

(一) 检测报告鉴定的指导性管理与审查判断方式

鉴定报告单、化验单、分析测试报告等都属于本文所论及的检测报告，也都是科学证据的表现形式，如果它不依附书证、现场勘查笔录等法定证据形式，它就是作为鉴定意见的证据形式，单独地出现在专门诉讼活动中。然而对于提供该领域专门问题的检测报告的佼佼者或专家及先进的实验机构，由于缺乏规范管理制度，检测报告的质量参差不齐，严重影响科学证据的权威性及司法的公正性。国家司法行政管理部门对登记管理的机构进行"瘦身"的基础上，应指导行业协会对这些机构进行规范性管理。行业协会可以按照司法鉴定意见的程序，确定一个清晰的检测报告出台管理制度与程序，这样才能保障检测报告的科学性、准确性。同时也可鼓励大专院校、科研院所及研发中心的专家与学者参与鉴定，鼓励国家级或有实力的实验室和实验机构参与检验，如对农作物的鉴定可以寻求华中农业大学等类似专业程度高的院校实验室，对农作物种子的真伪进行辨别。因此，行业协会或组织可以依据司法行政部门对司法鉴定人和司法机构管理方式，通过一定的考核程序，采用自行申报和行业协会遴选相结合的办法，在本行业内建立一个完善的名册，名册中的组织和个人可以包括社会中有着非常丰富的专业知识的学者，也可以包括在相关领域有着丰富的工作经历和阅历，即本行业内权威企业的工程师，并不断地充实和规范行业名册，此名册与司法机关共享，这样有利于司法机关或当事人对检测人员的选择。同时应完善行业的检测标准与操作规范的相关制度，这样有助于法院否定和排除缺乏技术和制度保证的证据，促进检测报告的合理审查。综合审查的具体内容也可以参照最高人民法院关于审查鉴定意见的十个要点进行。[1]

---

〔1〕 2012 年《最高人民法院关于适用〈中华人民共和国刑事诉讼法〉的解释》第84 条规定，对鉴定意见应当着重审查以下内容：①鉴定机构和鉴定人是否具有法定资质；②鉴定人是否在应当回避的情形；③检材的来源、取得、保管、送检是否符合法律、有关规定，与相关提取笔录、扣押清单等记载的内容是否相符，检材是否充足、可靠；④鉴定意见的形式要件是否完备，是否注明提起鉴定的事由、鉴定委托人、鉴定机构、鉴定要求、鉴定过程、鉴定方法、鉴定日期等相关内容，是否由鉴定机构加盖司法鉴定专用章并由鉴定人签名、盖章；⑤鉴定程序是否符合法律、有关规定；⑥鉴定的过程和方法是否符合相关

（二）专家辅助人意见合法采纳路径

从庭审内容说，专家辅助人只能对专业鉴定业务范围内的事实予以说明、发表看法，而不能对与鉴定无关的案件内容、法律适用发表看法；从庭审过程说，专家辅助人在发表完相关看法后应当退庭，质证结束后不应参与其他环节的庭审，这样既能最大限度保护当事人利益，也能避免因专家辅助人带有的倾向性的行为而阻碍庭审进行。在我国庭审现状下，专家辅助人参与双方控辩，在鉴定人已经出庭的案件中，也应当批准专家辅助人出庭，这样才能实现设立专家辅助人制度的初衷和预期。为保障专家辅助人的诉讼权利，应建立专家辅助人意见不采信说明制度。专家辅助人的辩护意见从证据属性来说，不是法定的证据形式，而是辩护意见的补充。在法官决定不采信专家辅助人的辩护意见时，应当保证其恰当的诉讼权利，阐述清楚不采纳其辩护意见的原因。如果采纳专家辅助人辩护意见，就可以直接否定司法鉴定意见或检测报告的证据效力，可以作为提请作重新鉴定的法定事由，而不能直接作为鉴定意见采纳，不然将违背司法鉴定的科学规律和职权主义的鉴定体制。总之，重视专家辅助人的意见，可有效地提升庭审的公信力、公平性和权威性。

（三）专家证人制度与司法鉴定人合理衔接

我国法治正从以偏重学习和借鉴西方法律制度和理论为取向的追仿型法治进路，转向以适应中国具体国情、解决中国实际问题为基本目标，立足于自我发展和自主创新的自主型法治进路。英美法系国家专家证据制度和大陆法系国家的鉴定制度的出发点都是解决案件中的专门知识，但由于文化历史、国情现状的不同，两者存在很大的互补性。我国一直沿袭大陆法系国家的证人询问制度，但专家辅助人目前并不属于证人证言的范畴。在专家辅助人的倾向性辩护难以消除的情况下，如何使专家辅助人与司法鉴定人之间和谐地为诉讼提供优质的服务，是否还需要另一方来形成稳定而有序的平衡，无疑是我国司法鉴定制度进一步完善中需要解决的问题。随着两大法系的融合以及大陆法系国家就某些问题常借鉴英美法系的趋势，可以在某种程度上借鉴专家证人制度的设计。北京大学法学院陈瑞华教授曾指出，专家辅助人在诉讼过程中的地位虽然不同于鉴定人，但是

（接上页）专业的规范要求；⑦鉴定意见是否明确；⑧鉴定意见与案件待证事实有无关联；⑨鉴定意见与勘验、检查笔录及相关照片等其他证据是否矛盾；⑩鉴定意见是否依法及时告知相关人员，当事人对鉴定意见有无异议。

可以具有证人的法律地位。所以，为了证明案件的事实，推动审判进程，我国可以参照借鉴英美法系的专家证人制度，允许专家辅助人以证人的身份和诉讼地位来参与诉讼活动，从立法层面对专家意见的倾向性予以限制，以此推动专家辅助人意见在审判中真正起到科学证据的作用。

毋庸置疑，科学证据有着其他证据所不具备的解答和挖掘事件本身的特殊性，在以物联网、大数据、人工智能为标志的信息时代，科学证据不仅剧增，而且不断专业化。在以审判为中心的司法改革背景下，对科学证据的审查越来越依赖于法庭科学专家。因此，厘清司法鉴定意见、检测报告和专家辅助人意见的异同，有助于对科学证据审查判断有客观的认识，有利于司法人员对案件事实的准确判断。

编后记

中国政法大学法庭科学博物馆简介

2016年5月20日，中国政法大学证据科学研究院成立十周年之际，我国首家全面展示法庭科学发展历程和成就的专门博物馆——中国政法大学法庭科学博物馆（以下简称：法大法庭科学博物馆）在中国政法大学证据科学研究院（法大法庭科学技术鉴定研究所）正式开馆。该馆是集法庭科学文物文献收藏、宣传教育、科学研究等为一体的综合性学术研究机构，以中国历代法庭科学文物文献收藏与研究为重点，兼顾世界其他国家法庭科学文物文献收藏与研究。作为中国政法大学法庭科学文化研究的科研平台，该博物馆自2011年开始筹建，属“2011计划”司法文明协同创新中心重点研究任务之一，是弘扬司法文明的一项基础工程，具有宣传司法文明演进、普及法庭科学技术知识的重要教育功能。该博物馆是向国内外相关学术研究机构和社会大众推介宣传中国法庭科学发展历史的窗口，是传承中华优秀法治文明和科技文明的研究基地。规划的研究主题包括：①法庭科学通史、断代史、专门史研究类；②法庭科学标志性人物“口述历史”研究类；③相关研究专题整理类；⑤历史文献校注翻译类；⑤历史文献资料汇编类等。

法大法庭科学博物馆现藏《洗冤集录》及衍生作品、《法律医学》《近世法医学》《法医月刊》等代表不同时期法庭科学发展高峰的珍贵古籍和民国时期文献实物。该馆目前的展示区域分为博物馆主体展区和公共展区两部分，其中主体展区面积约为230平方米，共展示藏品619件；公共展区位于法大鉴定所办公楼部分廊道、教室、会议室、门厅、院落等处，共展示藏品 50 件。除序言和后记，主体展区进一步划分为如下五个展区：

图 1　世界法医学奠基人宋慈《洗冤集录》"狱事莫重于大辟，
大辟莫重于初情，初情莫重于检验"

　　第一展区为"中国古代"，共展示藏品 116 件（见图 2）。主要包括两方面内容：一是以断代史方式，简要介绍了中国古代法庭科学起源、发展、演变和转归的历史轨迹；二是以专区形式，简要介绍了世界法医学奠基人宋慈的生平事迹（见图 3），以及晚清《点石斋画报》记载的法庭科学相关时事和社会新闻（见图 4）。

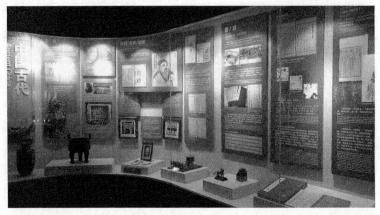

图 2　"中国古代"展区

图 3　世界法医学奠基人宋慈的生平事迹

图 4　晚清《点石斋画报》记载的法庭科学相关时事和社会新闻；
中国最早翻译引进的西方现代法医学著作《法律医学》

　　第二展区为"中国现代"，分为民国时期和新中国两部分，共展示藏品 267 件（见图5）。民国时期部分主要通过鉴定制度沿革、学科建设沿革、专门人才培养培训、法庭科学论文论著、中国现代法医学奠基人林几的生平事迹等的介绍，勾勒了民国时期法庭科学发展概况。新中国部分主要通过鉴定制度沿革、法庭科学教育沿革、法庭科学院系介绍、新中国法庭科学人物、法庭科学杂志、法庭科学相关学会与协会、法庭科学专著与教材等的介绍，展示了新中国法庭科学发展概况。

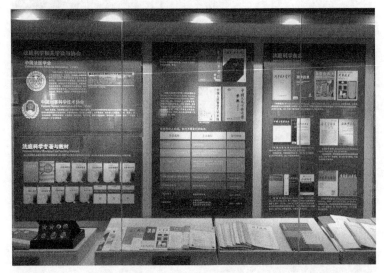

图5　"中国现代"展区

第三展区为"外国概览"，共展示藏品97件（见图6）。主要包括两部分内容：一是以时间轴方式，简要介绍了法庭科学各专业标志性事件与标志性人物的相关信息，粗略勾勒出外国法庭科学起源与发展的历程；二是以专区形式，简要介绍了华裔刑事科学技术专家李昌钰、美国马里兰法医局、瑞士洛桑大学、韩国国立科学搜查研究院等的相关信息。

图6　"外国概览"展区

第四展区为"影视与文学"，共展示藏品 51 件（见图 7）。主要内容是以展板结合实物、模型、影视资料等形式，简要介绍了部分中外法庭科学影视与文学作品。

图 7 "影视与文学"展区

第五展区为"证据科学研究院院史"，共展示藏品 88 件。主要内容是通过研究院概况、学科建设、学术研究、人才培养、司法鉴定、大事记与人像墙、国际交流、海外学术研究机构等专题展示，较系统地介绍了中国政法大学证据科学研究院的发展历史。

法大法庭科学博物馆的建设，为传播法庭科学文化、讲好中国故事提供了平台和窗口，在立德树人、科学研究、社会服务和文化传承创新等方面发挥多元化职能。该博物馆先后加入全国高校博物馆育人联盟，成为中国博物馆协会会员、北京博物馆学会高校博物馆专委会会员。2018 年还入选中国政法大学"RONG 聚法大——十佳校园文化品牌"。2014 年其主办的专业学术刊物《法庭科学文化论丛》创刊，迄今已出版 4 辑。

《法庭科学文化论丛》 第 5 辑征稿启事

《法庭科学文化论丛》是中国政法大学法庭科学博物馆主办的专业学术刊物，2014 年创刊，迄今已编辑出版 4 辑。本论丛以推进法庭科学文化学术研究为宗旨，致力于为法庭科学界、法学界、司法实务界等领域的专家学者提供对话交流的平台。现计划于 2024 年出版第 5 辑，特向国内外各界专家学者公开征稿，具体事项如下：

一、主要栏目

史学研究：中国法庭科学检验鉴定法律制度史、检验鉴定科学技术史、科学证据史研究（含中外比较法研究）等。

职业文化：法庭科学职业法律制度研究、法庭科学司法适用研究、法庭科学职业心理学研究、法庭科学职业精神文化研究、法庭科学执业行为文化研究、法庭科学职业教育研究、法庭科学质量管理与评估研究等。

学术争鸣：法庭科学文化学术探索性、学术批评性研究等。

域外评介：外国和境外地区有关法庭科学文化的介绍译文和评介性研究等。

记忆档案：法庭科学标志性人物口述历史、自传和传记；著名教学研究鉴定机构历史沿革研究；著名案例评述性研究等。

文化随笔：法庭科学文化随笔性短文和新书评介等。

二、征稿要求

投稿要求及相关约定如下：

一、投稿作品应为未正式发表的原创作品，要求论点新颖、论证充分、条理分明、语言规范，无任何学术不端行为。

二、稿件字数："文化随笔"限 1500—3000 字；"人物口述历史、自传、传记"限 20 000—30 000 字；其他论文限 6000—12 000 字（博士硕士学位论文修改版论文可以放宽到 20 000—30 000 字）。

三、文末请注明作者简介及通信信息，包括：姓名、性别、出生年月、民族、籍贯、职称（职务）、学位、工作单位和详细通信地址、联系电话、电子信箱等。

四、本刊提倡一稿专投、反对一文多用。凡已在公开出版物发表的文章，一律不予采用。本刊不退来稿，凡于 3 个月内未收到稿件录用通知者，请自行处理。

五、本刊有权对来稿进行技术处理或技术删节，不同意者请在来稿时说明。

六、本刊只接受 word 格式文档（以附件方式发送），投稿邮箱：cfsm @ cupl. edu. cn。

七、第 5 辑的截稿日期为 2023 年 12 月 31 日。

中国政法大学法庭科学博物馆
2023 年 5 月